모션그래픽 실무테크닉 WITH 애프터 이펙트

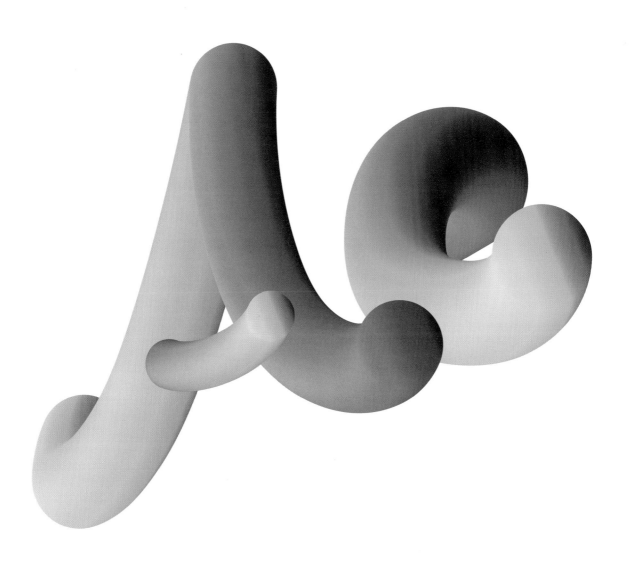

YoungJin.com Y.
영진닷컴

ISBN 978-89-314-6581-5

독자님의 의견을 받습니다
이 책을 구입한 독자님은 영진닷컴의 가장 중요한 비평가이자 조언가입니다. 저희 책의 장점과 문제점이 무엇인
지, 어떤 책이 출판되기를 바라는지, 책을 더욱 알차게 꾸밀 수 있는 아이디어가 있으면 팩스나 이메일, 또는 우편
으로 연락주시기 바랍니다. 의견을 주실 때에는 책 제목 및 독자님의 성함과 연락처(전화번호나 이메일)를 꼭 남
겨 주시기 바랍니다. 독자님의 의견에 대해 바로 답변을 드리고, 또 독자님의 의견을 다음 책에 충분히 반영하도
록 늘 노력하겠습니다.

파본이나 잘못된 도서는 구입처에서 교환 및 환불해드립니다.

이메일 : support@youngjin.com
주 소 : (우)08507 서울특별시 금천구 가산디지털1로 128 STX-V타워 4층 401호 (주) 영진닷컴 기획1팀
등 록 : 2007. 4. 27. 제16-4189호

STAFF

저자 김현중 | **총괄** 김태경 | **기획** 심통, 차바울 | **디자인·편집** 김효정 | **영업** 박준용, 임용수, 김도현 |
마케팅 이승희, 김근주, 조민영, 김도연, 김민지, 채승희, 임해나, 이다은 | **제작** 황장협 | **인쇄** 예림인쇄

작가의 말

영상으로 울림을 주고 싶은 디자이너, 김현중입니다.

처음에는 일에 관한 크고 대단한 동기랄 것이 없었습니다. 다만 유년기 시절부터 영화와 뮤직비디오 등의 영상물을 보는 것을 좋아했고 관심이 많았을 뿐입니다. 디자인/모션 그래픽 관련한 개념이 전혀 없었지만, 영상물의 레이아웃이나 플롯, 그래픽 요소 등 움직이는 것들의 화려한 모습과 색감, 카메라워크를 비롯한 여러 요소가 꾸준하게 저의 눈을 사로잡지 않았나 싶습니다.

학생 시절, 막연하게 모션 그래픽이라는 분야를 수업으로 접하게 되면서 어설프게나마 조금씩 움직여나간 결과물을 영상으로 접하곤 했습니다. 그러한 과정을 반복하면서 모션 그래픽에 점점 매력을 갖게 되었고, 결국 영화나 뮤직비디오를 만들어보고 싶다라는 생각에 이르렀습니다. 그것이 모션그래픽 디자이너라는 꿈의 시작입니다.

사회로 진출하여 홈쇼핑 프로덕션과 방송국의 영상 디자인 등의 모션그래픽 커리어를 거치면서 '나만의 디자인 스튜디오를 만들어, 원하는 영상을 만들겠다'라는 욕망이 생겼습니다. 현재는 1인 기업이자 '아텔러'라고 하는 모션 그래픽 스튜디오를 운영하고 있으며 여러 기업과 협업하며 '나만의 영상'을 내보이려 노력하고 있습니다.

이 책은 모션 그래픽 분야를 공부할 때와 강의를 진행할 때, 그리고 실제로 작업할 때 느끼며 공감했던 문제들에서 시작했습니다. 더하여 시중에는 이론적인 부분을 큰 비중으로 다루고 있다는 점을 바탕으로 실무 제작에 도움을 줄 수 있도록 초점을 맞췄습니다. 실질적인 도움 말입니다.

실제로 작업을 하며 궁금할 수 있는 부분들을 중점으로 하고, 다양한 카테고리의 예제로 애프터 이펙트와 모션 그래픽에 관한 기본기와 실무적 감각을 익힐 수 있도록 했습니다. 이 책을 통해 보다 좋은 결과물을 낼 수 있기를 바랍니다.

작게나마 이 책이 여러분들에게 도움이 되기를 바랍니다. 좋은 기회를 만들어주신 방세근 실장님과 영진닷컴에 감사의 말씀을 전합니다.

저자 김현중

목차

꼭! 읽어보세요

이 책은 영상 편집에 사용되는 프로그램인 애프터 이펙트를 직접 따라해보는 방식으로 진행됩니다. 기초 도형들로 일러스트 로고 애니메이션/텍스트 전환 애니메이션 등을 배우는 것부터 시작하여 사진/동영상 등의 소스를 추가하여 효과를 더하고 합성하는 방법을 배웁니다. 다양한 영상들에 인트로로 활용할 수 있는 예제들도 사용하고 있으니 학습과 동시에 실무에도 바로 적용할 수 있습니다.

❶ 따라하기를 완성한 프로젝트 파일과 렌더링을 완료한 결과물 동영상 파일을 제공합니다. 따라하기를 진행하기 전에 결과물 동영상 파일을 확인하여 미리 꼴을 파악한 뒤 시작하세요. 영진닷컴 홈페이지의 '부록 CD 다운로드' 서비스 메뉴에서 다운로드 하실 수 있습니다. http://www.youngjin.com/reader/pds/pds.asp

❷ 따라하기 작업 중 제시되는 수치들을 그대로 따르셔도 좋지만, 일부 조정해보며 진행하시면 더욱 효과적입니다. 따라하기를 완성한 이후에 직접 변화를 주며 다른 방법으로 작업하시면 더욱 좋습니다.

❸ 이 책에서는 유료 폰트도 사용하고 있습니다. 임의의 폰트를 사용하셔도 무방하지만 결과물에 약간의 차이가 발생할 수 있습니다. 13페이지의 무료 폰트 다운로드 방법을 참고하셔도 좋습니다. 추천 폰트는 Montserrat입니다.

❹ 좋은 결과물을 위해 주로 사용되는 서드파티 플러그인의 활용도 다루고 있습니다. 네온사인 효과에 주로 사용하는 무료 플러그인 Saber, 3D 효과를 더하는 유료 플러그인 3D Element, 광원 효과를 더하는 유료 플러그인 Optical Flare입니다. 더욱 전문적인 느낌의 결과물을 만들어보세요.

❺ 따라하기 중 보이지 않을 것이 우려되는 부분은 확대하여 무리 없이 진행하실 수 있도록 제작되어 있습니다.

[제공자료] – [Lesson 02] – [Card Wipe Text Animation.mp4]

[제공자료] – [Lesson 03] – [Vintage Illust Logo.mp4]

[제공자료] – [Lesson 04] – [Shape Pattern Transition.mp4]

[제공자료] – [Lesson 05] – [Isometric Smartphone.mp4]

[제공자료] – [Lesson 01] – [Step 2] – [Saber.mp4]

 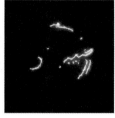  

[제공자료] – [Lesson 02] – [Double Exposure.mp4]

[제공자료] – [Lesson 03] – [Cinematic Title.mp4]

[제공자료] – [Lesson 04] – [NeonSign Text.mp4]

[제공자료] – [Lesson 05] – [Vanishing Point.mp4]

[제공자료] – [Lesson 01] – [Step 1] – [3D Text.mp4]

[제공자료] – [Lesson 02] – [Cartoon Stroke.mp4]

[제공자료] – [Lesson 03] – [Abstract BG.mp4]

[제공자료] – [Lesson 04] – [3D Logo&Text.mp4]

Part 4   엘레멘트 3D로 3D 아트웍 제작하기

[제공자료] - [Lesson 02] - [3D Shape Motion.mp4]

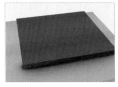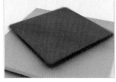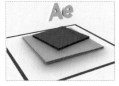

[제공자료] - [Lesson 03] - [Coin Particle.mp4]

[제공자료] - [Lesson 04] - [3D Logo Animation.mp4]

[제공자료] – [Lesson 02] – [Cinematic BG.mp4]

[제공자료] – [Lesson 03] – [Motion Poster.mp4]

[제공자료] – [Lesson 04] – [Retro Title.mp4]

 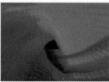  

[제공자료] – [Lesson 05] – [E3D Title Scene.mp4]

개인적인 용도로 사용한다면, 무료 폰트를 이용할 수 있는 여러 루트가 있지만, 상업적인 용도로 이용할 때는 저작권 문제로 합법적인 경로를 이용해야 합니다. Adobe Creative Cloud 구독자라면 추가 요금 없이 자유롭게 어도비에서 제공하는 폰트 'Adobe Fonts'를 이용할 수 있습니다. 국내외 유명 폰트 제작사가 제공하는 다양한 종류의 폰트를 확인할 수 있습니다. 별도의 설치 없이 한번의 클릭으로 활성화하여 바로 사용할 수 있습니다.

Fonts.adobe.com으로 접속하여 글꼴 찾아보기를 통해 한글 서체도 검색할 수 있고, 서체의 디자인, 두께, 너비도 선택하여 검색할 수 있습니다. 검색된 서체는 미리 보기로 오른쪽 창에 나타납니다. 샘플 텍스트 메뉴에서 직접 문장을 입력해 미리 볼 수도 있습니다. 글꼴 활성화를 하면 어도비 프로그램에서 바로 사용할 수 있습니다.

* 학습에 사용되는 유료 폰트를 Montserrat 폰트로 대체하여 사용하셔도 좋습니다.
  https://fonts.adobe.com/fonts/montserrat

Part

애프터 이펙트
살펴 보기

Ae

01 애프터 이펙트 소개

Lesson 애프터 이펙트의 활용 범위와 주요 기능을 간략히 알아보고 시작합시다.

Step 1 애프터 이펙트의 활용

❶ 애프터 이펙트란?

어도비 시스템즈가 개발한 디지털 모션 그래픽 및 합성 소프트웨어입니다. 비선형 영상 편집이 가능하여 영화에도 쓰이고, TV 프로그램, CF, 게임, 애니메이션, 웹 콘텐츠 등 다양한 업계에서 활용됩니다. 어도비 크리에이티브 클라우드에서 구독하여 사용할 수 있습니다.

타임라인에 각종 기능을 적용한 레이어를 사용하여, 이미지와 동영상 파일을 합성할 수 있습니다. 위치, 투명도 등의 속성을 레이어마다 독립적으로 제어할 수 있으며, 효과도 저마다 적용할 수 있습니다. '영상계의 포토샵'이라고도 불리는데, 포토샵으로 이미지를 자유로이 변경하고 합성하듯이 영상을 변경하고 합성할 수 있기 때문입니다.

❷ 애프터 이펙트의 활용 범위

단순 합성 작업만이 아니라, 디자인 영역의 모션 그래픽스 분야에서 세계 공통으로 쓰이고 있는 애프터 이펙트는 디자이너의 상상력에 따라 무궁한 활용이 가능합니다.

그림과 영상이 타임라인 위에서 각각의 레이어로 존재하는 애프터 이펙트의 방식은 데이터로 이루어진 편집 방식인 비선형 영상 편집▶과 유사합니다. 이러한 레이어 지향 시스템은 여러 가지의 효과를 시간의 흐름 속에서 다루는 작업에 알맞습니다. 또한 일러스트레이터, 포토샵, 프리미어 프로 시네마 4D 등 다른 소프트웨어와 쉽게 연동하여 사용할 수 있다는 장점도 있습니다.

▶ 비선형 영상 편집: 편집되는 컷의 위치와 순서에 상관없이 자유롭게 영상을 삽입하고 제거할 수 있는 편집방법

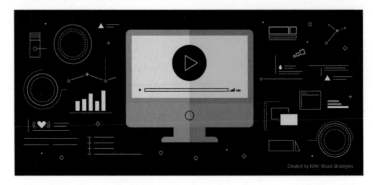

애프터 이펙트 CC 설치하기

어도비 크리에이티브 클라우드를 처음 이용한다면 7일간 무료체험이 가능합니다. 어도비 홈페이지에서 해당 소프트웨어를 다운로드하여 학습하실 수 있습니다.

▌애프터 이펙트 설치 최소 사양

윈도우 최소 사양	
프로세서	Multicore intel 프로세서(64비트 지원)
운영 체제	Microsoft Windows 10(64비트) 버전 1703(크리에이터스 업데이트) 이상
RAM	최소 16GB(32GB 권장)
GPU	• GPU VRAM 2GB • 애프터 이펙트를 사용할 때 NVIDIA 드라이버를 430.86 이상으로 업데이트 하는 것이 좋습니다. 이전의 드라이버에서는 충돌이 발생할 수 있습니다.
하드 디스크 공간	• 5GB의 사용 가능한 하드 디스크 공간, 설치 중 추가 여유 공간 필요(이동식 플래시 저장 디바이스에는 설치할 수 없음) • 디스크 캐시를 위한 추가 디스크 공간(10GB 권장)
모니터 해상도	1280 x 1080 이상의 디스플레이 해상도
인터넷	소프트웨어를 활성화하거나 구독을 확인하고 온라인 서비스를 이용하려면 인터넷 연결 및 등록이 필요합니다.

맥 최소 사양	
프로세서	Multicore intel 프로세서(64비트 지원)
운영 체제	macOS 버전 10.13 이상. macOS 버전 10.12는 지원되지 않음
RAM	최소 16GB(32GB 권장)
GPU	• GPU VRAM 2GB • 애프터 이펙트를 사용할 때 NVIDIA 드라이버를 430.86 이상으로 업데이트 하는 것이 좋습니다. 이전의 드라이버에서는 충돌이 발생할 수 있습니다.
하드 디스크 공간	• 설치를 위한 6GB의 사용 가능한 하드 디스크 공간, 설치 중 추가 여유 공간 필요(대/소문자 구분 파일 시스템을 사용하는 볼륨이나 이동식 플래시 저장 디바이스에는 설치할 수 없음) • 디스크 캐시를 위한 추가 디스크 공간(10GB 권장)
모니터 해상도	1440 x 900 이상의 디스플레이 해상도
인터넷	소프트웨어를 활성화하거나 구독을 확인하고 온라인 서비스를 이용하려면 인터넷 연결 및 등록이 필요합니다.

애프터 이펙트 CC 영문판 변환 및 기타 버전 설치하기

애프터 이펙트는 한글판을 제공하고 있지만, 영문으로 사용해야 원하는 다른 효과를 검색해서 사용하기에 편리합니다. 이 책 또한 영문판을 기준으로 기술되어 있으니 참고하시기 바랍니다.

❶ Creative Cloud 오른쪽 상단 [환경 설정] 아이콘을 클릭합니다. 활성화된 창 좌측의 [앱] 탭을 선택한 후 [설치]-[기본 설치 언어]를 [한국어]에서 [English (International)]로 변경한 뒤 [완료] 버튼을 클릭합니다.

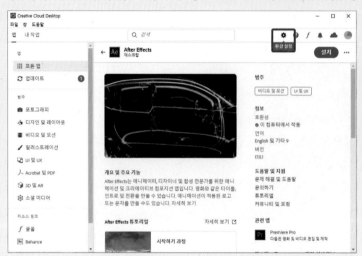

❷ 애프터 이펙트의 기타 다른 버전의 설치는 Creative Cloud 앱의 설치 혹은 제거한 After Effects 탭의 하단에서 […]을 클릭하여 [기타 버전]을 통해 원하는 버전을 선택해 설치합니다.

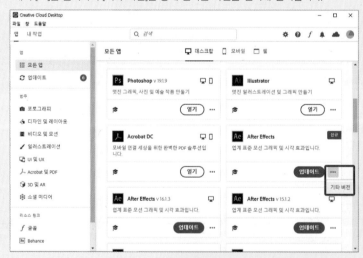

자세히 들어가기에 앞서 애프터 이펙트의 작업 진행 순서를 알고 넘어갑시다. 어떤 작업이 든 일반적으로 동일한 워크플로우를 따릅니다. 우선은 직접 따라 하지 말고, 눈으로 훑으며 작업의 흐름을 살펴보세요.

❶ 푸티지 가져오기

프로젝트를 만든 후 재료로 사용될 푸티지를 프로젝트로 가져옵니다. 파일 포맷, 미디어 형 식 등을 자동으로 해석하며 프레임 속도, 픽셀 종횡비 등의 특성을 지정할 수도 있습니다. 임포트 메뉴에 따라 컴포지션에 맞게 시작 및 종료 시간을 설정할 수도 있습니다.

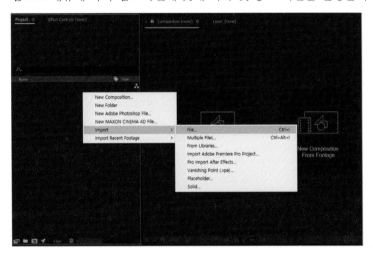

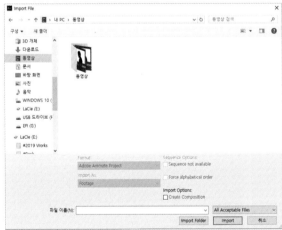

❷ 컴포지션과 레이어 만들기(배열 및 구성)

작업의 큰 무대 역할을 하는 컴포지션을 만듭니다. 불러온 푸티지는 컴포지션에서 사용되는 여러 레이어의 소스가 됩니다. 컴포지션 패널에서 레이어를 공간적으로 배열하거나 타임라인 패널을 이용해서 시간에 따라 배열할 수 있으며 2차원 혹은 3차원으로 배열할 수도 있습니다. 마스크, 혼합 모드 및 키잉 툴을 사용하여 여러 레이어의 이미지를 합성할 수도 있습니다. 물론 레이어를 추가하여 형태나 텍스트나 색상을 입혀 원하는 시각 요소를 더할 수도 있습니다.

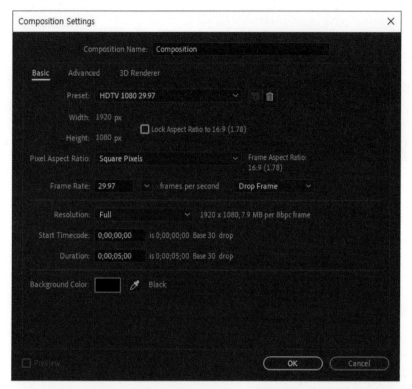

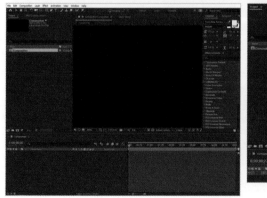

❸ 레이어 속성과 애니메이션 적용

크기, 위치, 불투명도 등의 속성을 레이어에 적용할 수 있습니다. 키프레임이나 표현식을 사용하여 레이어 속성이 시간에 따라 변경되는 흐름을 만들 수도 있습니다. 동작을 안정화하거나 애니메이션을 적용하여 다른 레이어의 동작을 따르게 할 수도 있습니다.

❹ 효과의 추가와 수정

원하는 대로 효과를 추가하고 조합함으로써 레이어의 모양이나 사운드를 변경하여 완전히 새롭게 만들 수 있습니다. 애니메이션 효과를 만들 수도 있고, 고유한 애니메이션 설정을 만들어 저장해둘 수도 있습니다.

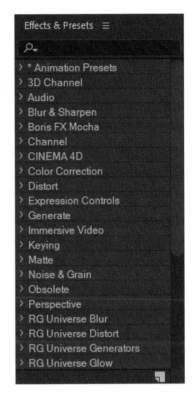

⑤ 미리 보기

복잡한 프로젝트라도 빠르고 편리하게 컴퓨터 모니터
또는 외부의 모니터를 통해 컴포지션을 미리 볼 수 있습
니다. 해상도와 프레임 속도, 미리 보려는 컴포지션 영
역과 지속 시간, 속력과 품질을 설정할 수 있으며, 색상
관리 기능을 사용하여 다른 출력 장치에서 동영상이 표
시되는 방식을 미리 확인할 수 있습니다.

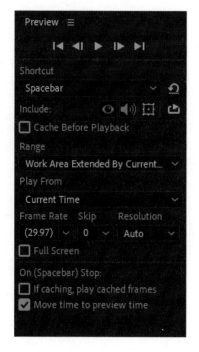

⑥ 렌더링 및 내보내기

미리 보기가 목적한 바와 같다면 [File] – [Export] 또는 [Composition] – [Add to Render Queue]으로 렌더링 대기열에 하나 이상의 컴포지션을 추가하여 선택한 품질 설정과 형식으로 렌더링하여 동영상을 만들 수 있습니다.

02 기본 화면 소개

Lesson

애프터 이펙트의 작업 화면은 다양한 메뉴와 패널로 구성되어 있습니다. 여러 기능들이 모여 있는 메뉴 바와 툴 바, 프로젝트에 사용할 소스를 관리하는 프로젝트 패널, 모션 디자인을 확인하고 조정할 수 있는 컴포지션 패널, 소스를 레이어 형태로 배치하고 키프레임을 설정하여 애니메이션 작업을 수행하는 타임라인 패널 등이 작업 화면에 표시됩니다. 각 패널은 필요에 따라 숨길 수 있습니다.

Step 1 툴 바 살펴보기

작업 화면 제일 상단에 위치하며 레이어나 오브젝트를 선택하여 회전, 이동, 확대 등을 할 수 있고 마스크, 텍스트 등을 생성할 수 있습니다. 컴포지션 패널에서 개체, 화면, 마스크, 텍스트 등을 제어할 수 있는 툴 바의 기능을 알아보겠습니다.

❶ **Selection Tool(V)** : 레이어나 오브젝트를 선택하는 기능입니다.

❷ **Hand Tool(H)** : 컴포지션 패널에서 화면에 보이는 위치를 이동하는 기능입니다.

❸ **Zoom Tool(Z)** : 작업 화면을 확대/축소하는 기능입니다.

❹ **Orbit Around Cursor Tool** : 카메라를 회전하는 기능입니다. 어떤 기능을 사용하든 회전의 방향(모든 방향/가로로만/세로로만)을 설정하는 추가기능인 가 활성화됩니다.

■ Orbit Around Cursor Tool	1, Shift+1
Orbit Around Scene Tool	1, Shift+1
Orbit Around Camera POI	1, Shift+1

Orbit Around Cursor Tool   카메라가 커서를 중심으로 회전한다.

Orbit Around Scene Tool   카메라가 장면을 중심으로 회전한다.

Orbit Around Camera Tool   카메라의 Point of Interest를 중심으로 회전한다.

❺ **Pan Under Cursor Tool** : 카메라를 이동하는 기능입니다.

■ Pan Under Cursor Tool	2, Shift+2
Pan Camera POI Tool	2, Shift+2

Pan Under Cursor Tool   카메라가 커서를 기준으로 상하좌우로 이동한다.

Pan Camera POI Tool   카메라의 Point of Interest를 기준으로 상하좌우로 이동한다.

❻ Dolly Towards Cursor Tool : 카메라를 줌 인/줌 아웃하는 기능입니다.

Dolly Towards Cursor Tool　카메라를 커서 방향으로 줌 인/줌 아웃한다.

Dolly to Cursor Tool　카메라를 커서 기준으로 줌 인/줌 아웃한다.

Dolly to Camera POI Tool　카메라의 Point of Interest를 기준으로 줌 인/줌 아웃한다.

❼ Rotation Tool(Ⓦ) : 선택한 오브젝트를 회전하는 기능입니다.

❽ Pan Behind Tool(Ⓨ) : 오브젝트의 기준점(Ancor Point)을 옮기는 기능입니다.

❾ Mask and Shape Tool(Ⓠ) : 여러 모양의 마스크를 생성하거나 쉐이프 레이어를 만드는 기능입니다. 길게 누르면 사각형, 모서리가 둥근 사각형, 원형, 다각형, 별 모양을 만들 수 있는 하위 툴인 'Rectangle Tool, Rounded Rectangle Tool, Ellipse Tool, Polygon Tool, Star Tool'이 나타납니다.

❿ Pen Tool(Ⓖ) : 패스를 이용해 마스크나 특정한 형태를 만드는 기능입니다. 레이어를 선택한 상태로 패스를 그리면 해당 부분만 보이게 하는 마스크 기능을, 레이어를 선택하지 않은 상태로 패스를 그리면 해당 모양의 레이어를 생성합니다.

Pen Tool　클릭과 드래그를 이용해 패스를 만들 수 있다.

Add Vertex Tool　그려진 패스에 조절점을 추가할 수 있다.

Delete Vertex Tool　조절점을 삭제한다.

Convert Vertex Tool　조절점의 방향 핸들을 생성 또는 제거해서 조절점 사이에 있는 직선은 곡선으로, 곡선은 직선으로 변환한다.

Mask Feather Tool　마스크를 적용한 부분의 흐름 정도를 조절한다.

⓫ Type Tool(Ⓒⓣⓡⓛ+Ⓣ) : 컴포지션 패널에 직접 텍스트를 입력하는 기능입니다. 길게 누르면 텍스트를 세로 방향으로 입력할 수 있는 'Vertical Type Tool'이 나타납니다.

⑫ Brush Tool(Ctrl+B) : 레이어 패널에 그림을 그릴 수 있는 기능입니다.

⑬ Clone Stamp Tool(Ctrl+B) : 레이어 패널에서 복사하고자 하는 원본 영역을 Alt를 누른 채로 클릭한 뒤, 복사할 영역으로 드래그하면 동일하게 복제되는 기능입니다.

⑭ Eraser Tool(Ctrl+B) : 레이어의 내용을 드래그로 지우는 기능입니다.

⑮ Roto Brush Tool(Alt+W) : 이미지나 동영상의 일부분을 선택하여 추출하는 기능입니다.

Roto Brush Tool 브러쉬를 움직여 원하는 부분만 추출한다.
Refine Edge Tool Roto Brush Tool로 작업한 영역의 테두리를 부드럽게 다듬는다.

⑯ Puppet Pin Tool(Ctrl+P) : 이미지를 부분적으로 움직이게 하는 기능입니다. 관절이 존재하는 캐릭터 애니메이션에서 주로 쓰입니다.

Puppet Position Pin Tool 핀의 위치값만 제어한다.
Puppet Starch Pin Tool 과도한 변형을 제어하기 위해 이미지를 고정시키는 스타치 핀을 배치한다.
Puppet Bend Pin Tool 주변 핀을 기반으로 선택한 핀의 범위를 자동으로 계산하며 핀의 비율 및 회전을 제어할 수 있다.
Puppet Advanced Pin Tool 핀의 위치와 비율과 회전값을 제어할 수 있다. 핀 주변에서 형성되는 효과를 세부적으로 제어할 수 있다.
Puppet Overlap Pin Tool 변형으로 인해 영역이 겹칠 때, 맨 앞에 표시할 이미지를 나타내는 겹치기 핀을 배치한다.

Step 2 프로젝트 패널 살펴보기

비디오, 이미지, 텍스쳐, 오디오 등 다양한 종류의 멀티미디어 소스를 활용하게 되는데, 이러한 소스를 관리하는 게 프로젝트 패널입니다. 불러오는 파일의 포맷과 성격에 따라 패널에 표시되는 아이콘의 모양이 다르며 각 소스의 다양한 정보들을 목록에서 확인 가능합니다. 소스의 종류와 양이 많을 땐 폴더를 만들어 소스들을 분류 및 정리할 수 있고, 라벨의 색을 변경하여 보기 쉽게 구분할 수도 있습니다.

❶ **Source Thumbnail** : 프로젝트 패널에 있는 레이어나 소스를 클릭하면 미리 보기 이미지가 표시되며, 우측에는 파일 크기와 해상도, 색상 정보 등이 표시됩니다.

❷ **Quick Search** : 프로젝트 패널에 속한 소스의 이름을 검색하여 찾을 수 있습니다.

❸ **Interpret Footage** : 소스를 선택하고 이 아이콘을 클릭하면 소스의 정보를 확인 및 설정할 수 있는 Interpret Footage 창이 나타납니다. 다양한 설정이 가능합니다.

Alpha 소스(푸티지)의 알파 채널 인식 방법의 확인 및 변경

Frame Rate 동영상 소스(푸티지)의 초당 프레임 수 확인 및 변경

Start Timecode 동영상 소스(푸티지)의 시작 타임코드의 확인 및 변경

Field and Pulldown 필름의 원래 프레임 속도가 애프터 이펙트에서의 작업과 일치하도록 설정

Loop 반복 재생

❹ **Create a new Folder** : 프로젝트 패널에 새로운 폴더를 생성합니다. 생성하거나 가져온 소스들을 분류 및 정리할 수 있습니다.

❺ **Create a new Composition** : 새로운 컴포지션을 생성합니다. 프로젝트 패널 내에 있는 소스를 이 아이콘으로 드래그하면 파일 포맷과 크기에 맞는 새로운 컴포지션이 만들어집니다.

❻ **Project setting and adjust project render settings** : 프로젝트의 비디오 관련한 GPU 설정을 할 수 있으며 Timecode, Frames 등의 작업 환경에 나타날 타임 디스플레이 스타일을 설정할 수 있습니다. 컬러 세팅에서는 8/16/32 bits per channel 등의 심도와 깊이 등을 설정할 수 있으며 오디오 세팅에서는 샘플레이트를 설정할 수 있습니다. 우측의 8bpc 영역을 클릭해도 Project Settings 탭이 생성됩니다.

❼ **Delete selected project items** : 프로젝트 패널 내의 소스 파일을 삭제합니다.

실제로 작업을 수행하는 패널로, 작업한 디자인 및 애니메이션을 확인할 수 있습니다. 텍스트를 입력하거나 오브젝트를 만들고 조절하는 등 직접적인 작업을 합니다.

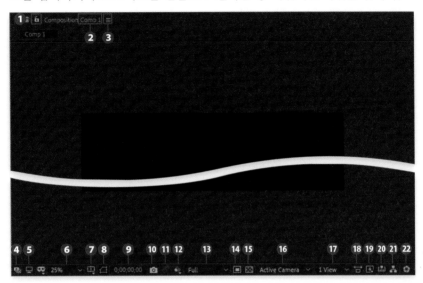

❶ Toggle Viewer Lock : 뷰어를 잠그는 기능입니다. 활성화되어 있을 때는 새로운 컴포지션 패널을 생성해도 잠금 설정된 컴포지션을 보여주고, 비활성화되어 있을 때는 선택한 컴포지션을 보여줍니다.

❷ Triangle for opening viewer menu : 컴포지션 열기, 잠그기, 닫기, 이동 등을 설정합니다. 현재 선택된 컴포지션의 이름이 파란색으로 나타납니다.

❸ Panel Menu : 컴포지션 패널과 관련 있는 다양한 메뉴를 선택합니다. 메뉴 상단의 Close Panel, Undock Panel, Close Other Panels in Group, Panel Group Settings는 모든 패널에서 동일하게 기능합니다.

View Options 컴포지션 패널 화면에서 볼 기능들을 설정한다.

Composition Settings 컴포지션의 설정값을 표시한다.

Show Composition Navigator 작업 중인 컴포지션의 구성을 보여준다. 다수 혹은 상하위 개념의 컴포지션 작업에 유용하다.

From Right to Left / From Left to Right [Composition Navigator]의 컴포지션 진행 방향을 설정한다.

Enable Frame Blending 영상의 프레임을 임의로 늘리거나 줄여도 끊김없이 표현한다.

Enable Motion Blur 모션 블러를 적용한 레이어의 형태를 화면상에서 볼 수 있도록 설정한다.

Draft 3D 3D 공간의 작업 환경에서 속도가 느려질 때 화질을 임의로 낮추어 원활한 작업이 가능토록 하는 기능이다. 작업 시에만 적용되는 것으로 실제 렌더링을 통한 최종 결과물의 품질에는 영향을 주지 않는다.

Show 3D View Labels 3D 작업 공간에서 Left, Right, Top, Bottom 등 카메라 공간을 보여줄 때 해당 공간의 시점을 표시하는 기능이다.

Transparency Grid 컴포지션에 기본으로 설정된 배경색을 지운다.

Compotion Flowchart / Composition Mini-Flowchart 작업 중인 컴포지션의 플로우 파트와 미니 플로우 차트를 보여준다.

❹ Always Preview This View : 컴포지션 패널에 뷰가 2개 이상 열려 있을 때, 해당 아이콘이 활성화되어 있는 뷰만 애니메이션을 재생하는 기능입니다.

❺ Primary Viewer : 외부 오디오 장비, 모니터로 볼 컴포지션 패널을 설정하는 기능입니다. 이 기능을 활성화하면 해당 컴포지션을 우선으로 확인합니다.

❻ Magnification ratio popup : 컴포지션 패널을 확대 및 축소하는 기능입니다.

❼ Chose grid and guide options : 그리드, 세이프, 가이드 라인 등을 표시하는 기능입니다.

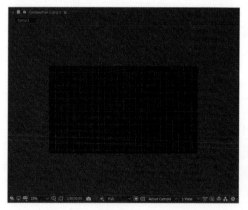

Grid

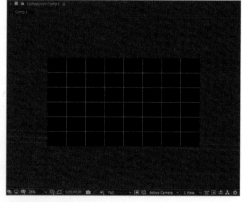

Proportional Grid

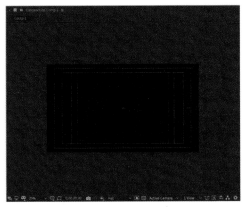

Title Safe / Action Safe

Grid 가장 기본적인 형태의 그리드

Proportional Grid 직접 비율에 맞춰 설정할 수 있는 그리드

Title Safe / Action Safe 타이틀이 가장 잘 보이는 영역을 안내하는 선을 만든다.

❽ Toggle Mask and Shape Path Visibility : 오브젝트나 레이어에 마스크를 적용할 때 해당 마스크 패스를 나타내거나 숨기는 기능입니다.

❾ Preview Time : 현재 시간(컴포지션 패널에 표시되는 시간)을 나타내는 기능으로 시간을 클릭하면 'Go to Time' 박스가 표시되는데 이 박스에 원하는 시간이나 프레임을 입력하여 이동할 수 있습니다.

❿ Take Snapshot : 현재 화면을 저장하는 기능입니다.

⓫ Show Snapshot : Take Snapshot 기능으로 저장한 화면을 보는 기능입니다. 해당 아이콘을 클릭한 상태에서만 저장된 화면이 나타나고, 클릭을 해제하면 원래 화면으로 돌아갑니다.

⓬ Show Channel and Color Mandgement Settings : Red, Green, Blue, Alpha, RGB Straight 채널을 각각 확인할 수 있는 기능입니다.

⓭ Resolution : 컴포지션 패널의 해상도를 설정하는 기능입니다. Full=100%, Half=1/2, Third=1/3, Quarter=1/4, Custom은 사용자가 지정할 수 있습니다. 해상도가 크면 작업한 애니메이션을 확인하는 데 시간이 오래 걸립니다. 이럴 때는 해상도를 낮춰 작업 속도의 효율성을 높일 수 있습니다.

⑭ Region of Interest : 해당 아이콘을 클릭한 채로 드래그하면 필요한 부분만 미리 보기를 하거나 렌더링할 수 있습니다.

⑮ Toggle Transparency Grid : 오브젝트에 알파값이 있는지 확인합니다. 배경색을 투명 그리드 상태로 바꿔서 배경색을 적용했는지 반투명한 상태인지 확인할 수 있습니다.

⑯ 3D View Popup : 기본 값은 'Active Camera'이며, 'Left, Top, Bottom' 등 3D 작업 에서의 다양한 카메라 시점으로 볼 수 있습니다.

⑰ Select view layout : 3D 작업 환경의 다양한 레이아웃 구성을 확인할 수 있습니다.

⑱ Toggle Pixel Aspect Ratio Correction : Non-Square Pixel 종횡비를 변경하는 기능 입니다. 렌더링에는 영향을 주지 않습니다.

⑲ Fast Previews : 미리 보기의 속도를 빠르게 합니다.

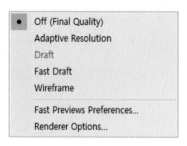

Off(Final Quality) Resolution에서 설정한 해상도로 미리 보기를 실행한다. 작업 환경에 따라 해상도가 달라지는 것을 방지하기 위함이다.

Adaptive Resolution 작업이 용이하도록 환경에 따라 해상도를 변경하는 기능. 작업량이 많을 경우 해상도를 1/4, 1/8로 떨어뜨려 작업을 원활하게 만든다. 단 렌더링이나 램 프리 뷰 상태에서는 기능하지 않는다.

Draft 텍스트 또는 쉐이프에 돌출 기능을 지원하여 3D 효과를 만들 수 있다. Ray-Traced 3D 컴포지 션에서만 사용할 수 있으며 Ray-Traced의 품질을 저하한 상태로 작업환경을 유지한다.

Fast Draft 복잡한 장면의 레이아웃이나 Ray-Traced 3D 컴포지션에서의 용이한 작업을 위해 해상도 를 1/4로 저하시킨 작업환경을 유지한다.

Wireframe 불러온 레이어의 외곽선만 표시하는 기능. 와이어프레임만 보여주기 때문에 주로 애니메 틱이나 전체적인 움직임을 빠르게 확인할 때 이용한다.

Fast Preview Preferences Fast Preview를 만들 때 적용되는 기능. 해상도를 낮출 때 해상도의 제 한 등을 설정할 수 있으며 최대 1/16까지 설정 가능하다.

Renderer Options 원활한 3D 레이어 작업을 위한 렌더러를 설정한다. 애프터 이펙트 CC 2017부터 지원하는 3D Render 방식은 'Classic 3D, Cinema 4D Renerer, Ray-Traced 3D Renderer' 3가지가 있으며, Classic 3D가 기본으로 설정된다.

Classic 3D Renderer 설정

Classic 4D Renderer 설정

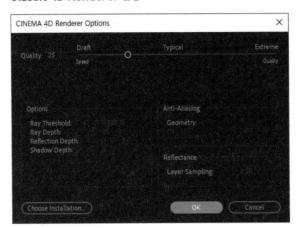

Ray-traced Renderer 설정

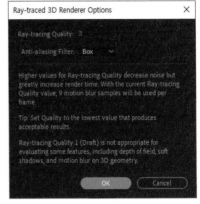

⑳ Timeline : 현재 컴포지션의 타임라인 패널을 활성화하는 기능입니다. 다수의 타임라인 패널이 열려 있을 때 해당 아이콘을 클릭하면 바로 찾을 수 있습니다.

㉑ Composition Flowchart : 현재 컴포지션의 구조를 플로우차트 형태로 보여줍니다.

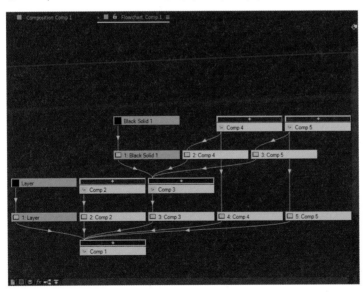

㉒ Reset Exposure : 설정한 노출값을 0으로 초기화하는 기능입니다. 아이콘 우측의 숫자 (+0.0)를 드래그하여 노출 수치를 높이거나 낮출 수 있습니다. 해당 기능은 컴포지션 패널 화면에서만 적용되며 렌더링을 통한 영상에는 적용되지 않습니다.

작업한 디자인 및 애니메이션을 확인할 수 있으며 실제 애니메이션 작업을 수행하는 패널입니다. 텍스트를 입력하거나 오브젝트를 만들고 조절하는 등 직접적인 작업을 합니다.

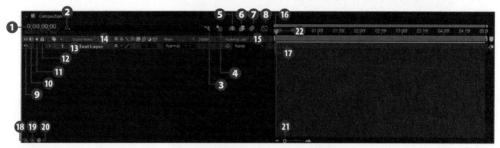

❶ Timecode : 현재 타임라인 패널에 인디케이터의 시간 또는 프레임이 나타납니다. [Ctrl]+좌클릭을 하면 타임코드나 프레임 형식으로 표시를 변경할 수 있습니다.

❷ Quick Search : 레이어의 이름을 검색하여 찾을 수 있습니다.

❸ Composition Mini-Flowchart : 작업 중에 작은 형태의 플로우차트를 볼 수 있습니다.

❹ Draft 3D : 3D 기능을 사용할 때 조명, 그림자, 카메라 DOF 등의 렌더링이나 미리 보기를 방지해 렌더링 전에 보다 빠른 확인 및 작업을 진행할 수 있습니다.

❺ Hides all layers for which the 'Shy' switch is set : 타임라인 패널에서 특정 레이어를 가리고 싶을 때 사용합니다. 원하는 레이어를 선택한 뒤 'shy' 아이콘을 클릭하면 타임라인에서만 사라질뿐 컴포지션 패널에는 그대로 표시됩니다.

❻ Enables Frame Blending for all layers with the vc Blend switch set : 레이어의 속도를 변경했을 때 그에 맞추어 움직임을 부드럽게 표현하는 기능으로 움직이는 푸티지에만 적용할 수 있습니다.

❼ Enables Motion Blur for all layers with the Motion blur switch set : 텍스트나 쉐이프 등의 레이어에 키프레임을 이용해 움직이는 효과를 적용했을 때, 해당 레이어의 움직임이나 속도에 따라 모션 블러가 나타나도록 합니다. 속도감 있는 물체에서 볼 수 있는 잔상 효과를 부여할 수 있습니다.

❽ Graph Editor : 여러 레이어의 애니메이션을 그래프 형태로 보여줍니다. 그래프를 조절하여 다양한 느낌의 애니메이션으로 수정할 수 있습니다.

❾ Video : 레이어를 화면에 드러내거나 감추는 기능입니다.

❿ Audio : 해당 레이어의 소리를 켜고 끄는 기능입니다.

⓫ Solo : 해당 레이어만 화면에 표시하는 기능입니다.

⓬ Lock : 해당 레이어가 변경되지 않도록 잠그는 기능입니다.

⓭ Label : 라벨 색상을 레이어에 적용할 수 있습니다.

⓮ Layer Name : 레이어를 선택한 상태에서 [Enter↵]를 누르거나 [Rename]을 선택하여 레이어의 이름을 변경할 수 있습니다.

⓯ Parent : 두 레이어를 Parent와 Child의 종속관계로 맺는 기능입니다. Parent 레이어

가 움직이면 종속된 Child 레이어도 함께 움직입니다.

⑯ Time Navigator : 조절 포인터를 드래그하면 타임라인 패널을 확대/축소할 수 있습니다.

⑰ Work Area : 미리 보기를 할 때 원하는 영역을 지정할 수 있습니다.

⑱ Expand or Collapse the Layer Switches pane : Shy, For Comp Layer/For Vector Layer, Quality, Effect, Frame Blend, Motion Blur, Adjustment Layer, 3D Layer 옵션을 표시하는 기능입니다.

⑲ Expand or Collapse Transfer Controls pane : Blending Mode, Preserve Underlying Transparency, Track Matte 옵션을 표시하는 기능입니다.

⑳ Expand or Collapse the In/Out/Duration/Stretch pane : 레이어의 시간 속성인 In, Out, Duration, Stretch 옵션을 표시하는 기능입니다.

㉑ Zoom in to frame level, or out to entire comp(in time) : 타임라인 패널을 확대/축소하는 기능입니다. 왼쪽 아이콘을 클릭하면 타임라인 패널 전체가 축소되고, 오른쪽 아이콘을 클릭하면 전체가 확대됩니다. 가운데에 있는 조절 포인터를 드래그하면 자유롭게 확대, 축소 폭을 조절할 수 있습니다.

㉒ Current Time Indicator : 현재 화면에 표시되는 시간의 위치를 나타냅니다.

Step 5 인포/오디오 패널 살펴보기

인포 패널에서는 컴포지션 패널에서의 현재 마우스 포인터 위치인 X, Y의 좌표값과 색상 등의 정보를 확인할 수 있습니다.

오디오 패널에서는 오디오 재생 시 소리의 크기를 확인하고 조절할 수 있습니다.

프리뷰 패널은 작업한 애니메이션 결과를 미리 확인할 때 사용하는 패널입니다.

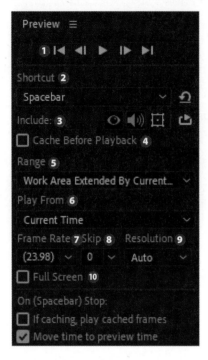

❶ 컴포지션의 위치를 조정하는 아이콘입니다. 시작점으로 이동/한 프레임 앞으로 이동/재
생/한 프레임 뒤로 이동/맨 끝점으로 이동 순입니다.

❷ Shortcut : 프리뷰 재생 단축키를 설정하는 기능입니다. [Space bar] 또는 숫자 패드의 '0'으
로 지정해서 사용할 수 있습니다.

❸ Include : 시각, 오디오, 영역 포함에 관해 설정하는 기능입니다.

❹ Cache Before Playback : 재생 전 캐시를 설정하는 기능입니다.

❺ Range : 재생 영역을 설정하는 기능입니다.

❻ Play From : 재생 시점을 선택하는 기능입니다.

❼ Frame Rate : 1초 동안 재생되는 프레임 수를 설정합니다.

❽ Skip : 건너뛰기를 의미합니다. 해당 탭의 수치가 0이면 Frame Rate에 설정된 숫자대
로 프레임이 재생되고, 1이면 1프레임을 재생한 뒤 1프레임을 건너뜁니다. 애니메이션이
끊기지만 미리보기 시간을 단축할 수 있습니다.

❾ Resolution : 해상도를 설정합니다.

❿ Full Screen : 전체화면으로 미리 보기를 시작합니다.

이펙트&프리셋 패널 살펴보기

자주 사용하는 기능은 메뉴 바를 클릭해서 사용하는 것보다 패널을 사용하는 것이 더 효율적입니다. 적용할 효과를 검색해서 찾은 다음 더블클릭하거나 해당 레이어에 드래그하면 바로 적용됩니다. 세부 옵션은 Effect Controls 패널에서 변경합니다.

모션그래픽 공부에 도움이 되는 웹사이트 살펴보기

모션그래픽 관련 튜토리얼 웹사이트

www.videocopilot.net/tutorials

motionworks.net/tutorials

library.creativecow.net/tutorials/adobeaftereffects

3dm3.com/category/tutorials/after_effects

Cgi/tutsplus/com/catagorys/adobe-after-effects

Lesterbanks.com/category/after-effects-tutorials

Schoolofmotion.com

모션그래픽 포트폴리오 웹사이트

Theinspirationgrid.com/category/video

Motiongrapher.com

Blur.com

Digitaldomain.com

Themill.com

Imaginaryforces.com

Awesomeinc.com

Beeple-crap.com

Vimeo.com/channels/nicetype

Brikk.se/en

Offset.sg

무료 이미지/동영상 제공 웹사이트

이미지

unsplash.com/

www.sitebuilderreport.com/stock-up

stocksnap.io/

picjumbo.com/

www.pexels.com/

동영상

pixabay.com

coverr.co/

www.pexels.com/videos/

www.videvo.net/

mazwai.com/

모션그래픽을 위해 알아야 할 개념 및 용어 모음

Composition(컴포지션)

영상을 만들기 위해서 가장 먼저 해야 할 기본 틀 구성작업입니다. 여러 컴포지션을 함께 묶을 수도 있으며, 일반적으로 비디오, 텍스트, 이미지 및 오디오 같은 여러 레이어가 포함됩니다.

Compositing(컴포지팅)

하나의 이미지를 만들기 위해 둘 이상의 이미지를 결합하는 프로세스입니다. 프로그램에 따라 계층 기반 설정과 노드 기반 설정으로 나뉩니다.

Adjustment Layers(조정 레이어)

한 번에 여러 레이어에 효과를 적용하는 데 사용되는 레이어 유형입니다. 해당 조정 레이어의 아래에 위치한 레이어에만 효과가 적용됩니다. 다수의 레이어에 개별적으로 효과를 적용하지 않고 독립적인 조정 레이어로써 효과를 적용할 수도 있습니다. 맨 아래에 있으면 아무런 영향을 미치지 않습니다.

Alpha Channel(알파 채널)

영상의 투명도에 대한 정보를 음영 정보인 그레이스케일(Grayscale)로 표현합니다. 흰색 부분에서 영상이 100%보이고, 검정 부분에서 영상이 보이지 않으며, 중간 단계인 회색 부분은 영상이 반투명으로 보이는 별도의 영역을 나타냅니다.

Bokeh(보케)

보케는 사진의 초점이 맞지 않을 때 렌즈에 의해 생성되는 효과입니다. 일반적으로 카메라 조리개의 개구부 모양으로 나타나며 이미지에 밝은 영역으로 나타납니다

Cel Animation(셀 애니메이션)

셀룰로이드는 투명한 플라스틱 시트나 필름을 말하며 그 셀룰로이드 위에 수작업으로 그려 채색하는 애니메이션 제작 기법을 셀 애니메이션이라고 합니다. 기존의 셀 애니메이션은 작화가가 셀 위에 그린 연속적인 그림을 한 프레임씩 끊어서 촬영한 후 재생함으로써 연속적인 움직임을 창조하는 방식인데, 요즘에는 디지털 드로잉을 통해 모션그래픽의 영역에서도 활발히 사용하고 있습니다.

Flow Chart(순서도)

플로우 차트는 각 프로젝트 또는 컴포지션에 존재하며 개별 항목엔 각 컴포지션, 푸티지 항목 및 레이어 등을 나타냅니다. 항목 간의 화살표는 항목들 사이의 관계를 보여줍니다. 컴포지션이 서로 어떻게 중첩되어 있는지 확인할 수 있는 좋은 방법입니다.

Frames(프레임)

프레임은 애프터 이펙트의 시퀀스를 구성하는 개별 이미지, 단위입니다. 이러한 이미지가 여러 장으로 특정 속도로 재생되며 움직임이 생성됩니다. 이미지가 표시되는 속도는 프레임 속도에 따라 결정됩니다.

Frames Rate(프레임 속도)

프레임 속도는 초당 프레임이 재생되는 속도입니다. 초당 프레임 수가 적을수록 애니메이션이 뚝뚝 끊겨보이게 되고 많을수록 부드럽게 보입니다. 일반적인 프레임 속도는 초당 23.976 프레임, 24fps, 25fps, 29.97fps 및 30fps입니다.

Keyframes(키프레임)

키프레임은 애니메이션이 발생하는 특정 시점을 표시합니다. 효과의 시작과 끝을 표시하거나 애니메이션 움직임을 만드는 데 사용됩니다. 움직임을 생성하려면 최소 두 개의 키프레임이 필요합니다. 이동 또는 효과를 시작하려는 시점을 표시하는 키프레임과 이동 또는 효과를 종료하려는 시점을 표시하는 키프레임입니다. 복잡성에 따라 수백 개가 사용될 수도 있습니다.

Chroma key(크로마키)

크로마키는 두 개의 영상을 합성하는 기법입니다. 주로 블루나 그린 스크린 앞에서 사람, 사물 등을 촬영한 소스를 기반으로 해당 스크린의 색상을 제거하여 사람, 사물 등만 남겨 다른 배경과 합성하는 작업입니다. [Effects & Presets] – [Keying]에 속해 있는 효과들로 작업할 수 있습니다.

Part

1

기초 도형으로
모션 그래픽
레이아웃과
애니메이션
제작하기

Ae

01 카드와이프와 아이소메트릭(등축투영법)

Lesson 다양한 배경이나 텍스트 등을 전환하는 효과인 Card Wipe와 형태의 3차원적 시점 연출을 할 수 있는 투영법의 일종인 Isometric을 배워봅니다.

Step 1 카드와이프 효과 알아보기

카드와이프 효과로 행과 열을 카드처럼 뒤집을 수 있습니다. 수량, 뒤집는 방향, 전환 방향을 제어할 수 있으며 Timing Randomness, jitter 옵션으로 효과를 제어하여 더 임의적이고 실감나게 표현할 수 있습니다. 행과 열의 수에 변화를 줄 수 있으므로 차양 효과나 플립 애니메이션 등의 다양한 화면전환 효과와 글리치 효과 같은 텍스트 애니메이션을 구현할 수 있습니다. 먼저, 책을 따라 눈으로 살펴봅시다.

[Card Wipe]의 [Transition Completion] 기능을 이용하여 A에서 B로 바뀌는 화면 전환을 표현할 수 있습니다.

```
∨ fx Card Wipe          Reset          Ab
  > Ö Transition Completion 25%
  > Ö Transition Width    50%
```

Transition Completion 화면 전환을 완성시키는 전체 애니메이션의 컨트롤러이다.

A   B

Transition Width 앞면에서 뒷면으로 변하는 영역의 폭이다.

Width 0%   Width 50%   Width 100%

Back Layer 카드 뒷면에 사용될 레이어를 선택하는 기능이다. 컴포지션에 있는 레이어를 사용할 수 있으며 해당 레이어에 효과나 마스크가 적용되어 있으면 프리-컴포즈하여 지정해야 한다.

└ **Pre-compose** : 다수의 레이어를 그룹화하는 기능이며 그룹 내 레이어들을 다시 취합 및 편집할 수도 있어 레이어 정리에 아주 유용한 기능이다.

Row & Columns 애니메이션 시 나오는 행의 개수와 열의 개수, 상호작용을 지정할 수 있다. [Independent]를 사용하면 행과 열이 모두 활성화되고, [Columns Follows Rows]를 지정하면 행 부분 슬라이더만 활성화되며 열의 개수는 행의 개수와 항상 동일하게 변경된다.

Row 행의 개수를 의미하며 최대 1000개까지 설정 가능하다.

Columns 열의 개수를 의미하며 [Independent] 옵션을 선택한 경우 최대 1000개까지 설정 가능하다.

Card Scale 카드의 크기를 결정하는 옵션으로 값이 1보다 작으면 크기가 줄어들고 그 사이 간격에 기본 레이어가 드러난다. 값이 1보다 크면 카드의 크기가 늘어나 서로 겹쳐서 빽빽한 모자이크처럼 형성된다. 카드 배열의 비율만큼 움직인다.

Flip Axis 카드를 뒤집을 중심 축을 설정한다.

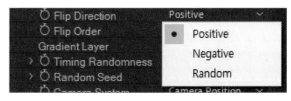

Flip Direction 정해진 축을 중심으로 카드를 뒤집을 방향을 설정한다.

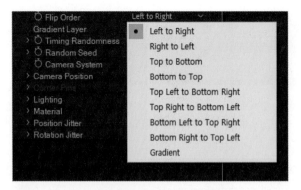

Flip Order 카드가 전환될 시작 위치와 방향성을 설정한다.

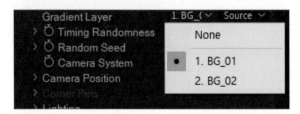

Gradient Layer [Flip Order]에 사용할 그라디언트 레이어를 지정한다.

Timing Randomness 전환하는 시점을 무작위로 설정한다. 이 수치가 '0'에 가까울수록 설정한 순
서대로 카드가 뒤집히고, 값이 높을수록 무작위로 표현한다.

Random Seed 속성에 무작위 값을 추가하는 기능으로 값을 변경할 때마다 무작위 형태가 여러 가
지로 나타난다.

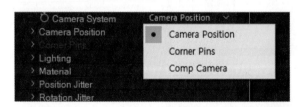

Camera System 카드의 입체적인 표현을 위한 카메라 옵션으로 카메라의 위치값을 이용한
[Camera Positon] 컨트롤 방법과 핀을 고정하여 부분적으로 움직이는 [Corner
Pins] 기능이 있다.

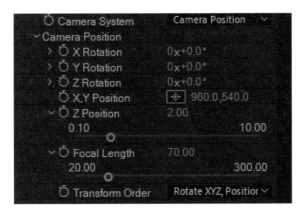

Camera Position

└ Camera Position X,Y,Z Rotation : 각각 적용하는 축을 중심으로 카메라가 회전한다. 해당 기능을 이용하여 카드의 방향 및 각도를 조정할 수 있다.

└ X,Y Position : X, Y 공간에서 카메라가 배치되는 위치를 설정한다.

└ Z Position : Z 축을 따라 카메라를 배치할 위치를 설정한다. 해당 값이 작을수록 카메라가 카드에 가까이 이동하고, 값이 클수록 카메라가 카드에서 멀리 떨어진다.

└ Focal length : 카메라에서 이미지까지의 초점 거리를 의미한다. 값이 작을수록 확대된다.

└ Transform Order : X, Y, Z 세 개의 축을 중심으로 카메라가 회전하는 순서를 지정하며 [Camera Position]에서 설정한 카메라 배치를 적용 후에 회전할지, 적용하지 않고 회전할지 정할 수 있다.

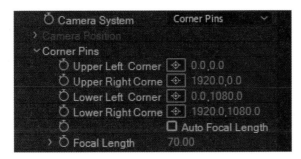

Corner Pins 대체 카메라 컨트롤 시스템으로 원하는 위치의 모퉁이를 선택하여 부분적인 왜곡 및 기울기 효과를 적용할 수 있다.

└ Upper Left Corner/Upper Right Corner/Lower Left Corner/Lower Right Corner : 레이어의 각 모퉁이를 어디에 연결할지 지정한다.

└ Auto Focal Length : 애니메이션을 진행하는 동안 자동으로 초점거리를 설정한다. 비활성화 상태일 때는 레이어마다 설정된 초점거리가 사용되며, 활성화 상태일 때는 레이어들의 모퉁이 지점을 일치시키는 데 필요한 초점거리를 자동으로 적용한다

└ Focal Length : 원하는 결과를 얻지 못한 경우에 설정을 재정의한다. 실제로 고정 지점이 있어야 할 초점 거리에 바르지 않은 초점 거리를 설정하면 이미지가 기울어지는 등 이상하게 보일 수 있으므로 일치시켜야 할 초점거리를 정확하게 알고 있다면 이 기능을 사용하여 좋은 결과를 쉽게 얻을 수 있다.

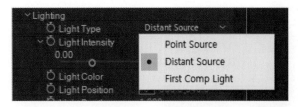

Lighting 해당 레이어의 조명 값을 지정한다.

└ Light Type : 사용할 조명의 유형을 지정한다. 기본 항목으로 지정되어 있는 [Distant Source]는 태양 빛을 시뮬레이션하여 한 방향으로 그림자를 드리워 개체가 빛을 받는 각도가 거의 동 일하다. [Point Source]는 백열등과 유사하여 모든 방향으로 그림자를 드리운다. [First Comp Light]는 컴포지션의 첫 번째 조명 레이어를 사용한다.

└ Light Intensity : 조명의 세기를 지정한다. 값이 클수록 레이어가 밝아지며 적용한 레이어 및 Back Layer 전체에 영향을 준다.

└ Light Color : 조명의 색상을 지정한다.

└ Light Position : X, Y 공간의 조명 위치를 지정한다. 대화식으로 조명의 위치를 정하려면 Alt 를 누른 채로 조명의 효과 점을 드래그하면 된다.

└ Light Depth : Z 공간의 조명 위치를 지정한다. 음수 값을 사용하면 조명이 레이어 뒤로 이동한다.

└ Ambient Light : 조명을 레이어 위에 분산시키는 기능으로 이 값을 늘리면 모든 개체에 고루 조명이 추가되고 그림자가 완전한 검정으로 표현되지 않는다. [Ambient]를 순수한 흰색으 로 설정하고 다른 조명 컨트롤을 모두 0으로 설정하면 개체가 완전한 조명을 받아 3D 쉐이딩이 모두 제거된다.

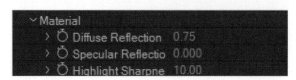

Material 해당 레이어의 반사 값을 지정한다.

└ Diffuse Reflection : 맞닿는 레이어의 조명 반사율을 설정하는 기능으로 조명이 레이어 표면에 닿을 때, 반사율 값이 높을수록 레이어의 색이 밝아진다.

└ Specular Reflection : 조명이 레이어 표면에 닿을 때 반사율 값이 높을수록 레이어의 색이 밝아진다. 일괄적으로 동일하게 색이 밝아지는 Diffuse Reflection과는 달리 카드가 전환되는 형태에 따라 레이어의 밝기가 다르게 표현된다.

└ Highlight Sharpness : 밝기를 제어하는 기능으로 밝은 표면에서는 작고 조밀한 반사광이 비치고, 흐릿한 표면에서는 밝은 영역이 더 넓은 범위로 확산된다. 이때 반사면은 들어오는 조명의 색상이며 일반적으로 흰색이거나 기타 색조를 띤 흰색이므로 밝은 영역이 넓으면 표면 색상에 흰색이 더해져 이미지의 채도가 감소할 수 있다.

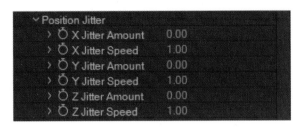

Position Jitter X, Y, Z 축의 지터의 양과 속력을 지정한다. [Jitter Amount]는 외부에서 발생하는 움직임의 양을, [Jitter Speed] 값은 각 [Jitter Amount] 옵션의 지터 속력을 의미한다.

Rotation Jitter X, Y, Z 축을 중심으로 지터가 회전하는 양과 속력을 지정한다. [Rot Jitter Amount]는 축을 중심으로 회전하는 지터의 양을 의미한다. 값이 90°이면 카드를 어느 방향으로든 최대 90°까지 회전할 수 있으며 [Rot Jitter Speed] 값은 회전하는 지터의 속도를 의미한다.

Jitter

지터는 전환하는 카드 입자의 방향 움직임을 개별적으로 설정하는 기능입니다. 위치값과 회전값을 적용할 수 있으며 X, Y, Z 축으로의 움직임의 양과 속도를 제어할 수 있습니다. Position Jitter 및 Rotation Jitter를 추가하면 이 전환을 더욱 사실적으로 만들 수 있습니다. 지터는 전환이 발생하기 전과 도중과 후에 적용됩니다.

만들어봅시다 부록 확인

▌카드와이프로 화면전환 만들기

01 메뉴 바에서 [Composition]-[New Composition]을 클릭합니다. [Composition Name] : Card Wipe, [Width] : 1920px, [Height] : 1080px, [Duration] : 0;00;05;00으로 설정한 후 [OK]를 클릭하여 컴포지션을 만듭니다.

Tip

[Lock Aspect Ratio to]는 화면의 종횡비를 결정하는 기능입니다. 화면의 가로 세로 비율이 동일할 때는 to 1:1로 표시가 되며, 체크를 해제해야 원하는 크기의 픽셀을 입력할 수 있습니다. 체크를 해제하지 않으면 설정된 종횡비율대로 픽셀값이 상응하여 입력됩니다.

02 메뉴 바에서 [Layer]-[New]-[Solid]를 클릭하여 단색의 솔리드 레이어를 만듭니다. [Soild Name] : BG_01, [Color] : 265FA5, [Width] : 1920px, [Height] : 1080px으로 설정한 후 [OK]를 클릭합니다.

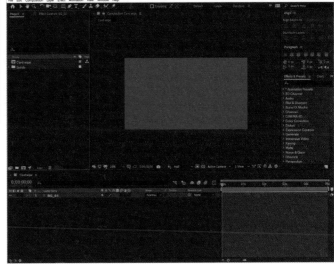

Tip

기존 솔리드 레이어의 색상이나 크기 등의 속성을 변경하기 위해서는 솔리드 레이어를 선택하고 메뉴 바에서 [Layer]-[Solid Settings] 메뉴를 클릭해 변경할 수 있습니다.

03 메뉴 바에서 [Layer]-[New]-[Solid]를 클릭하여 추가적으로 단색의 솔리드 레이어를 만듭니다. [Soild Name] : BG_02, [Color] : CF0F0F, [Width] : 1920px, [Height] : 1080px으로 설정한 후 [OK]를 클릭합니다.

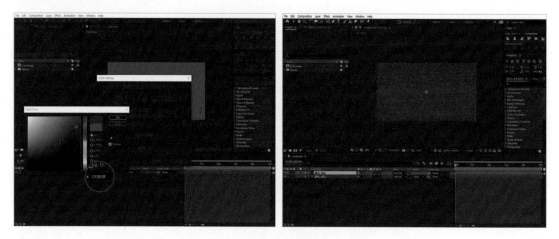

04 [Card Wipe] 타임라인 패널에서 추가로 생성한 [BG_02] 솔리드 레이어를 클릭하고 드래그하여 [BG_01] 솔리드 레이어 하단에 위치시킵니다.

05 [Effect & Preset] 패널에서 Card Wipe를 검색하고 [Transition]-[Card Wipe]를 선택한후, [BG_01] 솔리드 레이어에 적용합니다. [BG_01] 솔리드 레이어에 효과가 적용된 것을 확인할 수 있습니다.

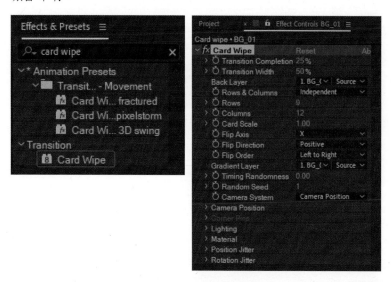

06 [BG_01] 솔리드 레이어의 [Card Wipe] 설정에서 [Back Layer]를 BG_02 솔리드 레이어로 지정합니다. [Transition Completion] : 0%, [Rows]와 [Columns]는 모두 8을 입력합니다.

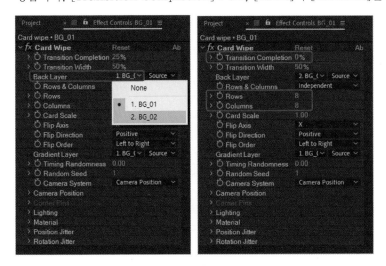

07 [BG_01] 솔리드 레이어에서 [BG_02] 솔리드 레이어로 전환하는 애니메이션을 적용할 차례입니다. 타임라인 패널에서 [BG_01]의 좌측의 ▶를 클릭한 뒤 [Effects] – [Card Wipe]에서 [Transition Completion] 좌측의 키프레임⏱을 클릭합니다. 이어서 0;00;01;00 구간으로 이동한 뒤 [Transition Completion] : 100%로 설정합니다.

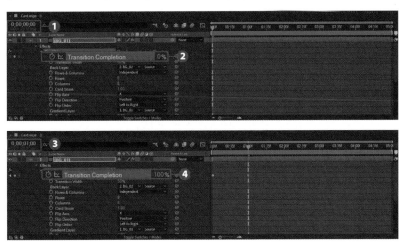

08 [Card Wipe]-[Transition Comple-
tion] 값 0%, 50%, 100%의 애니메이션 과정
입니다. 완성된 애니메이션을 키보드 우측 숫
자 키의 0을 눌러 재생해보세요.

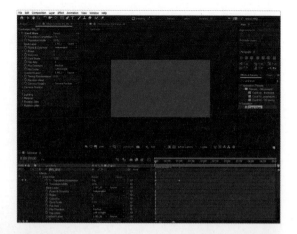

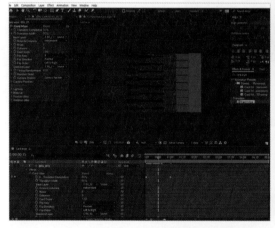

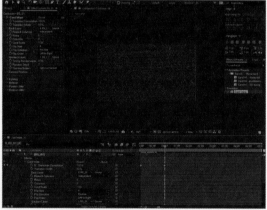

아이소메트릭은 3차원 물체를 평면상에 표현하기 위한 방법의 일종으로 정육면체의 꼭지점에서 맞은편 꼭지점을 보는 것과 같습니다. X 축, Y 축, Z 축 각각이 서로 120°를 이룹니다. 이 기법에서 사용하는 기능은 크게 3가지 Scale(축척), Skew(기울기) 및 Rotation(회전)입니다. 쉐이프 레이어의 Transform 속성을 이용해 크기를 조절하고, 기울이고, 회전하여 기존 평면과는 다른 시점의 아이소메트릭 뷰를 연출할 수 있습니다.

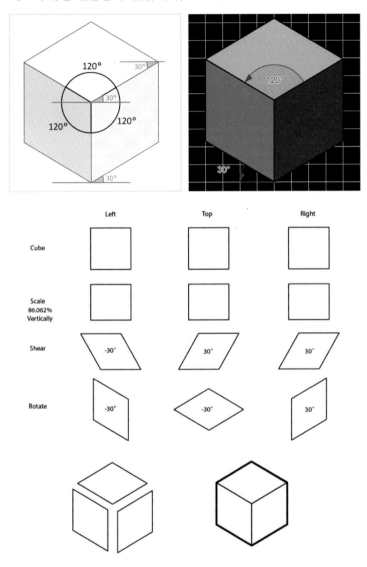

아이소메트릭 디자인은 3차원 객체를 2차원으로 만드는 기법입니다. 인포그래픽의 아이콘 요소나 로고, 타이포그래피 등 다양한 방식으로 사용될 수 있으며 시각적으로 깊이감 있고 창의성 있는 디자인을 완성할 수 있습니다.

만들어봅시다 부록 확인

▌쉐이프 레이어 기능을 이용해 아이소메트릭 정육면체 만들기

01 메뉴 바에서 [Composition]-[New Composition]([Ctrl]+[N])을 클릭합니다. [Composition Name] : isometric, [Width] : 1920px, [Height] : 1080px, [Duration] : 0;00;05;00으로 설정한 후 [OK]를 클릭하여 정방향 해상도의 컴포지션을 만듭니다.

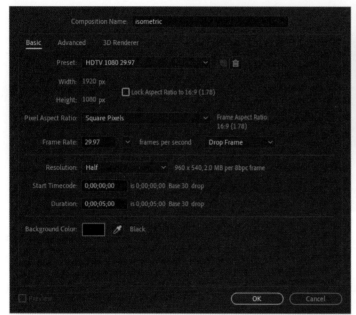

02 메뉴 상단 [Tool Bar]의 도형 아이콘을 길게 클릭하면 나타나는 메뉴 중 최상단의 [Rectangle Tool]을 선택하고 다시 아이콘을 더블클릭합니다. 현재 컴포지션의 해상도인 1920px, 1080px의 Shape Layer 1이 생성됩니다. (색상은 Fill 설정을 통해 변경이 가능합니다)

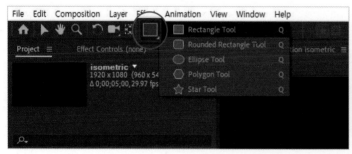

03 Isometric 컴포지션에서 [Shape Layer 1]-[Contents]-[Rectangle 1]-[Rectangle Path 1]-[Size]의 값을 조절합니다. [Size] 우측의 [Constrain Proportions🔗]를 클릭하여 해제하고 [Size] : 100, 86.6으로 변경합니다. 정면에서 봤을 때 가로 폭이 길어보이는 사각형이 생성됩니다.

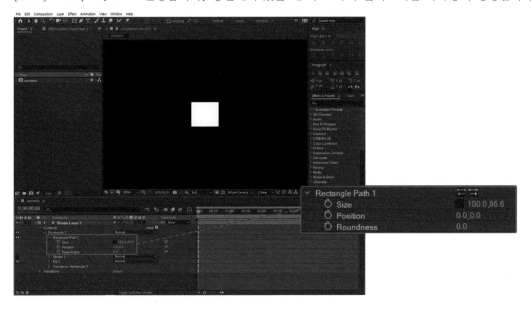

04 이어서 [Shape Layer 1]-[Contents]-[Rectangle 1]-[Transform : Rectangle 1]-[Skew] : 30, [Rotation] : 0*+30°로 변경합니다.

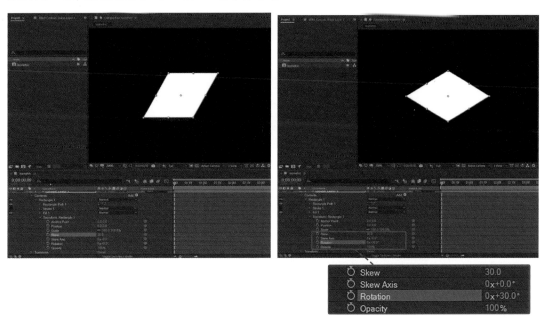

05 [Shape Layer 1]를 우클릭하고 [Rename]을 선택하여 레이어 이름을 Top으로 변경합니다. 이 레이어를 정육면체의 윗면에 해당하는 면으로 활용합니다.

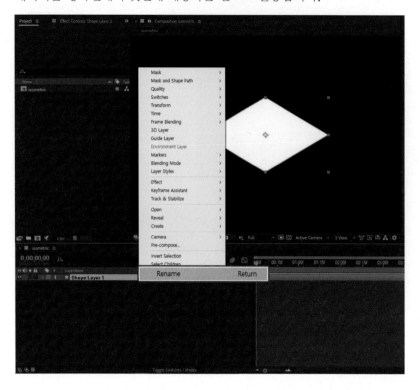

06 정육면체의 왼쪽 면을 만들 차례입니다. 처음부터 새로만들지 않고 [Top] 레이어를 복제하여 만들면 쉽습니다. Top 쉐이프 레이어를 선택한 후 메뉴 상단의 [Edit]–[Duplicate]를 선택합니다.

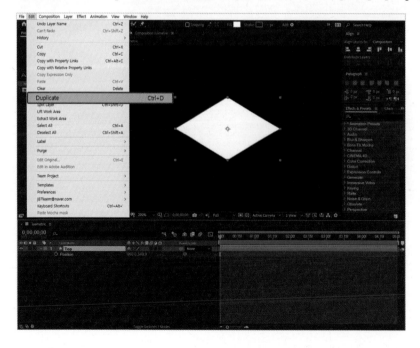

07 복제한 [Top 2]를 우클릭하고 [Rename]을 선택하여 이름을 Left로 변경합니다.

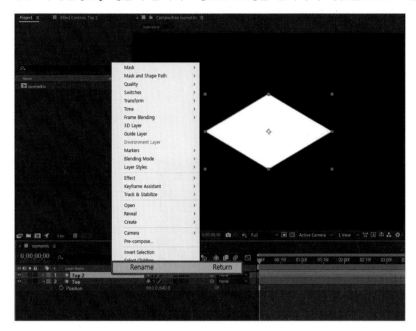

08 [Left]-[Contents]-[Rectangle 1]-[Transform : Rectangle 1]-[Position] : -43.0, 75.0, [Skew] : -30.0, [Rotation] : 0*+30.0°로 변경합니다. 정육면체의 왼쪽 면에 해당하는 곳에 배치됩니다.

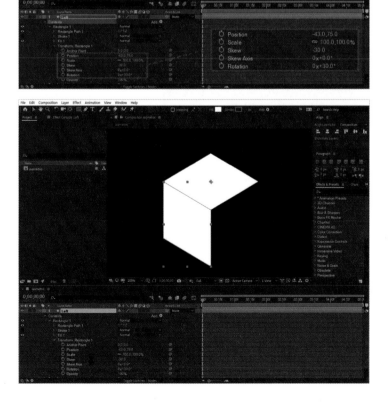

09 이번에는 정육면체의 오른쪽 면을 만들기 위해 [Left] 레이어를 선택하고 메뉴 상단의 [Edit] – [Duplicate]로 복제합니다. 복제한 레이어인 [Left 2]를 우클릭하고 [Rename]을 선택하여 이름을 Right로 변경합니다.

10 [Right] – [Contents] – [Rectangle 1] – [Transform : Rectangle 1] – [Position] : 43.0, 75.0, [Skew] : 30.0, [Rotation] : 0*–30.0°로 변경합니다. 정육면체의 오른쪽 면에 해당하는 곳에 배치됩니다.

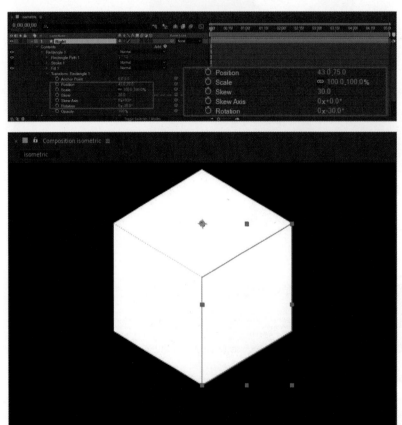

11 완성한 각각의 면에 색을 적용할 차례입니다. [Top] – [Contents] – [Rectangle 1] – [Fill 1] – [Color] : 9981E1으로 설정하여 연한 보라색 컬러를 적용합니다. 컴포지션 패널 상단의 Fill을 클릭하여 변경할 수도 있습니다.

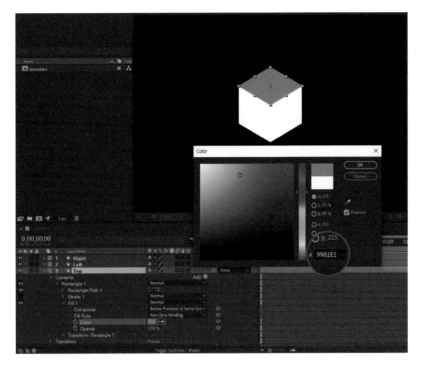

12 [Left] – [Contents] – [Rectangle 1] – [Fill 1] – [Color] : 7C61CF로 설정하여 보라색 컬러를 적용합니다.

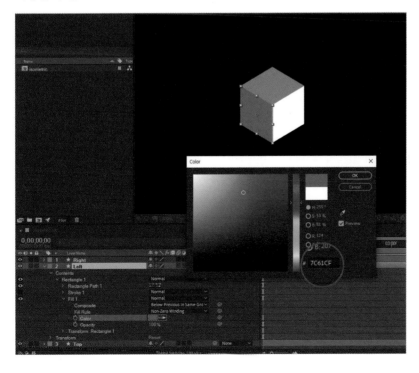

13 [Right] – [Contents] – [Rectangle 1] – [Fill 1] – [Color] : 6043B7로 설정하여 진한 보라색 컬러를 적용합니다.

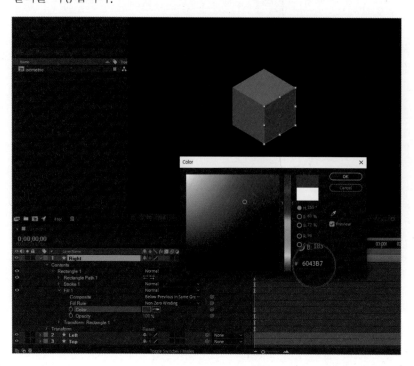

14 Isometric 정육면체가 완성되었습니다.

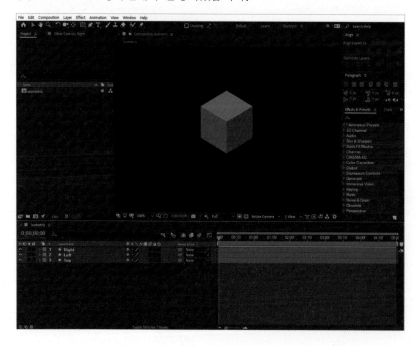

02 카드와이프를 이용한 텍스트 전환 애니메이션 제작 부록 확인

Lesson | 애프터 이펙트의 화면전환 효과 중의 하나인 카드와이프의 Transition Completion 기능을 이용해 배경뿐만 아니라 텍스트의 전환 효과도 제작할 수 있습니다.

Step 1 효과를 적용할 텍스트의 생성 및 배치하기

만들어봅시다

"Hello"

"Motion"

01 메뉴 바에서 [Composition] - [New Composition]을 클릭합니다. [Composition Name] : Card Wipe, [Width] : 1080px, [Height] : 1080px, [Duration] : 0;00;05;00으로 설정한 후 [OK]를 클릭하여 정방향 해상노의 컴포지션을 만듭니다.

02 메뉴 바에서 [Layer]–[New]–[Solid]를 클릭하여 단색의 솔리드 레이어를 만듭니다. [Color] : FFFFFF, [Soild Name] : BG, [Width]와 [Height]는 컴포지션과 동일한 1080px으로 설정한 후 [OK]를 클릭하여 정방향 해상도의 솔리드 레이어를 만듭니다. 솔리드 레이어가 정방향으로 보이지 않다면 레이어가 확대된 경우이므로 마우스 휠 다운으로 축소해보세요.

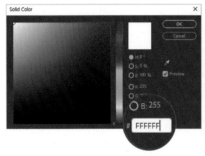

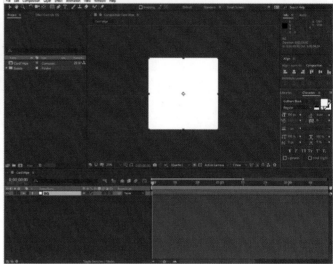

Tip

기존 솔리드 레이어의 색상이나 크기 등의 속성을 변경하기 위해서는 기존 솔리드 레이어를 선택하고 [Layer]–[Solid Settings] 메뉴를 클릭해 [Solid Settings] 대화상자에서 변경할 수 있습니다.

03 메뉴 바에서 [Composition] – [New Composition]을 클릭하여 새로운 컴포지션을 만듭니다. [Composition Name] : Hello text, [Width]와 [Height]는 1080px, [Duration] : 0;00;05;00으로 설정한 후 [OK]를 클릭합니다.

04 [Tool bar]에서 T자 형태의 아이콘을 길게 클릭하여 [Horizontal Type Tool]로 설정한 후 화면 중앙에 "Hello" 텍스트를 입력합니다. [Character]에서 폰트는 Gotham Black – Regular, [Set the font size]는 150px로 설정합니다. 폰트는 다른 것을 이용하셔도 무관하니 갖고 계신 폰트를 활용해보세요.

05 [Character]에서 텍스트 컬러를 변경합니다. [Character]-[Fill color(Click to change)]-[Text Color] : CD0624로 설정합니다.

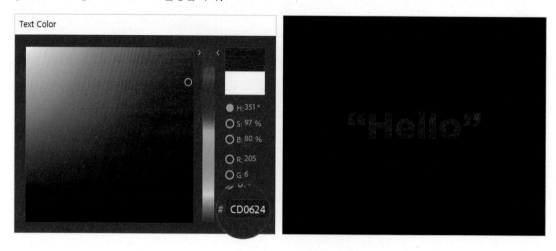

06 [Hello text] 컴포지션을 드래그하여 [Card Wipe] 컴포지션으로 이동합니다. 혹은 [Project] 패널의 [Hello text] 컴포지션을 클릭하고 타임라인 패널의 [Card Wipe] 컴포지션 최상단으로 드래그하거나 단축키 Ctrl + 7 을 눌러 이동시킵니다.

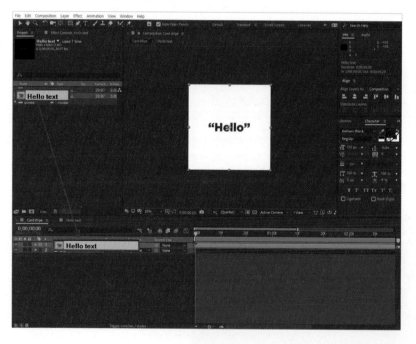

07 메뉴 바에서 [Composition] – [New Composition]을 클릭하여 두번째 컴포지션을 만듭니다. [Composition Name] : Motion text, [Width]와 [Height]는 1080px, [Duration] : 0;00;05;00으로 설정한 후 [OK]를 클릭합니다.

08 [Tool bar]에서 T자 형태의 아이콘을 길게 클릭하여 [Horizontal Type Tool]으로 설정한 후 화면 중앙에 "Motion" 텍스트를 입력합니다. [Character]에서 폰트와 크기는 동일하게 설정합니다.

09 [Character]에서 텍스트 컬러를 변경합니다. [Character]-[Fill color(Click to change)]-[Text Color]를 0291EA로 설정합니다.

10 [Motion text] 컴포지션을 [Card Wipe] 컴포지션으로 이동합니다. [Motion text] 컴포지션을 [Hello text] 컴포지션 아래에 위치시키고 레이어 좌측의 눈 아이콘█을 클릭하여 보이지 않게 설정합니다.

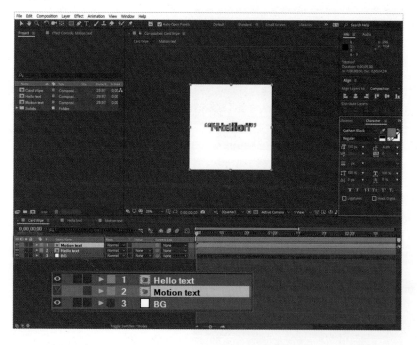

01 [Effect & Preset] 패널에서 [Transition]-[Card Wipe]를 선택한 후 [Card Wipe] 컴포지션 안의 [Hello text] 컴포지션 레이어에 드래그하여 적용합니다.

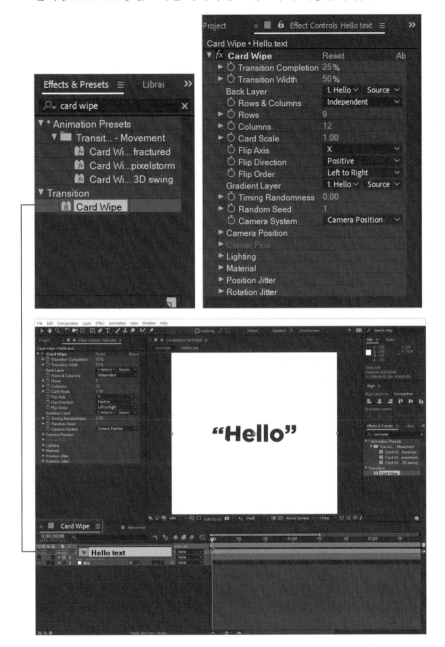

02 [Hello text] 컴포지션의 타임라인 패널에서 0;00;00;00 구간으로 이동한 후 [Effects] – [Card Wipe] – [Transition Completion]이 값을 0%로 설정하고 왼쪽의 초시계 모양의 키프레임을 클릭해 활성화합니다. 이번에는 0;00;02;00 구간으로 이동하여 [Transition Completion]의 값을 100%로 설정합니다.

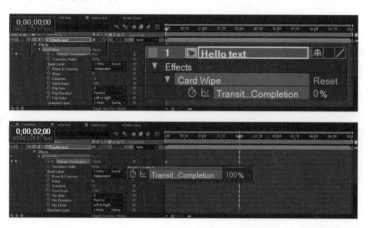

03 [Hello text] 컴포지션에 적용한 [Card Wipe] 키프레임을 전체 선택하고 우클릭하여 [Keyframe Assistant] – [Easy Ease]를 클릭합니다. 타임라인 패널 상단의 6번째 아이콘 [Graph Editor]를 클릭하면 완만한 곡선의 그래프 형태를 확인할 수 있습니다.

▶ 키프레임의 전체 선택 방법 : Shift 를 누른 채로 키프레임을 각각 클릭합니다. 혹은 드래그합니다.
▶ Easy Ease에 관한 자세한 설명은 nn페이지에서 확인하세요.

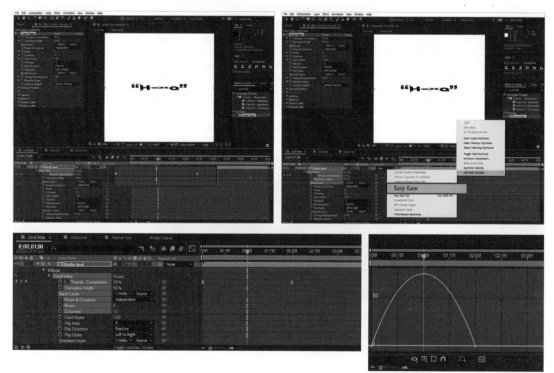

04 Card Wipe 컴포지션의 [Hello Text]-[Effects]-[Card Wipe]-[Back Layer]를 [2. Motion text] 컴포지션으로 지정합니다. 키보드 우측 숫자 키의 0을 눌러 키프레임의 중간 지점에서 "Hello" 텍스트가 "Motion"으로 변하는 것을 확인할 수 있습니다.

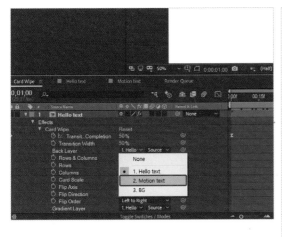

05 "Hello"에서 "Motion"으로 전환될 때 조금 더 임의적이게 변하도록 해봅시다. [Card Wipe] 컴포지션의 타임라인 패널에서 0;00;00;00 구간으로 이동한 뒤, [Hello text]-[Effects]-[Card Wipe]-[Position Jitter]-[X Jitter Amount] : 0.00, [Z Jitter Amount] : 0.00으로 설정하고 키프레임을 활성화합니다.

06 이어서 타임라인 패널의 0;00;01;00 구간으로 이동하여 [Position Jitter]-[X Jitter Amount] : 5.00, [Z Jitter Amount] : 25.00으로 설정합니다.

07 마지막으로 타임라인 패널 0;00;02;00 구간으로 이동합니다. [Position Jitter]의 X,Z Jitter Amount값을 0.00으로 설정합니다.

08 [Hello text] 컴포지션에 적용한 [Card Wipe] 키프레임을 전체 선택하고 우클릭하여 [Keyframe Assistant]–[Easy Ease]를 선택합니다.

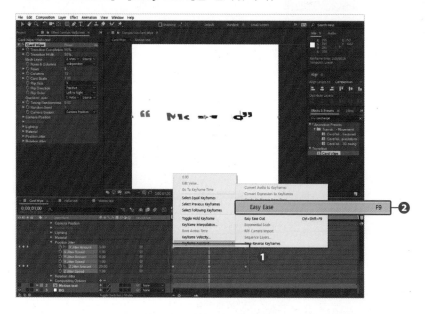

09 Ease Easy가 적용된 [Position Jitter]의 [X Jitter Amount] 키프레임을 전체 선택하고 타임라인 패널의 상단의 6번째 아이콘 [Graph Editor]를 클릭합니다. 완만한 곡선의 그래프 형태를 해당 이미지와 같이 중간 키프레임의 굴곡을 높게 드래그하여 조정합니다. 전환될 때의 애니메이션이 급격하게 속도가 높아지며 전환되는 것을 확인할 수 있습니다.

Tip

일반적 이동은 점을 클릭한 뒤 드래
그하고, 굴곡 등의 속도감을 위한 세
부 조저은 시작점/중간점/끝점 포인
트를 선택한 뒤 활성화되는 핸들의
끝점을 드래그하세요.

10 마찬가지로 Ease Easy가 적용된 [Position Jitter]의 [Z Jitter Amount] 키프레임을 전체 선
택하고 [Graph Editor■]를 클릭합니다. 완만한 곡선의 그래프 형태를 해당 이미지와 같이 중간 키
프레임의 굴곡을 높게 드래그하여 조정합니다. 전환될 때의 애니메이션이 보다 급격하게 속도가 높
아지며 전환되는 것을 확인할 수 있습니다.

11 마지막으로 Ease Easy가 적용된 [Card Wipe]-[Transition Completion] 키프레임을 전체 선택히고 [Graph Editor🗂]를 클릭합니다. 완만한 곡선의 그래프 형태를 해당 이미지와 같이 중간 키프레임의 굴곡을 높게 드래그하여 조정합니다. 전환될 때의 애니메이션이 보다 급격하게 속도가 높아지며 전환되는 것을 확인할 수 있습니다.

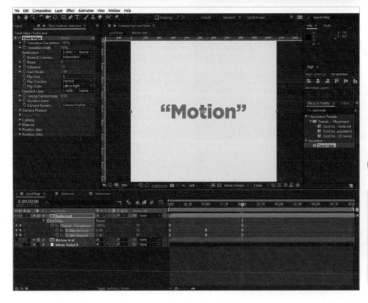

> **Tip**
>
> 키프레임을 적용한 레이어를 선택한 상태로 U를 누르면, 키프레임이 활성화된 메뉴만 볼 수 있습니다. U를 연속으로 누르면 적용한 키프레임의 상위 속성 메뉴까지 같이 나타납니다.

12 [Hello text] 컴포지션을 선택하고 메뉴 바에서 [Edit] – [Duplicate]를 클릭합니다. 복제한 [Hello text] 컴포지션을 기존 [Hello text] 컴포지션 아래에 배치하고 타임라인 패널의 0;00;00;04 구간으로 이동합니다.

13 복제한 컴포지션에 다른 색을 적용하여 전환할 때 더욱 다채롭게 보이게 해봅시다. [Effect & Preset] – [Generate] – [Fill]을 클릭합니다. [Fill] – [Color]를 00C853으로 설정하면 전환되는 지점의 애니메이션이 다양한 색으로 인해 더욱 풍부하게 보이는 것을 확인할 수 있습니다.

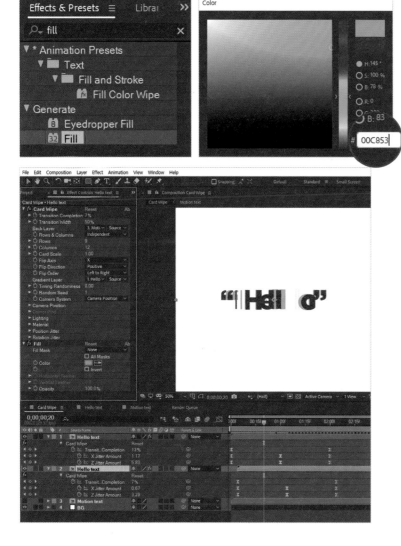

Tip

Easy Ease 알아보기

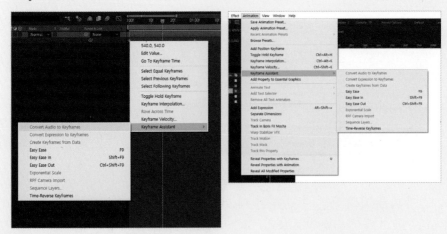

Easy Ease는 '쉽게 감소한다'라는 뜻으로 이 기능을 이용해 움직이고자 하는 대상의 속도를 서서히 증가하거나 감소하는 움직임을 만들 수 있습니다. Keyframe Assistant를 이용해 쉽게 설정할 수 있으며, 반드시 애니메이션이 적용된 두 개 이상의 키프레임이 필요합니다. 적용할 키프레임 2개를 Shift 를 누른 채로 클릭하거나 드래그하여 동시 선택한 뒤에 우클릭하여 메뉴를 불러올 수 있습니다.

Easy Ease의 기능은 크게 3가지로 나눌 수 있습니다.

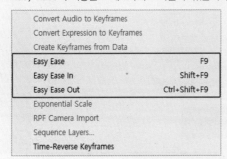

• Easy Ease(F9) : 선택한 키프레임 애니메이션의 시작점(In)과 끝지점(Out) 모두에 감속을 적용하는 기능입니다.

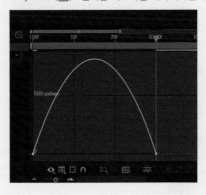

- Easy Ease In($\boxed{\text{Shift}}$+$\boxed{\text{F9}}$) : 선택한 키프레임 애니메이션의 시작점(In)에 감속을 적용하는 기능입니다.

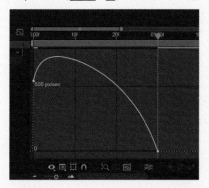

- Easy Ease Out($\boxed{\text{Ctrl}}$+$\boxed{\text{Shift}}$+$\boxed{\text{F9}}$) : 선택한 키프레임 애니메이션의 끝점(Out)에 감속을 적용하는 기능입니다.

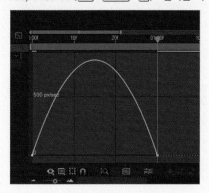

위처럼 그래프를 보기 위해서는 적용한 키프레임을 모두 선택한 후, 타임라인 패널 상단의 6번째 아이콘인 Graph Editor ▣를 활성화해야 합니다. 속도 관련한 애니메이션 곡선을 확인하기 위해 타임라인 패널 하단의 2번째 아이콘인 [Choose Graph Type and Options] : Edit Speed Graph를 선택합니다.

03 빈티지한 일러스트 로고 애니메이션 제작 부록 확인

Lesson Shape Layer 기능을 이용해 원하는 형태를 만들어 배치하고 이펙트 항목인 Noise 효과를 추가하여 빈티지한 느낌의 로고 애니메이션 효과를 제작합니다.

Step 1 쉐이프 레이어로 형태 생성 및 배치하기

만들어봅시다

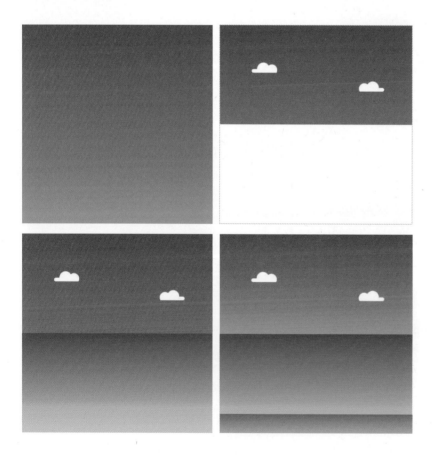

01 메뉴 바에서 [Composition] - [New Composition]을 클릭합니다. [Composition Name] : Sunset Final, [Width] : 2000px, [Height] : 2000px, [Duration] : 0;00;05;00으로 설정한 후 [OK]를 클릭하여 컴포지션을 만듭니다.

02 메뉴 바에서 [Layer] - [New] - [Soild]를 클릭합니다. [Soild Name] : BG, [Width]과 [Height]는 컴포지션과 동일하게 2000px로 설정한 후 [OK]를 클릭하여 정방향 해상도의 솔리드 레이어를 만듭니다.

03 Sunset Final 컴포지션의 하위 항목이 될 컴포지션을 새로 만들기 위해 메뉴 바에서 [Composition]-[New Composition]을 클릭합니다. [Composition Name] : Sunset comp, [Width] : 1080px, [Height] : 1080px, [Duration] : 0;00;05;00으로 설정한 후 [OK]를 클릭하여 정방향 해상도의 컴포지션을 만듭니다.

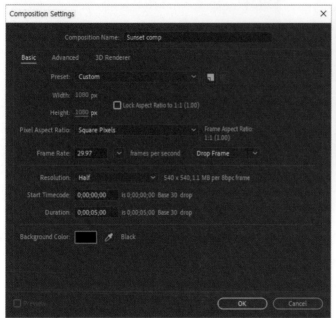

04 배경이 될 솔리드 레이어를 생성할 차례입니다. 메뉴 바에서 [Layer]-[New]-[Soild]를 클릭합니다. [Soild Name] : Sky, [Width]와 [Height]는 컴포지션과 동일하게 1080px으로 설정한 후 [OK]를 클릭하여 정방향 해상도의 솔리드 레이어를 만듭니다.

05 생성된 솔리드 레이어에 그라데이션을 추가합니다. 메뉴 바에서 [Effect] – [Generate] – [Gradient Ramp]를 선택하거나 [Effects & Presets] 패널에서 Gradient Ramp를 검색 후 더블 클릭 혹은 솔리드 레이어로 드래그하여 적용합니다.

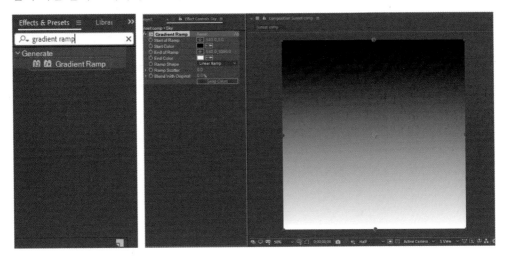

06 노을이 지는 효과를 만들기 위하여 [Gradient Ramp]의 컬러를 변경합니다. [Start Color] : E65430, [End Color] : F9AD56으로 설정합니다.

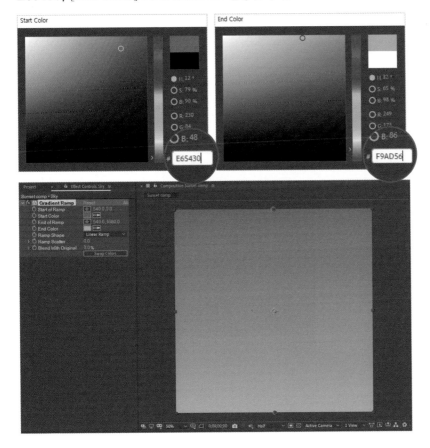

07 하늘에 떠 있는 구름을 만들어봅시다. 메뉴 바에서 [Layer] – [New] – [Shape Layer]를 클릭합니다. 히단 타임라인에서 우클릭하여 [New] – [Shape Layer]로도 생성 가능합니다.

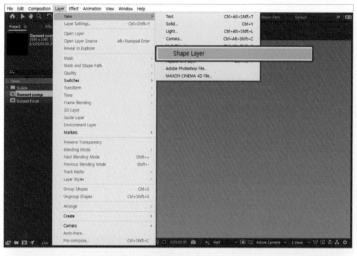

08 생성된 Shape Layer를 구름의 밑받침이 될 사각형 형태로 변경해봅시다. [Shape Layer] – [Add] – [Rectangle]을 선택합니다.

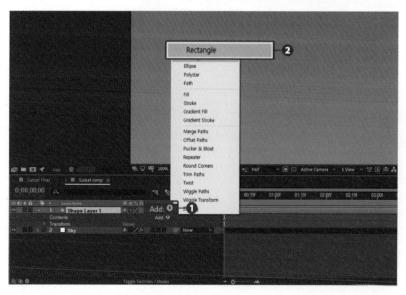

09 사각형 형태로 변경됐지만, 바탕과 동일한 색상이므로 차이를 알 수 없는 상태입니다. [Shape Layer] – [Add] – [Fill]을 선택하면 Fill 옵션의 기본 색인 붉은 색이 적용됩니다.

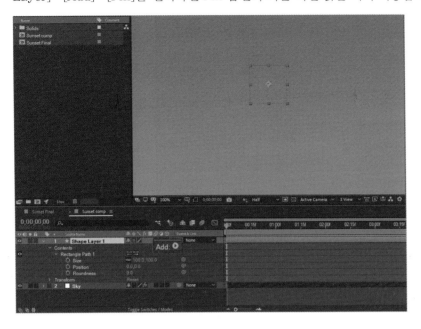

10 본격적으로 구름의 밑받침 모양으로 변경해봅시다. [Rectangle Path 1] – [Size]의 [Constrain Proportions🔗]를 해제하고 140.0, 20.0으로 설정합니다.

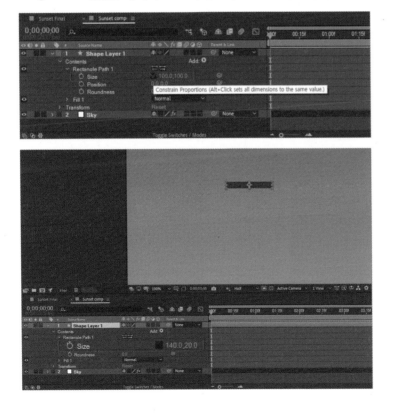

11 [Shape Layer 1]-[Contents]-[Fill 1] : FFFFFF으로 설정하고 [Rectangle Path 1]-[Roundness] : 20.0으로 설정합니다.

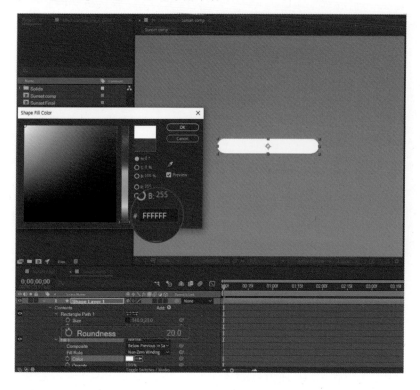

12 구름의 뭉게뭉게한 동그란 부분을 표현하기 위해서 Shape Layer에 새 모양을 추가합니다. 이전에 만든 Shape Layer를 클릭한 상태로 우측의 [Add]-[Ellipse]를 선택합니다. 정사이즈의 원형이 기존 Shape Layer에 추가적으로 생성됩니다.

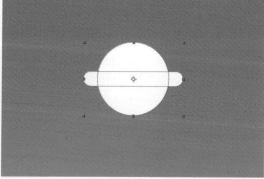

13 생성된 Ellipse의 위치를 조정합니다. [Ellipse Path 1]−[Size] : 70.0, 70.0, [Position] : −5.0, −10.0으로 설정합니다.

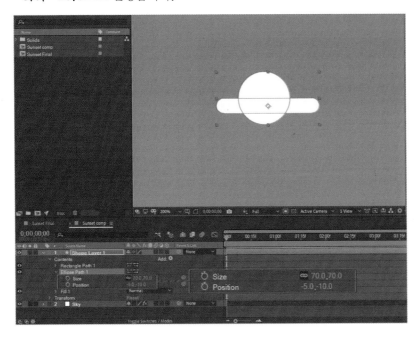

14 Ellipse를 하나 더 생성합니다. [Ellipse Path 2]−[Size] : 60.0, 60.0, [Position] : 42.0, −5.0으로 설정합니다.

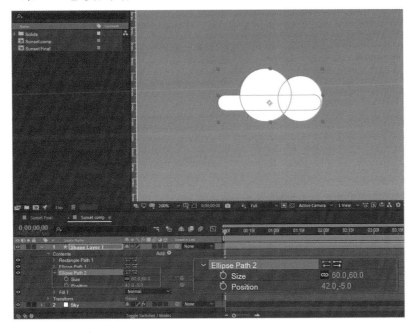

15 더 자연스러운 구름을 만들기 위해 [Shape Layer 1]을 우클릭하고 [Rename] : Cloud로 변경한 뒤 다시 우클릭하여 [Mask]-[New Mask]를 선택해 마스크 영역을 지정합니다. 활성화된 노란색의 마스크 영역에 있는 패스 점을 드래그하여 구름의 하단 부분을 마스킹하어 기립니다.

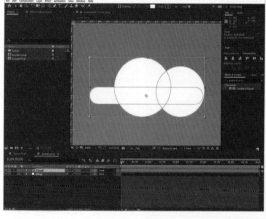

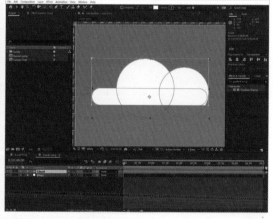

16 완성한 Cloud 레이어의 위치를 [Transform] - [Position] : 250.0, 200.0으로 조정하여 화면 상단에 위치하게 합니다.

17 우측에 하나 더 위치시키기 위해 Cloud 레이어를 선택한 뒤 [Ctrl]+[D]로 복제합니다. 이렇게 복제한 Cloud 2 레이어를 [Transform] - [Position] : 850.0, 350.0으로 설정하여 상단 우측에 위치시킵니다. 이어서 레이어를 우클릭한 뒤 [Transform] - [Flip Horizontal]을 선택하여 형태의 방향을 반전시킵니다.

18 메뉴 바에서 [Layer] – [New] – [Soild]를 클릭합니다 [Soild Name] : Sea, [Width] : 1080px, [Height] : 540px으로 설정한 후 [OK]를 클릭합니다. 바다를 만들 것이므로 화면 아래 방향으로 정렬시킵니다. 메뉴 바에서 [Window] – [Align]을 활성화 시켜 창에 배치한 뒤 Sea 솔리드 레이어를 선택한 상태로 Align 메뉴의 Align Bottom을 클릭합니다.

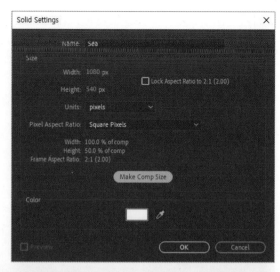

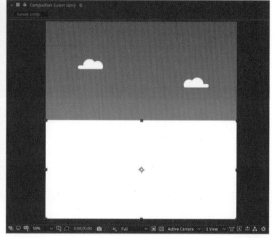

19 생성된 솔리드 레이어에 그라데이션을 추가합니다. 메뉴 바에서 [Effect] – [Generate] – [Gradient Ramp]를 선택하거나 [Effects & Presets] 패널에서 Gradient Ramp를 검색 후 더블 클릭 혹은 솔리드 레이어로 드래그하여 적용합니다.

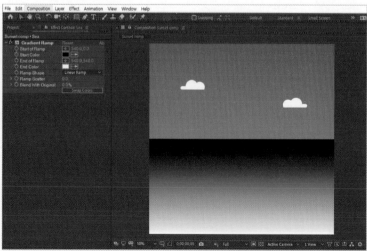

20 바다의 색감을 표현하기 위해 [Gradient Ramp]의 컬러를 변경합니다. [Start Color] : 386F98, [End Color] : 8EF4FF으로 설정합니다.

21 붉은 노을의 Sky 레이어에 투톤 느낌을 추가하기 위해서 End Color의 포지션 역할을 하는 End of Ramp 값을 조정합니다. [Sky Solid Layer] – [Effects] – [Gradients Ramp] – [End of Ramp] : 540.0, 540.0.

22 해변가에 모래를 만들어봅시다. 메뉴 바에서 [Layer] – [New] – [Soild]를 클릭합니다. [Soild Name] : Sand, [Width] : 1080px, [Height] : 108px로 설정한 후 [OK]를 클릭합니다. 메뉴 바에서 [Window] – [Align]을 활성화 시켜 창에 배치한 뒤 Sand 솔리드 레이어를 선택한 상태로 Align메뉴의 Align Bottom을 클릭합니다.

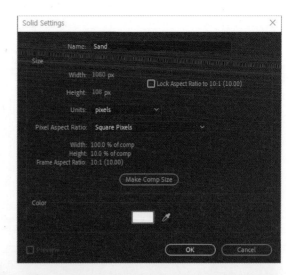

23 Sand 솔리드 레이어에 그라데이션을 추가합니다. 메뉴 바에서 [Effect] – [Generate] – [Gradient Ramp]를 선택하거나 [Effects & Presets] 패널에서 Gradient Ramp를 검색 후 더블클릭 혹은 솔리드 레이어로 드래그하여 적용합니다.

24 모래의 색감을 표현하기 위해 [Gradient Ramp]의 컬러를 변경합니다. [Start Color] :
BC8631, [End Color] : E9C084으로 설정합니다.

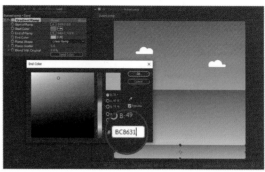

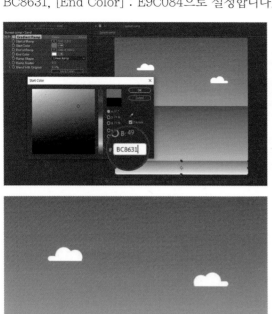

만들어봅시다

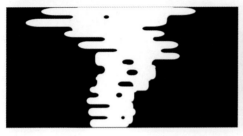 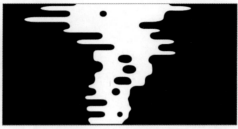

01 메뉴 바에서 [Composition]-[New Composition]을 클릭합니다. [Composition Name] : wave, [Width] : 1080px, [Height] : 540px, [Duration] : 0;00;05;00으로 설정한 후 [OK]를 클릭하여 정방향 해상도의 컴포지션을 만듭니다.

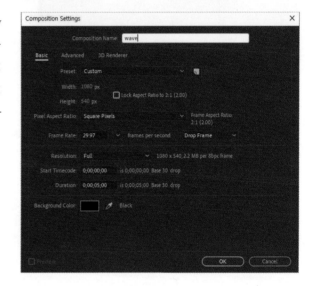

02 물결 효과의 기반 형태를 만들기 위해 컴포지션 패널에서 우클릭하여 [New]-[Shape Layer]를 클릭합니다.

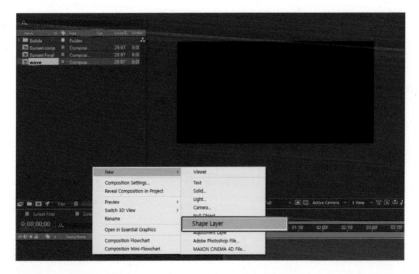

03 생성된 Shape Layer로 도형을 만들어봅시다. [Shape Layer]-[Add]-[Rectangle]을 클릭하여 정사각형을 만들고, 색상을 채우기 위해 한번 더 [Shape Layer]-[Add]-[Fill]을 진행합니다. Fill 옵션의 기본색인 붉은 색으로 채워집니다.

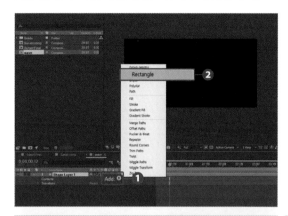

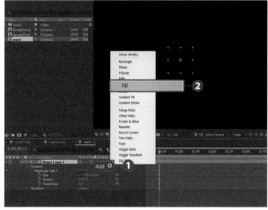

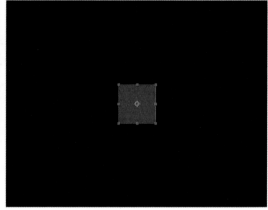

04 형태와 색상을 변경해 기다란 물결 모양으로 만들어봅시다. 잠겨있는 [Rectangle Path 1]이 Size 속성 자물쇠를 해제한 뒤 [Size] : 180.0, 40.0, [Roundness] : 20.0으로 형태를 변경하고 [Contents] - [Fill 1] - [Color] : FFFFFF로 색상을 변경합니다.

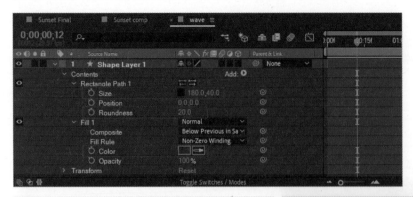

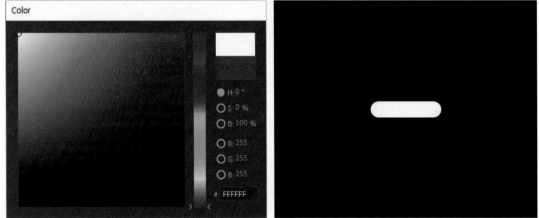

05 Shape Layer에 새로운 도형을 추가합니다. 이전에 만든 Shape Layer 1을 클릭한 상태로 우측의 [Add] - [Rectangle]를 선택하면 정사이즈의 사각형이 추가로 생성됩니다.

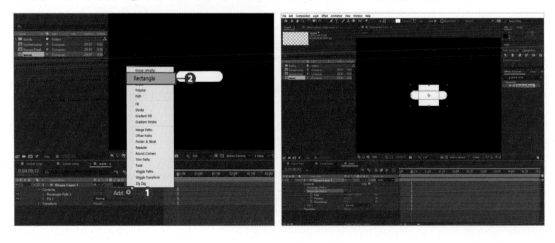

06 이번에는 두 번째로 생성한 Rectangle의 위치를 조정합니다. [Rectangle Path 2] - [Size] : 35.0, 35.0, [Position] : 0.0, -20.0으로 설정합니다.

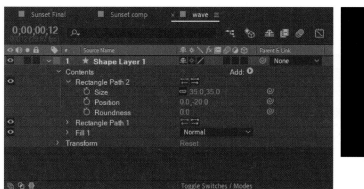 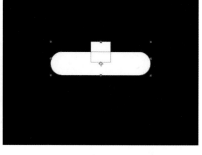

07 Rectangle Path 2를 한번 더 복제합니다. [Rectangle Path 3] - [Size] : 35.0, 35.0, [Position] : 45.0, -20.0으로 설정합니다.

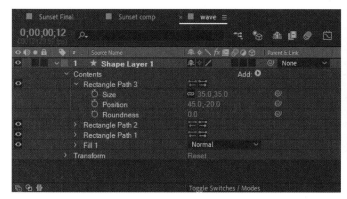 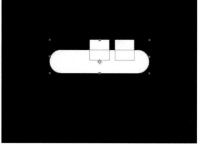

08 메뉴 바에서 [Window] - [Align]을 활성화 시킨 뒤 Shape Layer 1을 선택한 상태로 Align 메뉴의 Align Bottom을 클릭하여 화면 아래 방향으로 정렬시킵니다.

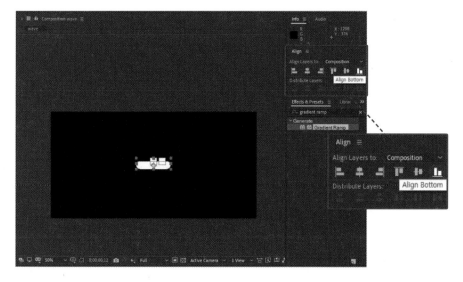

09 Shape Layer 1을 선택하고 [Add]−[Repeater]를 클릭합니다. [Repeater 1]−[Copies] : 15.0, [Transform : Repeater 1]−[Position] : 0.0, −50.0, [Scale] : −115.0, 100.0으로 설정합니다. 속성 자물쇠가 적용된 상태에서는 변경이 되지 않습니다. 이어서 [Scale] : 115.0, 100.0으로 설정을 변경하면 수직방향으로 길게 Shape Layer 개체들이 복제됩니다.

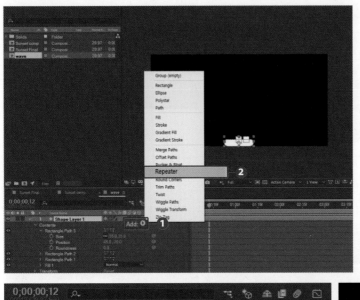

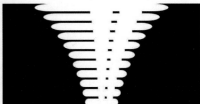

Tip

Repeater는 Shape Layer의 개체 수를 복제하는 기능입니다.

10 Shape Layer 1을 선택하고 [Add]-[Merge Paths]를 클릭합니다. 생성된 Merge Paths를 Repeater 1 아래에 위치시킵니다.

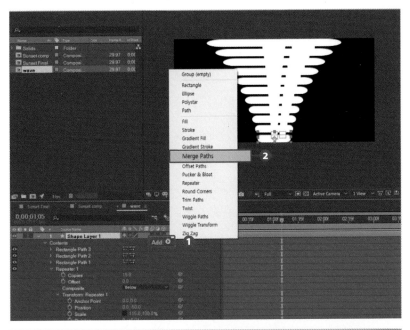

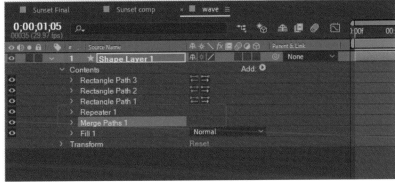

11 다시 한번 Shape Layer 1을 선택하고 [Add]-[Round Corners]를 클릭한 뒤 생성된 Round Corners를 Merge paths 아래에 위치시킵니다. [Round Corners]-[Radius] : 20.0으로 설정합니다.

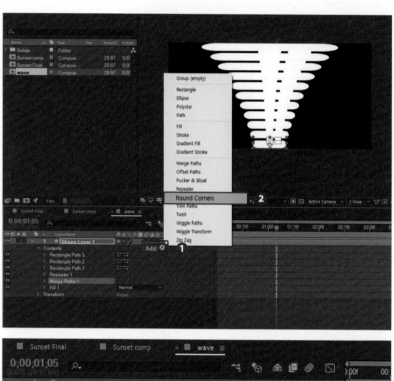

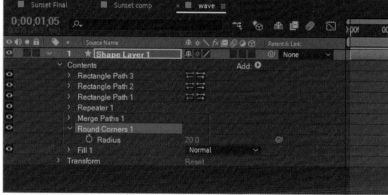

Merge Paths

Merge Paths는 복수의 Path를 하나의 패스로 인식시켜주는 기능입니다. 여러 형태를 조합하여 하나의 새로운 형태처럼 만들 때 유용합니다. 조합하려는 2개 이상의 도형을 배치하고, Merge Paths 기능을 추가하면 배치한 모양의 하단으로 자동으로 적용됩니다. 도형들 사이에 위치하거나 위에 위치하면 Merge Paths 효과가 적용되지 않습니다.

• Merge : 겹친 부분을 그대로 보여줍니다.
• Add : 겹친 부분을 하나로 더합니다. (기본값)
• Subtract : 두 개의 도형 탭 중 하윗값들을 더하여 상윗값에서 뺍니다.
• Intersect : 겹친 부분만 남깁니다.
• Exclude Intersections : 겹친 부분만 지웁니다.

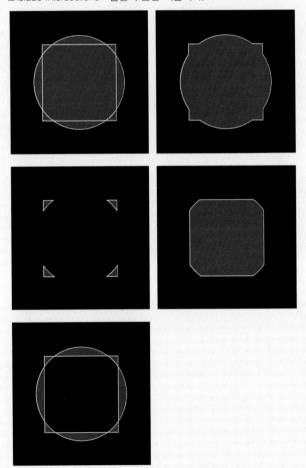

Round Corners

쉐이프 레이어로 만든 개체의 외곽 라인을 둥글게 만드는 기능입니다. 앞서 실명한 Merge Paths와 연동하여 여러 개체들의 라운드 효과를 하나의 개체처럼 만들 수 있습니다.

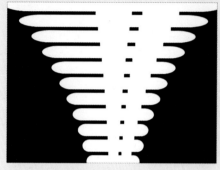

• Merge Paths, Round Corners 둘 다 적용하지 않은 경우

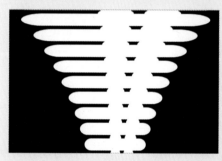

• Round Corners 효과만 적용한 경우

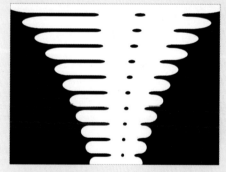

• Merge Paths와 Round Corners 효과 둘 다 적용한 경우

12 물결 느낌이 나도록 랜덤한 움직임을 추가해봅시다. Shape Layer 1을 선택하고 [Add]-
[Wiggle Transform]을 클릭합니다. [Wiggle Transform 1]-[Wiggle/Second] : 1.0, [Trans-
form]-[Position] : −30.0, 0.0, [Scale] : −25.0, 25.0으로 설정합니다. 이어서 Merge paths
위로 이동시킵니다.

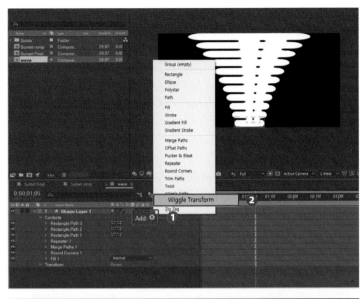

13 조금 더 랜덤한 모습을 더하려면 Wiggle Transform 1을 Ctrl+D로 복제한 뒤 [Wiggle Transform 2]−[Transform]−[Position] : −60.0, 0.0, [Scale] : 30.0, 30.0으로 설정합니다.

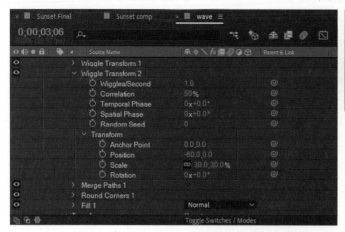

14 조금 더 물결같아 보이도록 효과를 추가해봅시다. 메뉴 바에서 [Effect]−[Matte]−[Simple Choker]를 선택하거나 [Effects & Presets] 패널에서 Simple Choker를 검색하여 더블클릭 혹은 Shape Layer로 드래그하여 적용합니다. [Choke Matte] : 20.00으로 설정합니다.

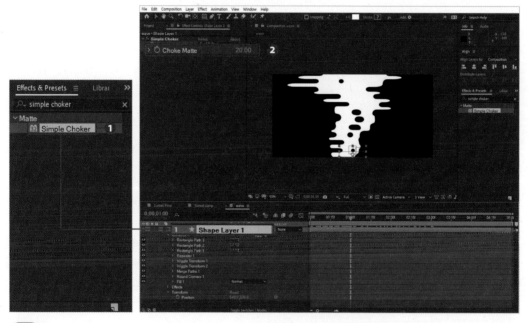

Tip

Simple Choker는 개체를 단순화하는 기능입니다.

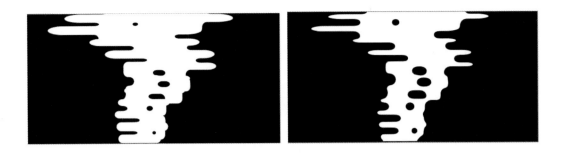

15 완성된 물결 형태의 애니메이션인 wave 컴포지션을 Sunset comp 컴포지션의 상단으로 이동 시킵니다. 프로젝트 패널의 wave 컴포지션을 선택 후 Sunset comp에 드래그하거나 Ctrl+7를 눌러 이동합니다.

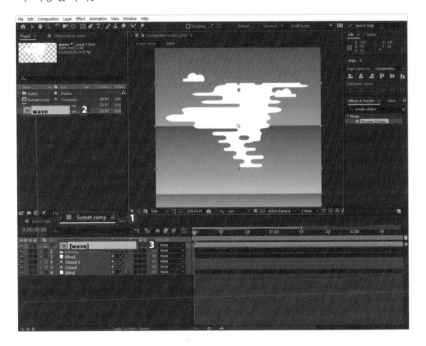

16 물결을 바다에 위치시키기 위해 wave 컴포지션을 선택한 상태로 Align 메뉴의 Align Bottom 을 클릭합니다. Sea 레이어와 정확히 매치됩니다. 이어서 웨이브 레이어를 샌드 레이어 아래로 위치 시킵니다.

만들어봅시다

01 떠오르는 태양을 표현하기 위해 메뉴 바에서 [Layer] – [New] – [Shape Layer]를 클릭합니다.

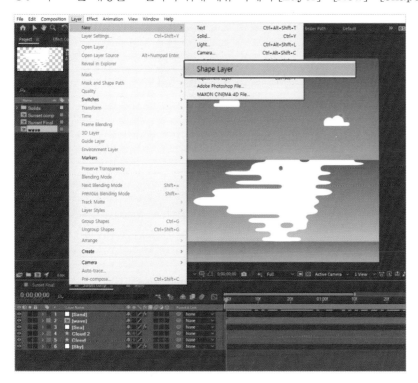

02 생성된 Shape Layer의 형태를 태양의 형태와 가장 가까운 원형으로 변형합니다 Shape Layer 우측 [Add] – [Ellipse]를 선택합니다.

03 색상을 채워주기 위해 [Shape Layer 1] – [Contents] – [Add] – [Fill]을 선택합니다. 기본 색상 인 붉은 색으로 색이 채워집니다.

04 원형의 크기를 키울 차례입니다. [Ellipse Path 1] - [Size] : 500.0, 500.0으로 설정합니다. 바다 뒤쪽으로 표현되어야 하기 때문에 Sea 레이어의 아래에 위치시킵니다.

05 그라데이션을 적용할 차례입니다. 상단 [Tool Bar] – [Fill]의 텍스트 부분을 클릭하여 Fill Options을 불러와 Solid Color로 설정된 옵션을 4번째 옵션인 Radial Gradient로 변경합니다. Radial Gradient는 안쪽은 화이트, 바깥은 블랙으로 그라데이션이 적용되는 효과입니다.

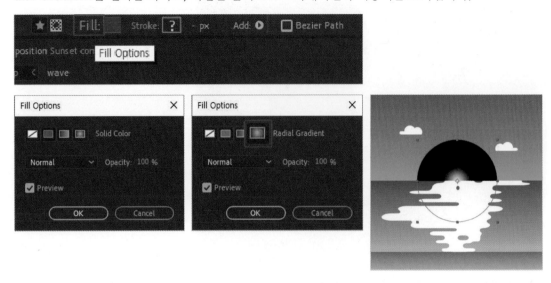

06 Shape Layer 1을 우클릭하여 [Rename] : Sun으로 이름을 변경합니다. 레이어 왼쪽의 동그라미 아이콘 박스를 체크하면 해당 레이어만 확인할 수 있습니다.

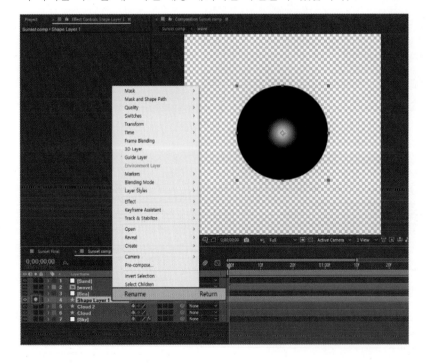

07 Sun 레이어의 그라데이션 위치를 조정해봅시다. Sun 레이어를 선택하고 [Contents]-[Gradient Fill 1]-[Start Point] : -80.0, -80.0, [End Point] : 100.0, 200.0으로 위치를 설정합니다. 좌측 상단에서 빛을 받은 형태의 그라데이션이 완성됩니다.

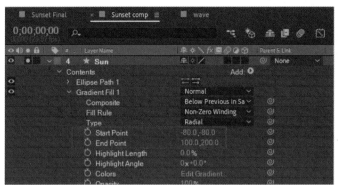 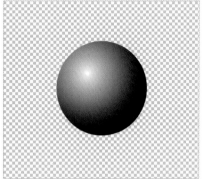

08 완성된 원형 그라데이션 레이어에 색조 효과를 추가합니다. 메뉴 바에서 [Effect]-[Color Correction]-[Tritone]를 선택하거나 [Effects & Presets] 패널에서 Tritone를 검색하여 더블클릭 혹은 Sun 레이어로 드래그하여 적용합니다.

 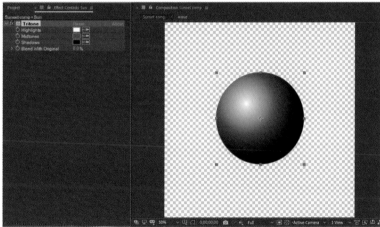

09 태양의 색감을 표현하기 위해 [Tritone]의 컬러를 변경합니다. [Highlights] : FCB06A, [Midtones] : F56800, [Shadows] : C11C02로 설정합니다.

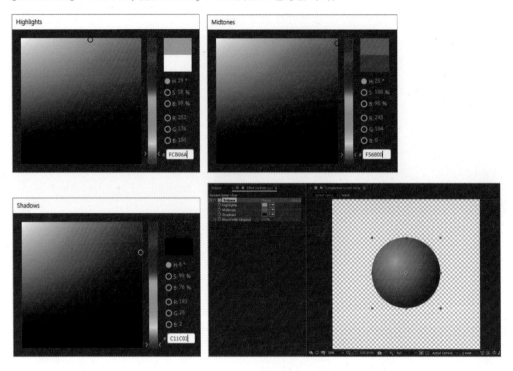

10 색을 입힌 Sun 레이어에 간단한 애니메이션을 적용해봅시다. 타임라인 0;00;00;00에서 [Transform]-[Position] : 540.0 790.0을 입력한 뒤 키프레임을 클릭하고, 0;00;03;00으로 이동하여 540.0 540.0을 입력합니다.

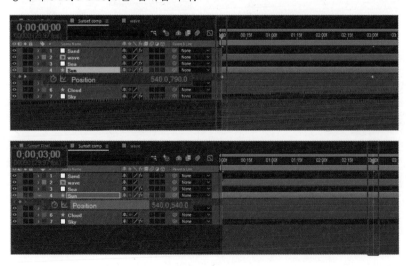

11 보다 자연스러운 애니메이션을 위해서 적용한 키프레임을 드래그하여 선택하고 우클릭한 뒤 [Keyframe Assistant]-[Easy Ease in]을 클릭합니다. 초반 구간이 빨라졌다가 서서히 느려지면 서 해수면 밑에서 솟아오르는 애니메이션이 됩니다.

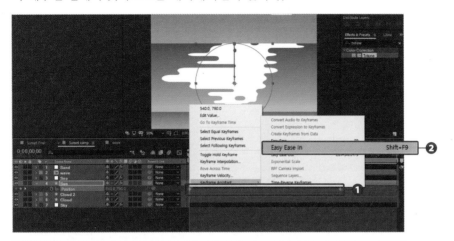

12 이미지에 단순하고도 빈티지한 느낌을 추가해봅시다. 타임라인 패널에 우클릭하여 [New] – [Adjustment Layer]로 레이어를 생성한 뒤 컴포지션 전체에 적용시키기 위해 제일 상단에 위치시킵니다. *Adjustment Layer는 레이어에 속성을 동일하게 적용시키고자 할 때 사용하는 레이어입니다.

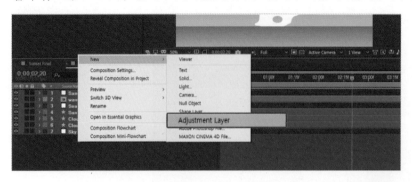

13 생성한 Adjustment Layer에 단순한 느낌을 추가해봅시다. 메뉴 바에서 [Effect] – [Stylize] – [Posterize]를 선택하거나 [Effects & Presets] 패널에서 Posterize를 검색하여 더블클릭 혹은 Adjustment Layer에 드래그하여 적용합니다.

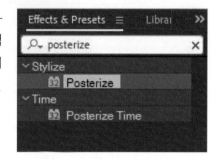

14 Posterize의 Level 값에 따라 색조가 계단식으로 분리됩니다. 수치 값이 높을수록 색조가 부드럽게 보입니다.

15 추가적으로 Adjustment Layer에 노이즈 효과를 추가합니다. 메뉴 바에서 [Effect]–[Noise&Grain]–[Noise HLS]를 선택하거나 [Effects & Presets] 패널에서 Noise HLS를 검색하여 더블클릭 혹은 Adjustment Layer에 드래그하여 적용합니다.

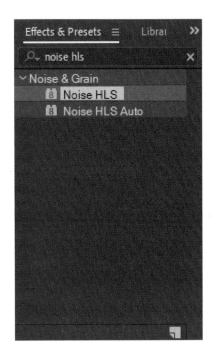

16 Posterize 이펙트 위에 Noise HLS를 위치시킵니다. 선택된 Noise 타입(Uniform, Squared, Grain)에 따라 노이즈의 형태가 달라집니다. 여기서는 Noise 타입을 Uniform으로 선택하고 Lightness의 값을 15.0%로 설정합니다.

17 Sunset comp 컴포지션을 제일 처음 만든 Sunset Final 컴포지션의 상단으로 이동시킵니다. 프로젝트 패널의 Sunset comp 컴포지션을 선택 후 Sunset Final에 드래그하거나 Ctrl+7로 이동이 가능합니다.

18 Sunset comp 컴포지션을 선택한 채로 상단 [Tool Bar]의 도형 아이콘을 길게 눌러 [Ellipse Tool]을 선택한 다음 도형 아이콘을 더블클릭하면 사각형의 컴포지션 프레임이 원형으로 변경됩니다. Shape Layer를 제외한 레이어를 클릭한 상태로 도형 아이콘을 더블클릭하면 그 모양으로 마스크를 적용합니다.

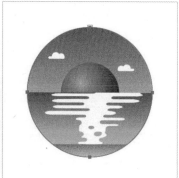

19 마스킹된 원형에 스트로크 라인을 그리기 위해 타임라인을 우클릭하여 [New] – [Shape Layer]를 선택합니다. Shape Layer 우측의 [Add] – [Ellipse]를 클릭하여 형태를 변경하고, 스트로크를 위해 한번 더 [Add] – [Stroke]를 클릭합니다.

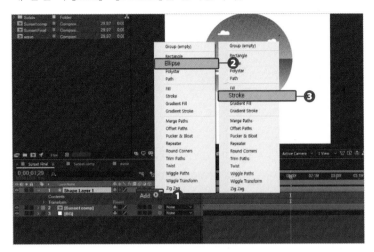

20 스트로크의 크기와 굵기, 색깔 등을 설정합니다. [Shape Layer 1] – [Contents] – [Ellipse Path 1] – [Size] : 1088.0, 1088.0, [Stroke] – [Color] : 0F3258, [Stroke Width] : 30.0으로 설정합니다. Sunset comp의 원형에 맞게 스트로크 라인이 완성됩니다.

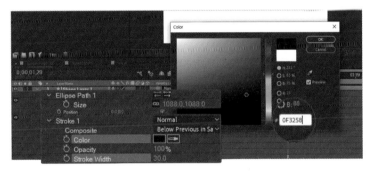

21 Shape Layer 1을 우클릭하여 [Rename] : Circle line으로 이름을 변경합니다.

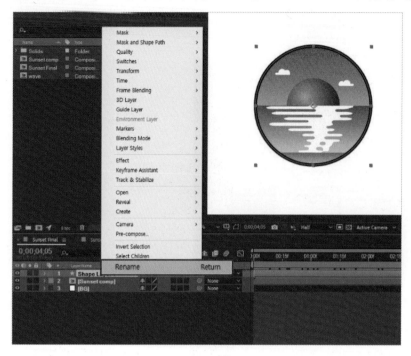

04 쉐이프 패턴의 트랜지션 제작

Lesson 애프터 이펙트의 Align 기능을 이용해 컴포지션 레이어를 배치 및 정렬하여 다양한 패턴화 형태의 화면전환과 애니메이션 효과를 제작할 수 있습니다.

Step 1 패턴에 사용할 레이어의 생성 및 애니메이션 적용하기

만들어봅시다

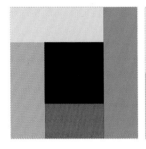   

01 메뉴 바에서 [Composition]-[New Composition]을 클릭합니다. [Composition Name] : Square, [Width] : 120px, [Height] : 120px, [Duration] : 0;00;05;00으로 설정한 후 [OK]를 클릭하여 컴포지션을 만듭니다.

02 메뉴 바에서 [Layer]-[New]-[Soild]를 클릭합니다. [Soild Name] : 01, [Width]와 [Height]는 컴포지션과 동일하게 120px으로 설정한 후 [OK]를 클릭하여 솔리드 레이어를 만듭니다.

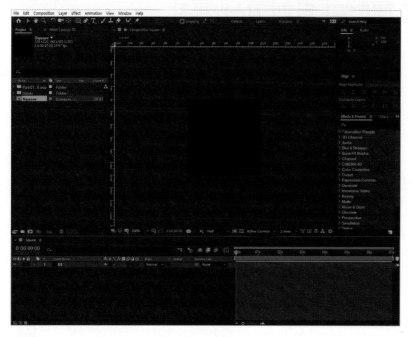

Tip

기존 솔리드 레이어의 색상이나 크기 등의 속성을 변경하기 위해서는 기존 솔리드 레이어를 선택하고 [Layer]-[Solid Settings] 메뉴를 클릭해 [Solid Settings] 대화상자에서 변경할 수 있습니다.

03 생성된 솔리드 레이어를 메뉴 바에서 [Layer] – [Pre-compose] 또는 Ctrl + D 단축키를 이용하여 4개로 복제합니다. 솔리드 레이어를 하나씩 선택하고 [Layer] – [Solid Settings] 메뉴를 클릭해 각기 다른 색으로 변경합니다.

04 01~04 솔리드 레이어로 애니메이션을 만들어봅시다. 타임라인 패널에서 0;00;01;00 구간으로 이동한 뒤 각 레이어의 [Transform] – [Position]의 키프레임을 클릭합니다.

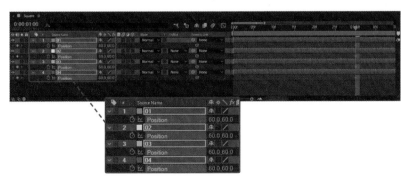

05 다시 0;00;00;00 구간으로 이동한 뒤 각 레이어의 [Position] 속성을 수정합니다. [01 Solid Layer] : 180.0, 60.0; [02 Solid Layer] : 60.0, −60.0, [03 Solid Layer] : −60.0, 60.0, [04 Solid Layer] : 60.0, 180.0

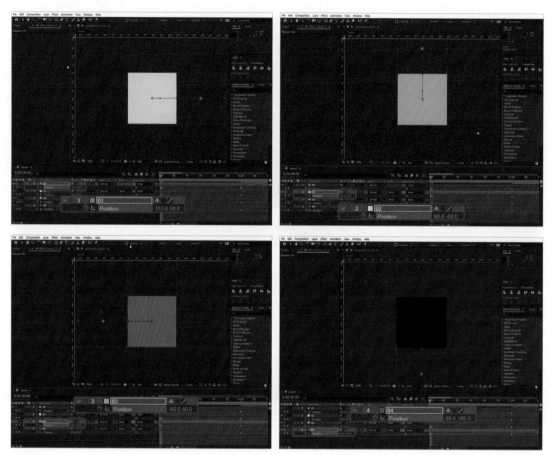

06 4개의 솔리드 레이어의 포지션 키프레임을 모두 선택하고 메뉴 바에서 [Animation]-[Key-frame Assistant]-[Easy Ease]를 클릭합니다.

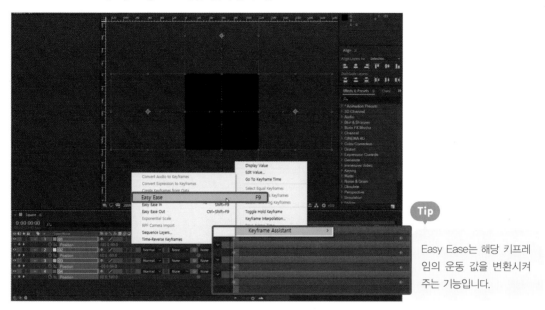

Tip

Easy Ease는 해당 키프레임의 운동 값을 변환시켜주는 기능입니다.

07 선택된 키프레임들이 모래시계 형태로 바뀌었습니다. 키프레임을 모두 선택한 뒤 타임라인 패널 상단 우측의 Graph Editor를 클릭합니다.

08 가운데가 볼록한 형태의 그래프를 볼 수 있습니다. 그래프 에디터의 키프레임 시작점과 끝점을 개별적으로 선택한 뒤, 더 극적인 움직임을 위해 노란색으로 선택된 점을 아래의 형태처럼 드래그합니다. 변경의 차이를 미리 보기로 느껴보셔도 좋습니다.

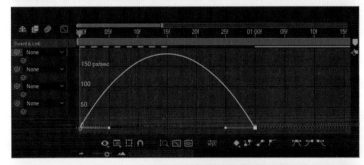

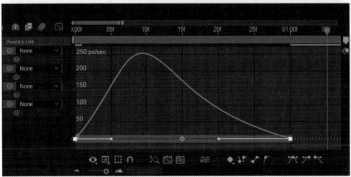

만들어봅시다

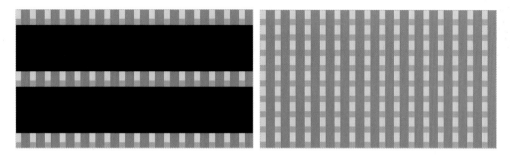

01 메뉴 바에서 [Composition]-[New Composition]을 클릭합니다. [Composition Name] : Square Horizontal, [Width] : 1920px, [Height] : 1080px, [Duration] : 0;00;05;00으로 설정한 후 [OK]를 클릭하여 FULL HD 해상도의 컴포지션을 만듭니다.

02 새로 생성한 Square Horizontal 컴포지션에 Square 컴포지션을 불러옵니다. 좌측 프로젝트 패널에서 Square 컴포지션을 클릭하여 타임라인 패널로 드래그하거나 Ctrl + / 를 이용하여 붙이우면 화면 정중앙에 위치하게 됩니다.

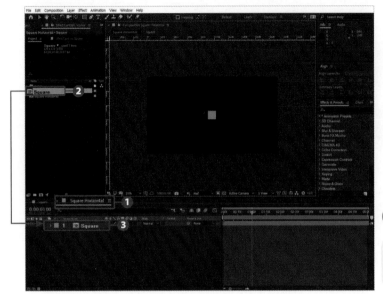

Tip

Square가 검정색이신가요?
0;00;01;00 구간으로 이동해보세요.

03 정방형 Square 컴포지션 레이어를 메뉴 바의 [Edit] - [Duplicate]를 이용하여 16개가 되도록 복제 Ctrl + D 합니다.

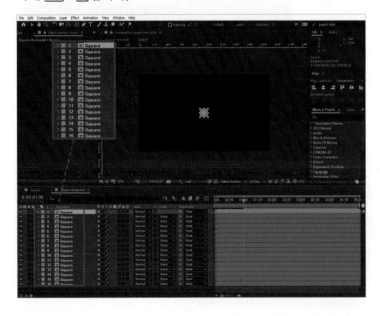

쉐이프 패턴 애니메이션의 가로 라인 부분을 위한 배치입니다. 먼저 해당 컴포지션(1920*1080)의 가로 해상도의 라인을 만들기 위해서는 1920*120의 길다란 종횡비가 필요하며, 120*120 정방형의 컴포지션을 수평으로 나란히 16개를 배치하면 (120*16=1920px) 1920*120의 종횡비 배치가 완성됩니다.

04 복제된 레이어의 배치를 위해 [Window]-[Align] 기능을 활성화합니다. 1번 Square 컴포지션을 클릭한 상태로 [Align]-[Align Layers to]-[Align Left]를 적용합니다.

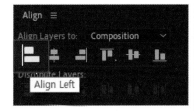

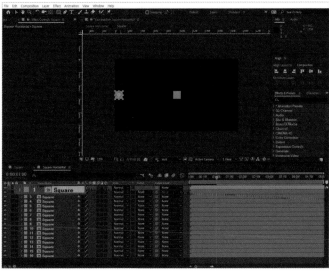

텍스트나 오브젝트, 레이어를 특정 위치에 배치시키는 기능입니다. 상하좌우, 중앙 등의 특정 방향에 위치시키기도 하고 3개 이상의 복수 레이어를 수직, 수평 등으로 분포시키기도 합니다.

05 16번 Square 컴포지션을 클릭한 상태로 [Align]-[Align Layers to]-[Align Right]를 적용합니다.

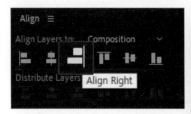
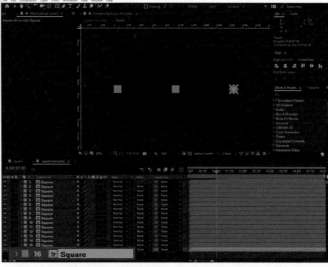

06 컴포지션을 나란히 배치하기 위한 기준점을 삼기 위해 좌측, 중앙, 우측에 Square 컴포지션을 배치했습니다. 이어서 모든 컴포지션을 선택한 후 [Align]-[Distribute Layers]-[Distribute Horizontally]를 적용합니다.

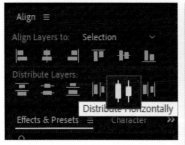
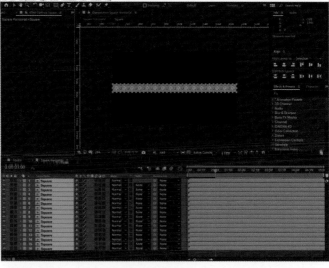

Tip

Distribute Layers는 특정 개체를 정렬 및 배치하는 Align Layer와 달리 여러 개의 레이어를 특정 방향으로 분포 및 정렬하는 기능입니다. 3개 이상의 기준점이 필요하며 기준 축을 지정한 뒤, 원하는 방향으로 분포 및 정렬을 실행합니다.

07 정렬된 컴포지션을 모두 선택하고 메뉴 바에서 [Layer]-[Pre-compose] 기능을 선택합니다. 컴포지션 이름을 Horizontal line으로 지정한 뒤 move all attributes into the new composition 옵션을 선택하고 [OK]를 누릅니다.

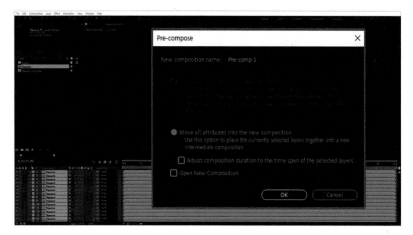

Pre-compose는 레이어를 그룹짓는 기능입니다. 레이어 정리의 기능도 하면서 그 안의 레이어들을 다시 편집할 수 있으므로 필수적인 기능입니다.

- leave all attributes in "Comp name" – 선택한 단일 레이어의 모든 속성을 새 컴포지션에 그대로 남겨두는 기능입니다. 새로운 컴포지션이 현재 레이어의 소스가 됩니다.
- move all attributes into the new composition – 선택한 레이어들의 모든 속성을 묶어 새 컴포지션으로 이동합니다. 레이어에 적용된 효과들도 함께 이동되며 컴포지션 내에서 조정 및 수정이 가능합니다.
- Adjust composition duration to the time span of the selected layers – 컴포지션의 지속 시간을 해당 레이어의 길이만큼 맞춰 조정해주는 기능입니다. 편집된 레이어의 길이만큼 컴포지션도 동일하게 유지되는 장점이 있습니다.

08 Pre-compose한 Horizontal Line 컴포지션을 더블클릭하여 연 후 메뉴 바의 [Composition]-[Composition Settings]을 이용해 컴포지션의 해상도를 1920px, 120px로 변경합니다.

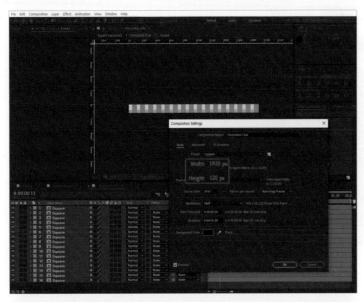

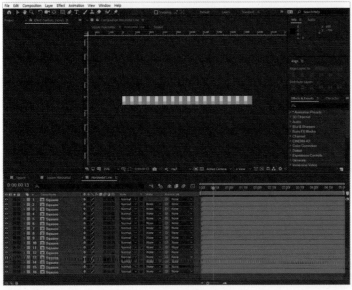

09 다시 Square Horizontal 컴포지션으로 이동한 뒤 Horizontal Line 컴포지션 레이어를 메뉴바의 [Edit] – [Duplicate]를 이용하여 9개로 복제합니다.

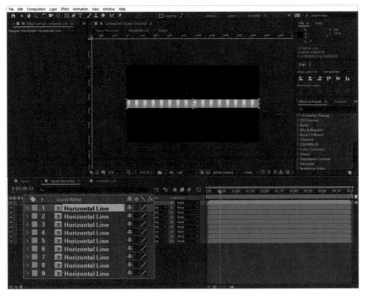

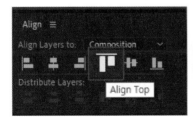

쉐이프 패턴 애니메이션의 가로 라인 부분들을 세로 해상도(1080px)에 맞춰 배치할 겁니다. 1920*120 가로 라이 형태의 컴포지션을 수직으로 나란히 9개를 배치하면 (120*9=1080px) 1920*1080의 전체적인 종횡비 배치가 완성됩니다.

10 복제된 1번 Horizontal Line 킴포지션을 클릭한 상태로 [Align] – [Align Layers to] – [Align Top]를 적용합니다.

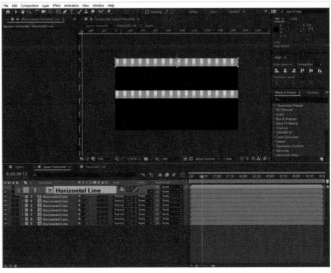

11 9번 Horizontal Line 컴포지션을 선택한 상태로 [Align] – [Align Layers to] – [Align Bottom]를 지용합니다.

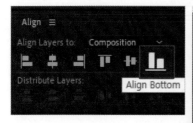

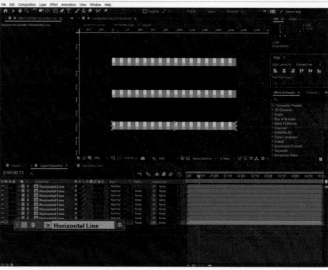

12 1920*120해상도의 가로 레이어 9개를 Full HD해상도(1920*1080)의 컴포지션에 나란히 배치하기 위하여 위, 중앙, 아래의 세 곳을 기준점으로 Horizontal Line 컴포지션을 배치하고 모든 컴포지션을 선택한 후 [Align] – [Distribute Layers] – [Distribute Vertically]를 적용합니다.

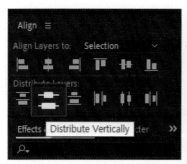

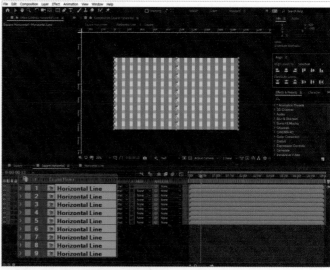

01 앞에서 작업한 컴포지션들을 중앙을 기준으로 순차적으로 애니메이션 되게끔 타이밍을 맞추어 봅시다. 먼저 가로 부분의 컴포지션인 Horizontal Line 컴포지션으로 이동하여 16개 중 중앙에 해당하는 8-9번 Square 컴포지션을 선택합니다.

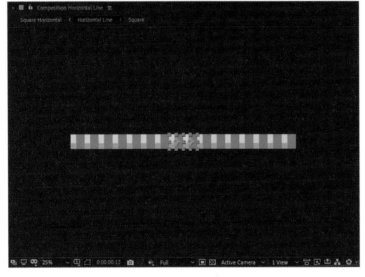

02 8-9번 Square 컴포지션을 시작점(0;00;00;00)으로 하고 바깥쪽으로 나아가며 타임라인을 일정한 간격으로 배치합니다.

- 7-10번 : 0:00:00:02
- 6-11번 : 0:00:00:04
- 5-12번 : 0:00:00:06
- 4-13번 : 0:00:00:08
- 3-14번 : 0:00:00:10
- 2-15번 : 0:00:00:12
- 1-16번 : 0:00:00:14

03 16개의 Square 컴포지션의 배치를 완성했습니다. 2프레임 간격을 유지하면서 순차적인 피라미드 형태로 컴포지션 레이어가 매열된 것을 볼 수 있습니다.

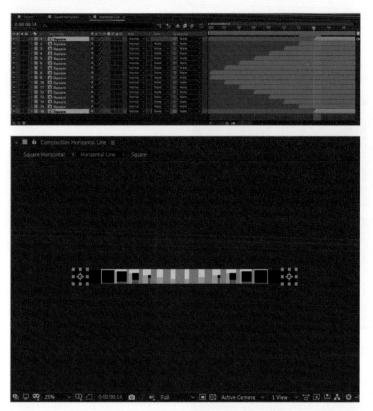

04 2프레임 간격으로 배치한 타임라인 0;00;00;00 ~ 0;00;00;14 까지의 Horizontal Line 컴포지션 애니메이션 플로우입니다.

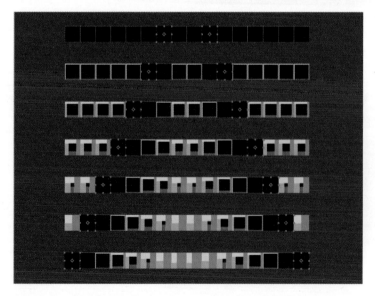

01 다시 Square Horizontal 컴포지션으로 이동하여 마찬가지로 정중앙을 기준으로 순차적인 애니메이션이 되게끔 타이밍을 적용합니다. 컴포지션이 9개이므로 5번 컴포지션을 시작점(0;00;00;00)으로 하고 바깥쪽으로 나아가며 타임라인을 일정한 간격으로 배치합니다.

· 4-6번 : 0:00:00:02 · 3-7번 : 0:00:00:04 · 2-8번 : 0:00:00:06 · 1-9번 : 0:00:00:08

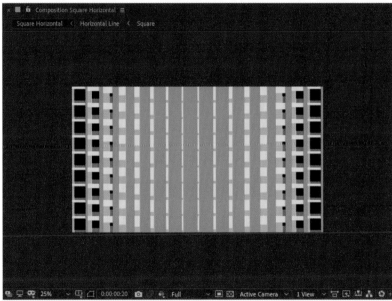

02 2프레임 간격을 유지하면서 순차적인 피라미드 형태로 컴포지션 레이어들이 배열된 것을 볼 수 있습니다.

03 타임라인 Square Horizontal 컴포지션의 Horizontal Line 컴포지션 레이어를 2프레임 간격으로 배치한 0.00.00.00 ~ 0:00;00;18까지의 애니메이션 플로우입니다.

01 메뉴 바에서 [Composition] – [New Composition]을 클릭합니다. [Composition Name] : Square Master, [Width] : 1920px, [Height] : 1080px, [Duration] : 0;00;05;00으로 설정한 후 [OK]를 클릭하여 컴포지션을 만듭니다.

02 새로 생성한 Square Master 컴포지션에 Square Horizontal 컴포지션을 불러옵니다. 좌측 프로젝트 패널에서 Square Horizontal 컴포지션을 클릭하여 타임라인 패널로 드래그하거나 Ctrl + / 를 이용하여 불러오면 화면 크기에 맞게 적용됩니다.

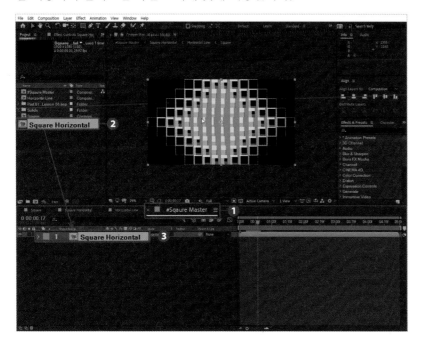

03 상단의 [Tool Bar] 메뉴에서 T 모양의 아이콘을 길게 클릭하여 [Horizontal Type Tool 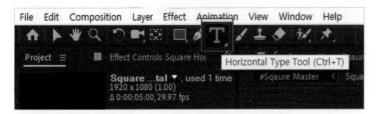] 상태로 설정합니다. Ctrl + T 를 누르고 컴포지션 화면을 클릭해도 텍스트를 입력할 수 있습니다.

04 트랙매트를 적용할 텍스트 'SQUARE ANIMATION'를 입력합니다. 트랙매트는 뒤에서 알아볼 테니 우선 계속 진행합니다.

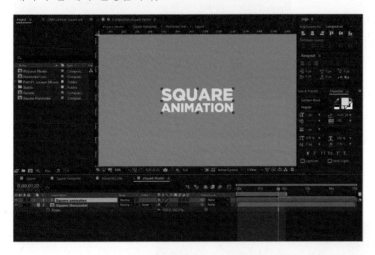

05 Square Horizontal 컴포지션을 선택하고 상단 [Tool Bar] 메뉴에서 Selection Tool ▶을 누른 뒤 범위를 텍스트 레이어의 크기에 맞춥니다.

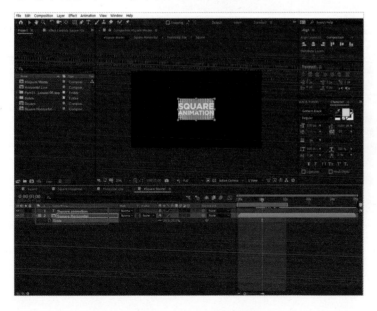

06 2번 레이어 Square Horizontal 컴포지션을 선택하고 1번 SQUARE ANIMATION 텍스트 레이어에 타임라인 패널의 트랙매트 기능인 [TrkMat]–[Alpha Matte "SQUARE ANIMATION"]을 적용합니다.

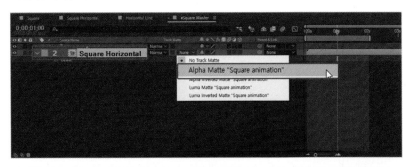

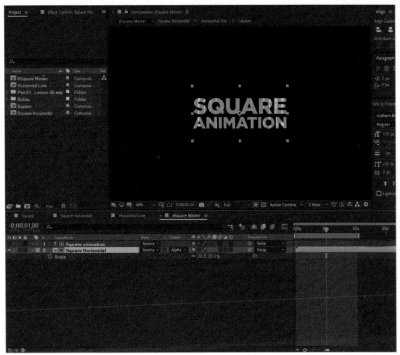

트랙매트(Track Matte)

트랙매트란 상위 레이어의 알파 채널과 밝기의 차이를 이용하여 하위 레이어를 보이거나 보이지 않게 하는 기능입니다. 따라서 트랙매트를 사용할 때에는 2개의 레이어가 필요하며 매트가 될 레이어는 항상 상위에 위치합니다. 트랙매트 메뉴가 보이지 않는다면, 타임라인 패널의 좌하단에 Expand or Collapse the Transfer Controls pane█를 활성화하세요.
트랙매트는 5개의 메뉴를 갖고 있습니다.

• No track Matte : 매트가 적용되지 않은 초기값
• Alpha Matte "매트가 되는 레이어 이름" : 알파값 부분을 보여줍니다.
• Alpha Inverted Matte "매트가 되는 레이어 이름" : 알파값 부분을 제외한 나머지를 보여줍니다.
• Luma Matte "매트가 되는 레이어 이름" : 밝기값 부분을 보여줍니다.
• Luma Inverted Matte "매트가 되는 레이어 이름" : 밝기값 부분을 제외한 나머지를 보여줍니다.

05 아이소 뷰 스마트폰의 모션 제작 부록 확인

Lesson Shape Layer의 속성인 Skew와 Rotation으로 형태를 변형하여 기존 평면과 다른 시점의 모션 제작이 가능합니다. 아래의 결과물을 만들어봅시다.

Step 1 그라데이션 배경 만들기

01 메뉴 바에서 [Composition] – [New Composition]을 클릭합니다. [Composition Name] : isometric, [Width] : 1080px, [Height] : 1080px, [Duration] : 0;00;08;00으로 설정한 후 [OK]를 클릭하여 컴포지션을 만듭니다.

02 메뉴 바에서 [Layer]–[New]–[Solid]를 클릭하여 단색의 솔리드 레이어를 만듭니다. [Soild Name] : BG, [Width]와 [Height]는 컴포지션과 동일하게 1080px, [Color] : FFFFFF로 설정한 후 [OK]를 클릭하여 솔리드 레이어를 만듭니다.

03 메뉴 바에서 [Effect]–[Generate]–[Gradient Ramp]를 선택하거나 [Effects & Presets] 패널에서 Gradient Ramp를 검색 후 더블클릭 혹은 솔리드 레이어로 드래그하여 적용합니다.

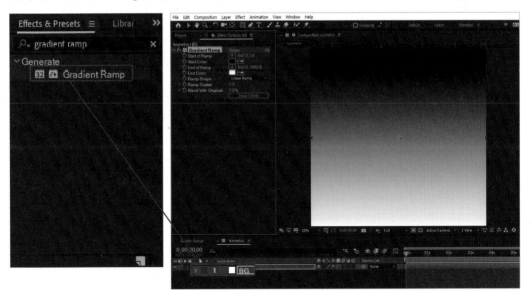

04 그라데이션 효과에 색상을 적용해봅시다. 적용한 효과 메뉴에서 [Gradient Ramp] - [St
Color] : 75F9FF, [End Color] : 2AD2ED로 설정합니다.

만들어봅시다

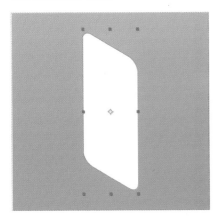

01 아무 것도 선택하지 않은 상태로 상단 [Tool Bar]의 도형 아이콘을 길게 클릭하여 [Rectangle Tool]을 선택하고 더블클릭합니다. 더블클릭을 하면 현재 컴포지션 해상도에 맞게 1080*1080으로 생성됩니다.

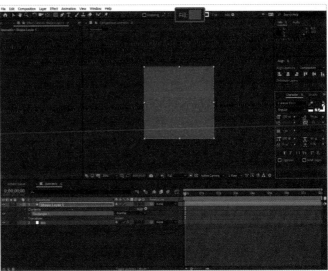

Tip

이미지처럼 빨간색으로 나타나지 않는다면, [Tool bar] 선상에 있는 'Fill'이라는 텍스트를 클릭한 후 Solid Color를 선택해주세요.

02 컴포지션에 맞게 생성된 Shape Layer 1을 스마트폰 비율로 크기를 조정합니다. [Shape Layer 1]-[Contents]-[Rectangle 1]-[Rectangle Path 1]-[Size] : 700.0, 300.0으로 입력합니다

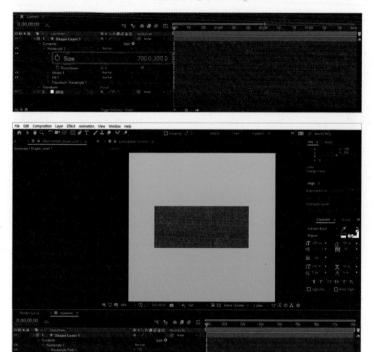

03 Shape Layer 1의 컬러를 변경합니다. [Shape Layer 1]-[Fill 1]-[Color] : FFFFFF로 설정합니다.

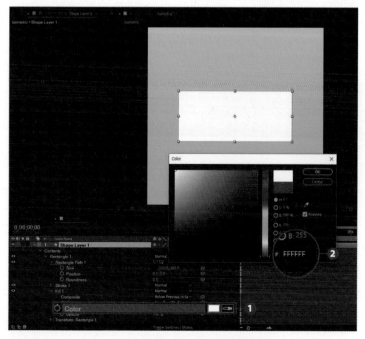

04 Shape Layer 1에 굴곡, 기울기, 회전 등의 값을 적용합니다. [Shape Layer 1]-[Contents]-[Rectangle 1]-[Rectangle Path 1]-[Roundness] : 50.0, [Transform : Rectangle 1]-[Skew] : 30.0, [Rotation] : −90.0으로 입력합니다.

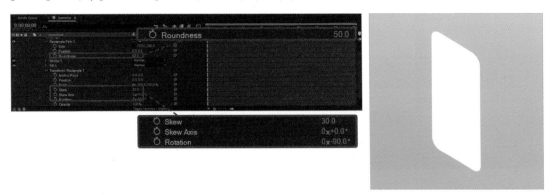

05 Shape Layer 1에 애니메이션을 적용해봅시다. 타임라인 패널의 0;00;00;00 구간으로 이동하여 [Shape Layer 1]-[Contents]-[Rectangle 1]-[Rectangle Path 1]-[Size] : 700.0, 0.0으로 입력하고 키프레임을 클릭한 뒤 0;00;01;00으로 이동하여 [Size] : 700.0, 300.0을 입력합니다.

06 [Size]의 키프레임 2개를 선택하고, 선택한 키프레임에 우클릭하여 [Keyframe Assistant]-
[Easy Ease]를 적용합니다.

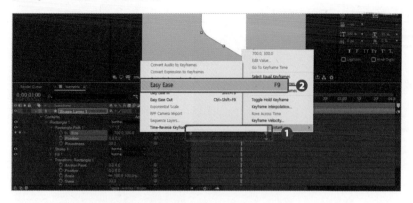

07 Shape Layer 1를 선택하고 우클릭하여 [Rename] : Base로 이름을 변경합니다.

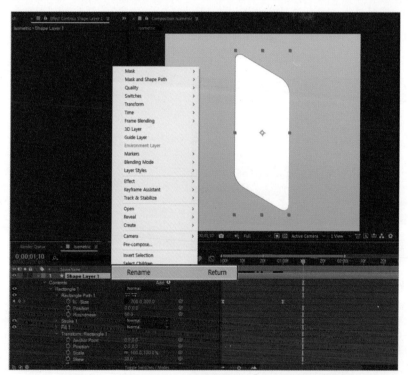

만들어봅시다

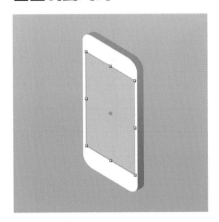

01 Base 레이어를 복제해봅시다. 해당 레이어를 선택하고 [Edit]-[Duplicate]([Ctrl]+[D])를 선택합니다. 복제한 레이어를 우클릭하여 [Rename] : Bezel로 이름을 변경합니다.

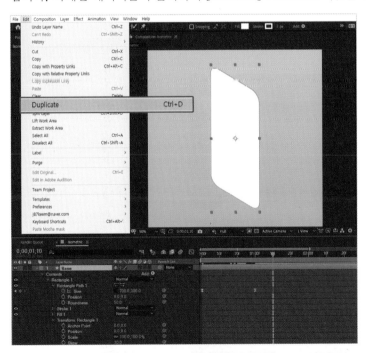

02 메뉴 바에서 [Effect] – [Generate] – [Gradient Ramp]를 선택하거나 [Effects & Presets] 패널에서 Gradient Ramp를 검색 후 복제한 Bezel 쉐이프 레이어에 적용합니다.

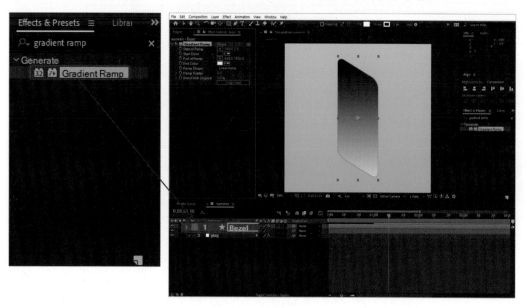

03 Bezel 쉐이프 레이어에 적용한 그라데이션 효과에 색상을 입혀봅시다. 적용한 효과 메뉴에서 [Gradient Ramp] – [Start Color] : 8293E1, [End Color] : 8B59C0로 설정합니다.

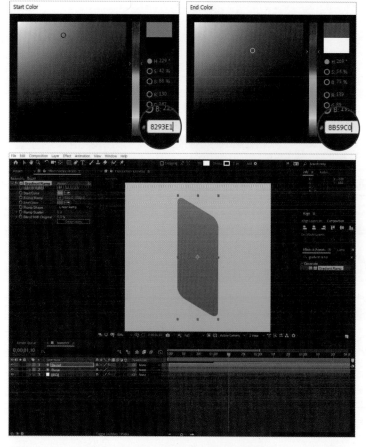

04 복제한 Bezel 쉐이프 레이어에 두께감을 더하여 봅시다. Bezel 쉐이프 레이어 우측의 [Add] –
[Repeater]를 선택합니다. 쉐이프가 3개로 복제됩니다.

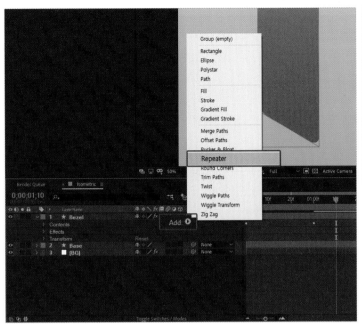
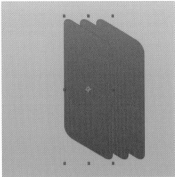

05 두께감을 위한 추가 작업이 필요합니다. [Bezel] – [Contents] – [Repeater 1] – [Copies] :
8.0, [Transform : Repeater 1] – [Position] : 5.0, −2.0으로 변경합니다.

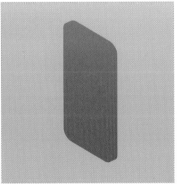

06 값을 적용한 Bezel 쉐이프 레이어를 Base 쉐이프 레이어 아래로 이동합니다. Base 쉐이프 레이이에 두께감이 생겼습니다.

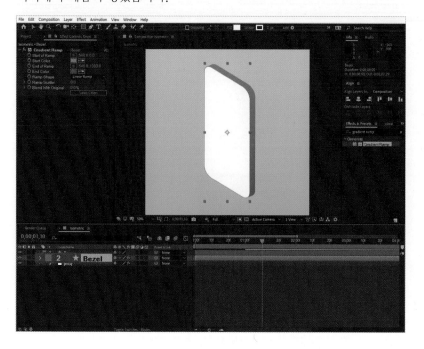

07 Base 레이어를 선택하고 [Edit] – [Duplicate]([Ctrl]+[D])를 선택합니다. 복제한 레이어를 선택하고 우클릭하여 [Rename] : Display로 이름을 변경합니다.

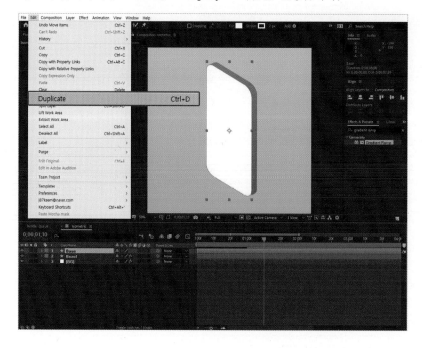

08 [Display] – [Contents] – [Rectangle 1] – [Rectangle Path 1] – [Size] : 500.0, 270.0, [Roundness] : 0으로 조정한 뒤 [Contents] – [Fill 1] – [Color] : 87E8FF로 색상을 변경합니다.

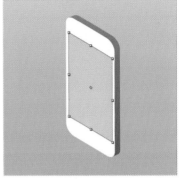

Tip

Fill 속성이 보이지 않는다면 해당 레이어의 하위 메뉴 우측의 Add를 클릭하여 추가하세요. 하위 메뉴에 Fill을 추가해야 Tool bar의 Fill 기능도 활성화됩니다.

09 Display 쉐이프 레이어에 애니메이션을 적용해봅시다. 타임라인 패널에서 0;00;00;00 구간으로 이동하여 [Display] – [Contents] – [Rectangle 1] – [Rectangle Path 1] – [Size] : 0.0, 270.0으로 입력하고 키프레임을 클릭한 뒤, 0;00;01;00으로 이동하여 [Size] : 500.0, 270.0을 입력합니다.

10 [Size]의 키프레임 2개를 모두 선택한 뒤 키프레임에 우클릭하여 [Keyframe Assistant] - [Easy Ease](F9)를 적용합니다.

11 순차적인 애니메이션을 위해 각각의 레이어의 등장 시간을 타임라인에서 조정합니다. Base 레이어를 타임라인 패널의 0;00;00;10 구간으로 드래그합니다. 이어서 Display 레이어를 타임라인 패널의 0;00;00;30 구간으로 드래그합니다.

01 상단 [Tool Bar]의 도형 아이콘을 길게 클릭하여 [Ellipse Tool]을 선택하고 [Shift]를 누른 채로 드래그하여 모바일 홈 버튼 정도의 크기를 만든 후 화면 중앙에 위치시킵니다. [Shift]를 누르면서 도형을 드래그하면 가로 세로가 정확한 종횡비를 유지하면서 만들 수 있습니다.

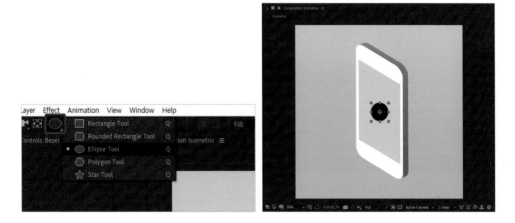

02 Shape Layer 1의 색을 변경하기 위해 해당 레이어를 선택하고 [Contents] – [Ellipse 1] – [Fill 1] – [Color] : EDE8E8로 설정합니다. 이어서 우클릭하여 [Rename] : Home으로 레이어 이름을 변경합니다.

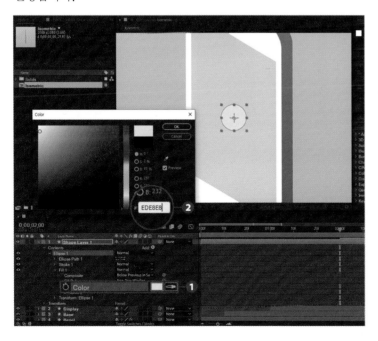

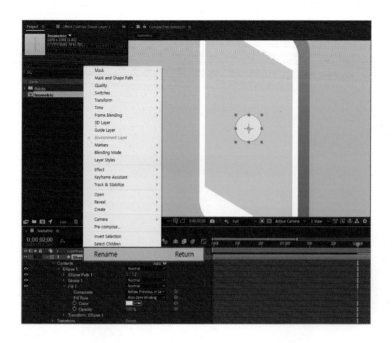

03 홈 버튼 모양을 만들기 위해 Home 쉐이프 레이어의 기울기와 각도를 조정합니다. [Contents]-[Ellipse 1]-[Transform : Ellipse 1]-[Skew] : -30.0, [Rotation] : +30.0으로 설정합니다.

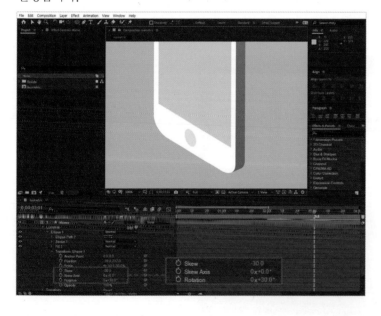

04 Home 쉐이프 레이어에 애니메이션을 적용해봅시다. 타임라인 패널의 0;00;01;20 구간으로 이동하여 [Home] – [Contents] – [Ellipse 1] – [Transform : Ellipse 1] – [Scale] : 0.0, 0.0%으로 입력하고 키프레임을 클릭한 뒤, 0;00;02;20 구간으로 이동하여 [Scale] : 10.0, 10.0%을 입력합니다.

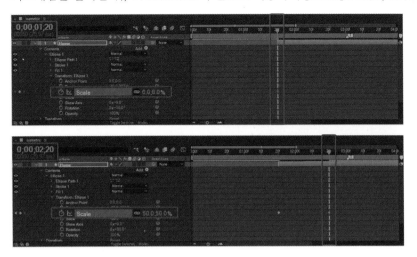

05 [Scale]의 키프레임 2개를 모두 선택한 뒤 선택한 키프레임에 우클릭하여 [Keyframe Assistant] – [Easy Ease](F9)를 적용합니다

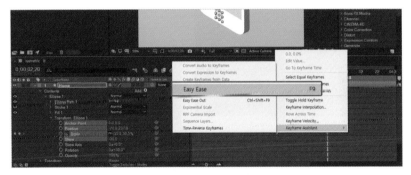

06 상단 [Tool Bar]의 도형 아이콘을 길게 클릭하여 [Rectangle Tool]을 선택하고 더블클릭합니다. 현재 김포지션 해상도에 맞게 1080*1080로 설정됩니다.

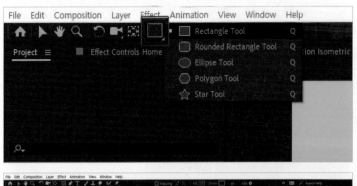

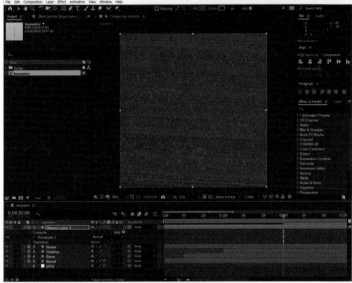

07 수화기 모양을 만들기 위해 Shape Layer 1의 크기와 기울기와 각도와 색상을 변경합니다. [Contents] – [Rectangle 1] – [Rectangle Path 1] – [Size] : 100.0, 10.0, [Transform: Rectangle 1] – [Skew] : -30, [Rotation] : +30, [Rectangle 1] – [Fill 1] – [Color] : C9C9C9으로 변경합니다.

08 [Shape Layer 1] – [Contents] – [Transform Rectangle 1] – [Position] : 0.0, –300.0을 입력하여 레이어를 수화기 위치로 이동합니다. 이어서 레이어를 우클릭하고 [Rename] 기능을 이용해 Sound bar로 이름을 변경합니다.

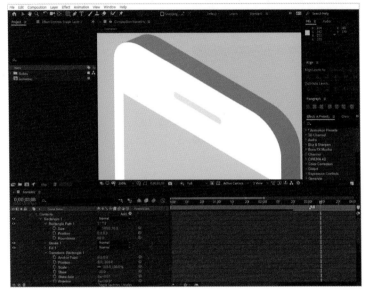

09 Sound Bar 쉐이프 레이어에 애니메이션을 적용해봅시다. 타임라인 패널의 0;00;02;00 구간으로 이동하여 [Sound Bar] – [Contents] – [Rectangle 1] – [Rectangle Path 1] – [Size] : 0.0, 10.0으로 입력하고 키프레임을 클릭합니다. 이어서 0;00;03;00으로 이동하여 [Size] : 100.0, 10.0으로 입력합니다.

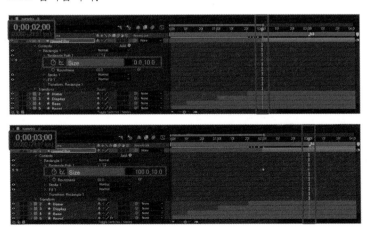

10 [Size]의 키프레임 2개를 모두 선택한 뒤 선택한 키프레임에 우클릭하여 [Keyframe Assistant] - [Easy Ease]([F9])를 적용합니다.

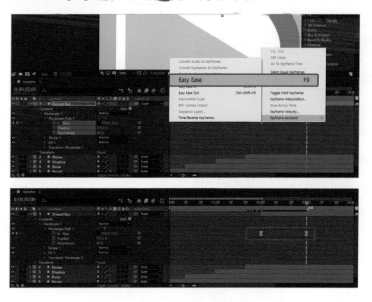

11 수화기 옆에 카메라를 추가하기 위해 Sound Bar 레이어를 [Ctrl]+[D]로 복제합니다. 타임라인 패널의 0;00;03;00 구간으로 이동하여 [Size] : 10.0, 10.0, [Position] : 65.0, 0.0으로 변경합니다.

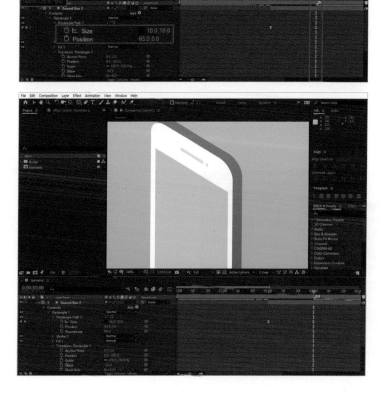

12 그림자 효과를 더하기 위하여 기존 Base 레이어를 복제합니다. Base 레이어를 선택하고 [Edit] – [Duplicate]([Ctrl]+[D]), 복제한 레이어의 이름을 Shadow로 변경합니다.

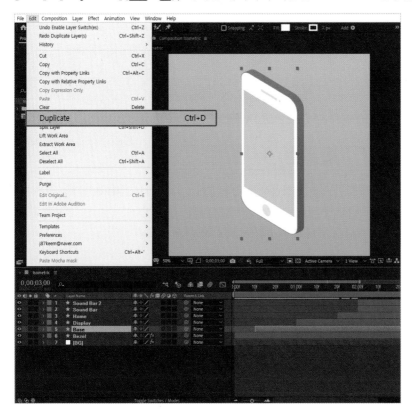

13 스마트폰 그림자를 만들기 위해 Shadow 쉐이프 레이어의 기울기, 각도를 변경합니다. [Contents] – [Rectangle 1] – [Transform : Rectangle 1] – [Skew] : –30.0, [Rotation] : –30.0으로 설정합니다.

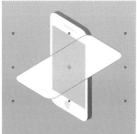

14 Shadow 쉐이프 레이어의 투명도를 조정합니다. [Contents]–[Fill 1]–[Opacity] : 20%로 설정합니다.

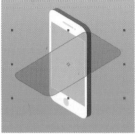

15 자연스러운 그림자 효과를 위해 마스크를 사용해봅시다. Shadow 쉐이프 레이어를 우클릭하여 [Mask]–[New Mask](Ctrl+Shift+N)를 적용합니다. [Masks]–[Mask 1]–[Mask Feather] : 350.0, 350.0 pixels로 설정하고 Base 쉐이프 레이어 아래로 이동시킵니다.

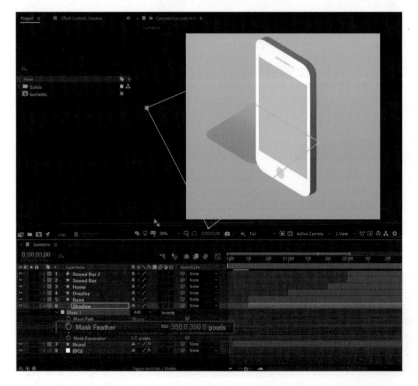

16 생성한 그림자 효과가 바른 곳에 위치하도록 조정합니다. [Shadow]-[Transform]-[Position] : 828.0, 696.0으로 입력합니다.

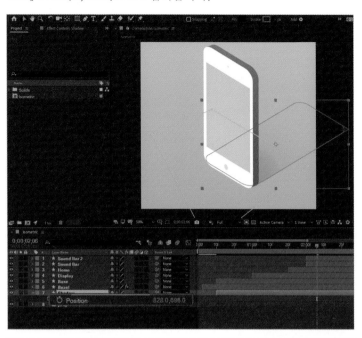

2

Part

드라마틱한
모션 그래픽을 위한
이미지 합성

Ae

01 다양한 효과를 이용한 타이포그래피 제작

Lesson 이미지를 투과해 보이도록 만들며 특정한 재질감을 연출할 수 있는 CC Glass와 CC Blobbylize, 텍스트와 패스에 광선 효과를 더하는 Saber, 이미지나 동영상의 알파값을 추출하는 Extract. 이 효과들로 다양한 타이포그래피 연출이 가능합니다.

Step 1 CC Glass/CC Blobbylize 효과 알아보기

타이포그래피는 모션 그래픽 분야에서 자주 사용됩니다. 콘셉트에 따라 동적인 애니메이션 사용과 문자에 재질감을 더해 편집의 방향을 표현할 수 있습니다. 시네마틱처럼 타이틀로 분위기를 고조하려 할 때는 메탈 금속이나 유리 등의 재질감이 특히 유효합니다.

CC Glass & CC Blobbylize 효과는 텍스트나 오브젝트에 반사효과, 엣지, 라인 표현 등의 세부적인 재질 표현을 위한 효과입니다. 같은 효과이지만 Glass는 유리 재질의 느낌을 내고 Blobbylize는 물방울(액체) 재질로 만듭니다. 특정 반사 형태의 HDRI 맵과 조합해 더욱 풍부한 연출이 가능합니다.

HDRI (High Dynamic Range Image) 이번 파트부터 환경맵을 사용합니다. 환경맵이란 High Dynamic Range Image로 로고명암비 이미지를 의미합니다. 주로 건축 인테리어, 3D 그래픽 분야에서 사실적인 반사 이미지 효과를 연출할 때 사용합니다. 제공되는 소스 이미지 외에도 아래 이미지처럼 검색을 통해서 여러 환경맵을 텍스트 재질로 선택해 적용해보세요.

HDRI 이미지에 따라 반사되는 텍스트 효과의 느낌에 상당한 차이가 납니다. 앞의 시네마틱 예시의 느낌을 내려면 상대적으로 심플한 단색 형태의 환경맵을 선택하시면 됩니다.

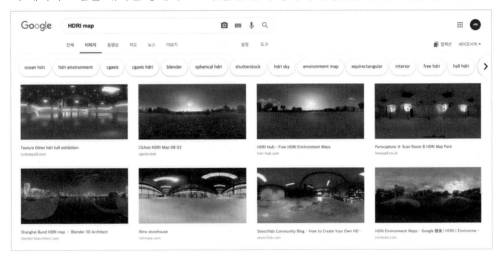

만들어봅시다 부록 확인

▍CC Glass/Blobbylize를 이용해 간단한 예제 만들기

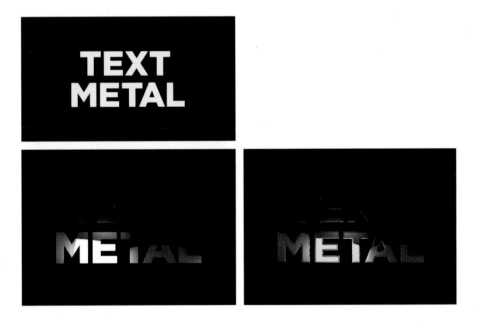

01 메뉴 바에서 [Composition]-[New Composition]을 클릭합니다. [Composition Name] : Metal text, [Width] : 1920px, [Height] : 1080px, [Duration] : 0;00;05;00으로 설정한 후 [OK]를 클릭하여 Full HD 해상도의 컴포지션을 만듭니다.

02 Metal 효과를 적용할 텍스트를 입력합니다. [Character] 탭에서 폰트는 Gotham Black - Regular, 폰트 사이즈는 300px로 설정하고 'TEXT METAL'를 입력하여 화면 중앙에 위치시킵니다. 폰트는 가진 것 중에서 자유로이 선택해 사용하세요.

03 프로젝트 패널에 우클릭하고 [Import] – [File]를 클릭하여 반사면 역할을 할 환경맵 소스 파일을 불러옵니다. 해당 예제의 소스로 제공되는 Reflection Map 파일을 선택하고 [Import] 버튼을 클릭합니다.

04 프로젝트 패널에서 Reflection Map 파일을 선택하고 TEXT METAL 컴포지션의 상단으로 이동시킵니다.

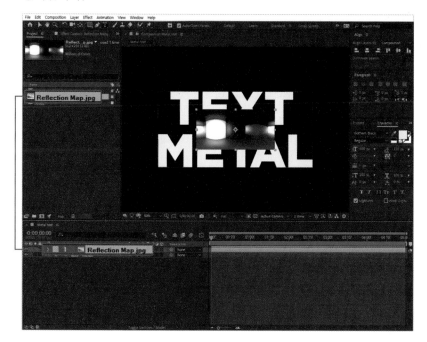

05 Reflection Map 파일을 선택하고 [Transfrom]-[Scale] : 420.0, 420.0, [Rotation] : 0,
+10.0으로 변경하여 크기를 키우고 회전시킵니다.

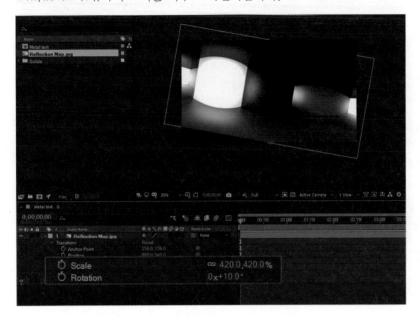

06 Reflection Map을 회전하여 발생한 빈 부분을 다른 효과로 채워봅시다. [Effect & Presets]
패널에서 [Stylize]-[CC RepeTile]를 선택하여 Reflection Map에 적용한 뒤 [Expand Right] :
1500, [Expand Down & Up] : 300, [Tiling] : Unfold로 설정합니다.

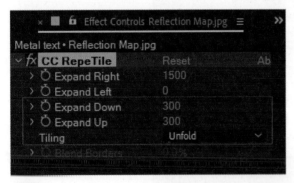

Tip

CC RepeTile은 상하좌우로 이미지를 복제하는 기능입니다. 특정 이미지를 늘리거나 채울 수 있고, 패턴형 이미지로 만들
수도 있습니다. Expand는 복제하려는 방향을, Tiling은 복제 생성 방식을, Blend Borders는 복제 이미지와 원본 이미지의
혼합 비율을 설정합니다.

07 0;00;00;00 구간으로 이동하여 Reflection Map 파일을 선택하고 [Transform]-[Position] : - 1000.0, 540.0으로 변경한 뒤 키프레임을 클릭합니다. 이어서 0;00;04;29 구간으로 이동하여 [Position] : 500.0, 540.0으로 조정하면 화면 왼쪽에서 오른쪽 방향으로 이동하는 애니메이션을 만들 수 있습니다.

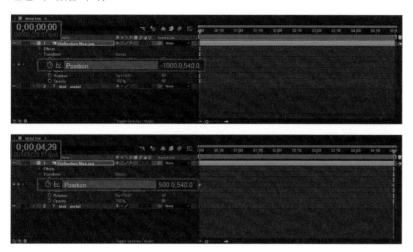

08 애니메이션을 적용한 Reflection Map 파일을 우클릭하고 [Pre-compose]를 선택합니다. [New composition name]은 Reflection Map으로 짓고 옵션 중 Move all attributes into the new composition을 선택한 뒤 [OK]를 클릭합니다. 생성된 컴포지션을 텍스트 레이어 아래로 이동시킵니다.

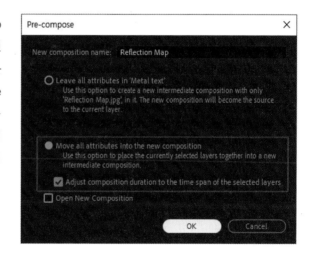

Tip

Pre-compose는 레이어를 그룹짓는 기능입니다. 레이어 정리의 기능도 하면서 그 안의 레이어들을 다시 편집할 수 있으므로 필수적인 기능입니다.

• leave all attributes in "Comp name" – 선택한 단일 레이어의 모든 속성을 새 컴포지션에 그대로 남겨두는 기능입니다. 새로운 컴포지션이 현재 레이어의 소스가 됩니다.

• move all attributes into the new composition – 선택한 레이어들의 모든 속성을 묶어 새 컴포지션으로 이동합니다. 레이어에 적용된 효과들도 함께 이동되며 컴포지션 내에서 조정 및 수정이 가능합니다.

• Adjust composition duration to the time span of the selected layers – 컴포지션의 지속 시간을 해당 레이어의 길이만큼 맞춰 조정해주는 기능입니다. 편집된 레이어의 길이만큼 컴포지션도 동일하게 유지되는 장점이 있습니다. 예를 들어 5초짜리 메인 컴포지션 안에 3초짜리 레이어가 있을 때, 해당 기능을 활성화하고 Pre-compose하면 레이어의 기준으로 3초짜리 컴포지션이 생성됩니다.

09 Reflection Map 컴포지션 레이어 우측의 [Track Matte] 탭을 클릭합니다. Track Matte 옵션이 보이지 않을 경우 좌측 하단의 █을 활성화하세요. Alpha Matte "text metal"을 선택하여 text metal 텍스트 레이어에 알파 매트효과를 적용합니다. 반사 맵의 이미지가 텍스트 레이어의 형태에 맞게 보이는 것을 확인할 수 있습니다.

10 텍스트의 재질 표현을 위한 효과를 추가해봅시다. [Effect & Presets] 패널에서 [Stylize]-[CC Glass]를 선택하여 Reflection Map 컴포지션 레이어에 적용합니다.

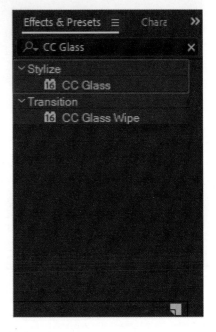

11 [CC Glass] – [Surface] – [Bump Map]의 우측 탭을 클릭하여 1. text metal 레이어로 설정하고 [Softness] : 9.0, [Height] : 100.0, [Displacement] : −250.0으로 설정합니다. 텍스트 레이어 외곽 부분에 양각이 생긴 것을 확인할 수 있습니다.

12 또 다른 재질 표현을 위한 효과를 적용해봅시다. [Effect & Presets] 패널에서 [Distort] – [CC Blobbylize]를 선택하여 Reflection Map 컴포지션 레이어에 적용하면 텍스트가 얼룩모양으로 뭉개집니다.

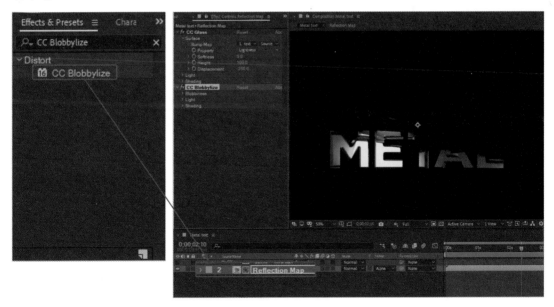

13 [CC Blobbylize]-[Blobbiness]-[Blob Layer]의 우측 탭을 클릭하여 1. text metal 레이어로 설정하고, [Property] : Alpha, [Softness] : 8.0, [Cut Away] : 1.0으로 설정합니다. 텍스트의 양각 부분에 기존과는 다른 엣지 라인이 추가되어 보다 메탈 재질 느낌이 되었습니다.

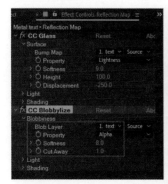
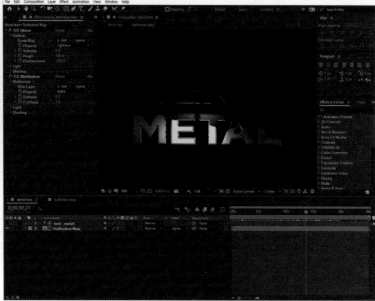

Saber는 Video Copilot에서 제작한 플러그인으로 공식 사이트에서 무료 다운로드할 수 있으며, 빔 효과를 쉽고 효율적으로 사용할 수 있도록 돕습니다. Saber 플러그인의 프리셋 및 설정으로 글로우, 전기, 포털, 네온사인, 에너지 등 다양한 종류의 광선을 만들 수 있으며, 텍스트 레이어 및 마스크 패스로 이루어진 모든 형태들을 지원하여 자유로운 연출이 가능합니다.

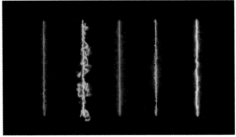

Tip

Saber 플러그인 설치방법

Video Copilot 공식 사이트의 우측 상단 검색창에서 Saber를 검색하여 Saber Plug-in을 클릭하고 자신의 운영체제에 맞는 것으로 다운받습니다.

내려 받은 Saber 압축 파일을 해제하고 설치 파일을 클릭하여 설치를 진행합니다. 별다른 설정의 변경 없이 진행하면 됩니다. 정상적으로 Saber의 설치가 완료됐다면, [Effects & Presets] 패널에 Saber를 검색했을 때 Video Copilot 폴더 안에 Saber가 존재하는 것을 볼 수 있습니다.

Saber 플러그인의 주요 기능

Saber의 색 설정, Glow 및 Core의 크기와 범위 등을 설정합니다. 에너지 빔 중심을 Core, 그리고 Core 주변에 빛이 은은하게 퍼지는 곳을 Glow라고 합니다. 작업에 필요한 Saber 플러그인의 주요 기능을 살펴보겠습니다.

Preset Saber 플러그인에 기본적으로 정의된 다양한 형태의 효과를 선택하여 사용할 수 있다.

Enable Glow Glow의 사용 여부를 결정하는 옵션이며 일반적으로 Glow를 사용한다.

Glow Color Glow의 색상을 설정한다.

Glow Intensity Saber의 밝기를 설정한다. 속성 값이 커질수록 밝아진다.

Glow Spread Glow의 분포도를 설정한다. 값이 커질수록 더 넓은 곳에 Glow가 분포하여 전반적으로 밝기가 어두워진다.

Glow Bias Glow가 진하게 보이는 부분의 크기를 설정한다.

Core Size Core의 크기를 설정한다. Glow Bias와는 다르게 값이 커질수록 중앙에 있는 Core의 크기가 커진다.

Core Start/End Core의 시작 위치와 끝 위치를 설정한다.

Customize Core Core와 관련한 속성을 설정한다.

└ Start/End Size : Core Start 부분의 크기를 설정한다. 주로 얇은 광선이 점점 두꺼워지는 효과와 같이 굵기가 일정하지 않은 광선을 만들 때 사용하는 속성이다.

└ Start/End Offset : Core Start 부분의 Offset을 설정한다. 주로 애니메이션을 만들 때 키프레임을 주는 부분이다.

└ Core Softness : Core가 얼마나 부드럽게 보일지를 설정한다. 값이 커질수록 Core 부분이 흐려보인다.

└ Saber-Flicker : 형광등이 깜박거리는 효과를 Flicker라 하며 이와 관련한 효과를 설정한다.

└ Flicker Intensity : 깜박이는 정도를 설정한다. 값이 클수록 깜박임이 강해진다.

└ Flicker Speed : 깜박임이 발생하는 속도를 설정한다. 값이 커질수록 깜박이는 횟수가 많아진다.

Render Setting Saber 효과가 화면에 어떻게 보여질지를 설정한다.

└ Composite Setting : Saber를 적용한 레이어의 배경이 어떻게 보일지를 설정한다. Transpar-
ent, Add, Black 총 세 가지 옵션이 있으며, 사진이나 영상과 합성을 할 때는
Transparent를 사용한다.

만들어봅시다 부록 확인

▌ 세이버 효과를 이용해 간단한 예제 만들기

01 메뉴 바에서 [Composition]-[New Composition]을 클릭합니다. [Composition Name] : Saber Logo, [Width] : 1920px, [Height] : 1080px, [Duration] : 0;00;05;00으로 설정한 후 [OK]를 클릭하여 Full HD 해상도의 컴포지션을 만듭니다.

02 프로젝트 패널에 우클릭하고 [Import]-[File]를 선택하여 Saber 효과를 적용할 로고 파일을 불러옵니다. 해당 예제의 소스로 제공된 Logo 파일을 선택합니다.

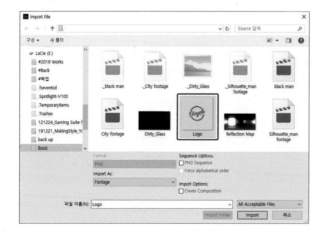

03 임포트한 Logo 파일을 선택하고 타임라인 패널로 드래그하여 Saber Logo 타임라인 패널에 위치시킵니다.

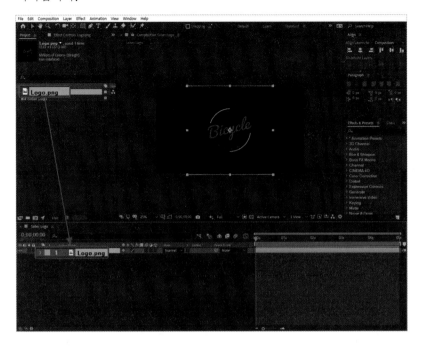

04 Saber 효과를 적용하기 위해 로고 이미지를 패스 형태로 변환합니다. Logo 파일을 선택하고 [Layer]-[Auto-trace]를 선택합니다. 초기 설정 값을 유지하고 [OK]를 누르면 로고 이미지 형태의 마스크 패스로 변환됩니다.

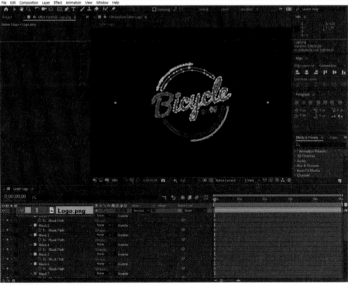

05 [Effect & Presets] 패널에서 [Video Copilot]-[Saber]를 선택하여 Logo.png 레이어에 적용합니다. 일직선의 파라색 에너지 빔 형태가 적용된 것을 확인할 수 있습니다.

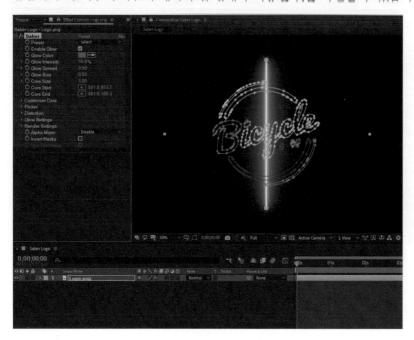

06 [Saber]의 상세설정을 해봅시다. [Preset] : Hard Core, [Glow Intensity] : 60.0%, [Glow Bias] : 0.40, [Core Size] : 2.00으로 조정합니다. [Customize Core]-[Core Type]은 Layer Mask로 설정합니다. Auto-trace한 마스크 패스의 형태에 맞게 Saber 효과가 적용된 것을 확인할 수 있습니다.

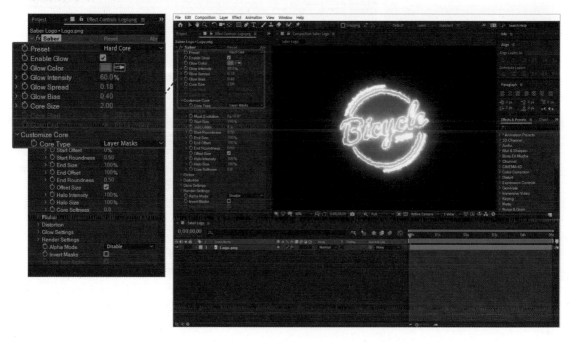

07 빈 화면에서 로고가 형성되는 애니메이션을 만들어봅시다. 타임라인 패널에서 0;00;00;00 구간으로 이동하여 [Effects] – [Saber] – [Customize Core] – [Start Offset]를 100%로 설정하고 키프레임을 클릭합니다. 그런 다음 0;00;02;00 구간으로 이동하여 [Start Offset]를 0%로 변경합니다.

08 생성한 키프레임을 전체 선택합니다. 선택한 키프레임에 우클릭하여 [Keyframe Assistant] – [Easy Ease]([F9])를 선택하여 보다 부드럽게 애니메이션을 적용합니다. 키보드 우측 숫자 키의 0을 눌러 애니메이션을 확인하세요.

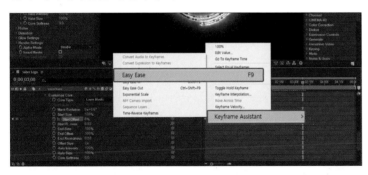

Keying

키잉은 이미지의 특정 색상 값이나 광도 값으로 투명도를 정의하는 것으로, 입력한 값과 유사한 색상 및 광도를 갖는 요소들을 모두 투명하게 만듭니다. 주로 배경을 변경하기 위해서나 복잡하여 마스크를 쉽게 만들 수 없는 객체를 작업할 때 사용합니다.

주로 영화에서 키잉이 활용된 합성 결과물을 보게 되는데, 현실로 구현하기 힘든 여러 상황에 사용되기 때문입니다. 배우가 헬리콥터에 매달리거나 우주 공간에 떠 있는 장면 혹은 폭파하는 장소에서 벗어나기 위해 뛰는 장면을 예로 들 수 있습니다. 이러한 효과를 만들기 위해서는 단색 배경의 스크린 앞에서 촬영한 뒤 배경색을 제거하고 원하는 장면을 그 위치에 합성하는 것입니다.

일정한 색상의 배경을 제거하는 기술을 블루스크린 혹은 그린스크린이라고 하지만 꼭 파랑이나 녹색일 필요는 없습니다. 빨강은 자동차나 우주선 미니어처 모델 등 인간이 아닌 개체를 촬영할 때 자주 사용되고, 자홍은 일부 영화 필름에서 시각 효과를 위해 사용된 바 있습니다. 키잉을 가리키는 다른 용어로는 색상 키잉과 크로마 키잉이 있습니다.

Extract(추출)
지정된 명도 영역을 지정된 채널의 막대 그래프를 기반으로 키잉하여 투명도를 만드는 효과입니다. 검정 또는 흰색의 배경을 놓고 촬영한 이미지나 여러 색상으로 이루어진 객체에 어둡거나 밝은 배경을 놓고 촬영한 대비되는 이미지 샷에 투명도를 만드는 데 적합합니다. 이 효과는 8bpc 및 16bpc 색상에 사용할 수 있습니다.

색상 심도(Color Depth)
색상 심도(또는 비트 심도)는 픽셀의 색상을 나타내는 데 사용되는 bpc(채널당 비트) 수 입니다. RGB 채널(빨강, 녹색, 파랑)에 비트 수가 많을수록 각 픽셀이 더 많은 색상을 표현할 수 있습니다. 애프터 이펙트에서는 8bpc, 16bpc, 32bpc 색상으로 작업할 수 있으며 [Files]-[Project Settings]-[Color]-[Depth]에서 설정할 수 있습니다.

Extract 효과를 이용한 키잉

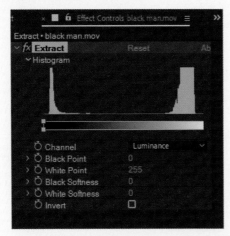

[Effects & Presets] 패널에서 Extract 효과를 적용하면 [Channel] 메뉴에서 지정한 채널의 히스토그램 그래프가 표시됩니다. 이 막대 그래프는 레이어의 명도 레벨을 각 레벨의 상대적인 픽셀 수로 표시합니다. 가장 어두운 레벨(값 0)부터 가장 밝은 레벨(값 255) 순으로 왼쪽에서부터 그래프가 펼쳐집니다.

히스토그램 그래프 아래의 투명도 컨트롤 막대를 사용하여 투명하게 만들 픽셀의 범위를 조정할 수 있습니다. 막대가 차지하는 영역의 픽셀은 불투명하게 남고, 막대가 차지하지 않는 영역의 픽셀은 투명해집니다. [White Point] 및 [Black Point] 슬라이더를 이동하여 길이를 조정할 수도 있습니다. 이 경우 흰 점보다 높거나 검은 점보다 낮은 값이 투명해집니다.

한번 적용해볼까요?

부분적으로 투명하게 만들 레이어를 선택한 다음 [Effects] – [Keying] – [Extract]를 선택합니다. 밝거나 어두운 영역을 키 아웃하려면 [Channel]–[Luminance]를 선택합니다. 시각적 효과는 [Red], [Green], [Blue], [Alpha]로 만들 수 있습니다.

그래프가 점점 가늘어지게 하려면 투명도 컨트롤 막대의 오른쪽 아래 또는 왼쪽 아래에 있는 선택 핸들을 드래그합니다. 왼쪽에서 막대가 점점 가늘어지게 하면 이미지의 어두운 영역에서 투명도를 얼마나 부드럽게 표현할지를 조정할 수 있고, 오른쪽에서 막대가 점점 가늘어지게 하면 밝은 영역에서 투명도를 얼마나 부드럽게 표현할지를 조정할 수 있습니다. [White Softness](밝은 영역)와 [Black Softness](어두운 영역)를 조정하여 부드러운 정도를 조정할 수도 있습니다.

만들어봅시다 부록 확인

익스트랙트 효과를 이용한 간단한 예제 만들기

01 메뉴 바에서 [Composition] – [New Composition]을 클릭합니다. [Composition Name] : Extract, [Width] : 1920px, [Height] : 1080px, [Duration] : 0;00;05;00으로 설정한 후 [OK]를 클릭하여 Full HD 해상도의 컴포지션을 만듭니다.

02 프로젝트 패널을 우클릭하고 [Import] – [File]을 선택하여 키잉 작업을 할 푸티지 파일을 불러옵니다. 해당 예제의 소스로 제공되는 black man 푸티지를 선택하고 [Import] 합니다.

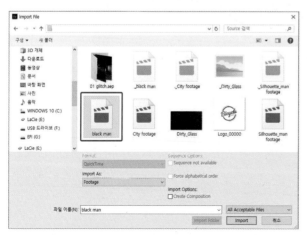

03 프로젝트 패널에서 임포트한 black man 푸티지 파일을 선택하고 타임라인 패널로 드래그합니다. Extract 타임라인 패널에 위치하게 됩니다.

04 인물의 뒤에 적용할 텍스트를 만들어봅시다. [Character]의 폰트는 Bebas Neue – Bold, [Set the font size]는 700px로 설정하고 EXTRACT를 입력하여 화면 중앙에 위치시킵니다.

05 키잉 작업을 위해 black man 레이어를 선택하고 메뉴 바에서 [Edit] – [Duplicate]를 클릭하여 레이어를 복제합니다. 복제한 레이어를 extract 레이어 위에 배치합니다.

06 배경의 제거 및 텍스트 배치를 위한 효과를 적용해봅시다. [Effect & Presets] 패널에서 [Keying] – [Extract]를 선택하여 복제한 black man 레이어에 적용합니다.

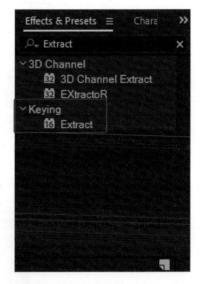

07 적용한 [Extract] 효과의 [Channel]을 Luminance로 설정하고 [White Point] 값을 255에서 190으로 조정합니다. 수치 값이 줄어들수록 투명 컨트롤 막대가 줄어들면서 단색의 배경색이 사라지는 것을 확인할 수 있습니다.

08 최종적으로 EXTRACT 텍스트 레이어가 인물 뒤에 나타나는 것을 확인할 수 있습니다.

02 이중 노출 기법을 이용한 합성 애니메이션 제작 부록 확인

Lesson Extract 효과로 영상 소스의 알파 값을 효과적으로 추출하고 속성 항목인 Alpha Matte 기능을 이용하여 두 가지 이상의 영상이나 이미지 소스를 연관성 있게 중첩 배치합니다. 더하여 이미지 보정에 필요한 여러 효과들과 Mask 작업 등으로 합성 과정을 거쳐 이중 노출 아트워크를 제작할 수 있습니다.

Step 1 키잉 효과로 알파 값 추출 및 푸티지 배치하기

만들어봅시다

01 메뉴 바에서 [Composition] – [New Composition]을 클릭합니다. [Composition Name] : Double Exposure, [Width] : 1920px, [Height] : 1080px, [Duration] : 0;00;06;00으로 설정한 후 [OK]를 클릭하여 Full HD 해상도의 컴포지션을 만듭니다.

02 메뉴 바에서 [Layer] – [New] – [Soild]를 클릭합니다. [Soild Name] : BG, [Width] : 1920px, [Height] : 1080px으로 설정하고 하단의 [Color]를 클릭하여 [Solid Color] : FFFFFF으로 설정하여 Full HD 해상도의 솔리드 레이어를 만듭니다.

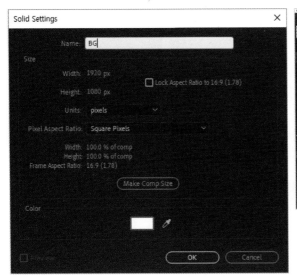
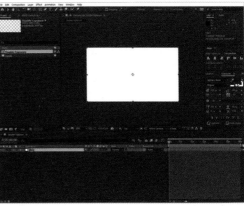

03 Double Exposure 컴포지션의 소스가 될 메인 푸티지를 불러옵니다. 프로젝트 패널에서 우클릭하여 [Import] – [File]을 클릭합니다. 소스로 제공하는 Silhouette_Man footage 파일을 선택하고 창 하단의 [Import As]를 Footage로 설정한 후 [OK]를 클릭합니다.

외부 파일을 임포트할 경우 Import As라는 별도의 옵션이 생성됩니다. 이미지 파일, 동영상 파일, 이미지 시퀀스, 오디오 파일 등 임포트할 소스의 종류에 따라 총 3가지의 옵션을 선택할 수 있습니다.

• Footage : 하나의 푸티지 또는 다중 레이어 파일을 1개의 레이어로 합친 상태로 불러 올 수 있습니다. 다중 레이어 중 하나의 특정 레이어를 선택하여 불러 올 수도 있습니다.

• Composition : 포토샵/일러스트레이터(어도비 제품군) 등의 파일에 적용된 레이어를 유지한 채로 불러오는 방법 중 하나로, Composition 옵션을 선택하면 각각의 레이어 사이즈를 불러오는 이미지 레이어 사이즈와 동일하게 불러옵니다.

• Composition – Retain Layer Sizes : 포토샵 혹은 외부의 레이어를 살려서 불러오지만, Coposition 옵션과는 다르게 각각의 레이어가 이미지 정보가 있는 영역만 크롭되어 불려옵니다.

04 Import한 푸티지 파일을 Double Exposure 컴포지션의 타임라인 패널로 드래그합니다. 푸티지의 알파 값을 추출하기 위하여 메뉴 바에서 [Effect]-[Keying]-[Extract]를 클릭하거나 [Effects & Presets] 패널에서 Extract를 검색하여 해당 푸티시 레이이로 더블클릭 혹은 드래그하여 적용합니다.

05 Extract의 White Point의 값을 158.0으로 설정하면 푸티지의 배경 부분이 제거된 것을 확인할 수 있습니다.

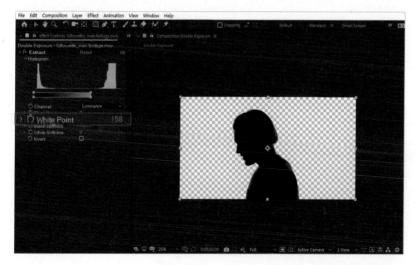

06 Double Exposure 컴포지션의 소스가 될 두 번째 푸티지를 불러옵니다. 프로젝트 패널에서 우클릭하여 [Import] – [File]을 클릭합니다. 소스로 제공하는 City footage 파일을 선택하고 창 하단의 [Import As]를 Footage로 설정한 후 [OK]를 클릭합니다.

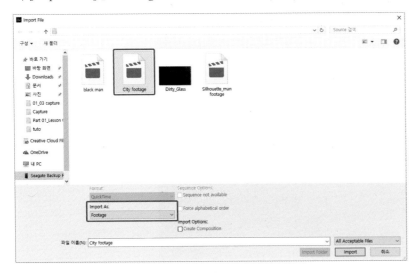

07 Import한 푸티지 파일을 Double Exposure 컴포지션의 타임라인 패널 최상단으로 드래그합니다. 푸티지에 상하반전 효과를 적용하기 위하여 메뉴 바에서 [Layer] – [Transform] – [Flip Vertical]을 클릭하거나 해당 푸티지를 우클릭하여 [Transform] – [Flip Vertical]을 선택하여 상하반전 효과를 적용합니다.

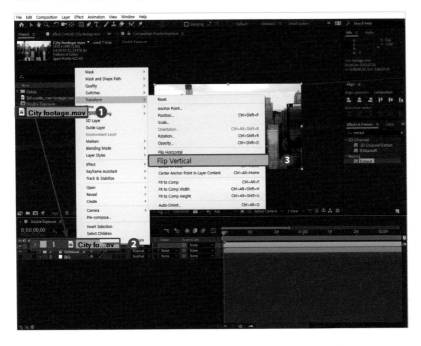

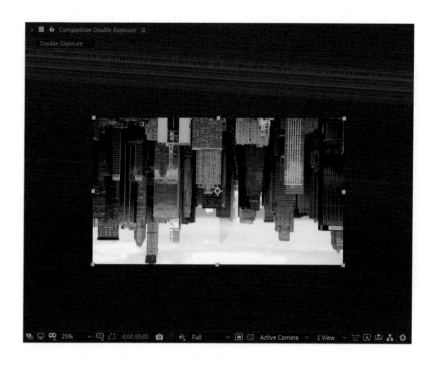

08 두 개의 푸티지가 동시에 보이도록 푸티지 파일의 순서를 바꿔봅시다. 최상단에 있는 City Footage를 Silhouette_man footage 바로 아래에 위치시킵니다.

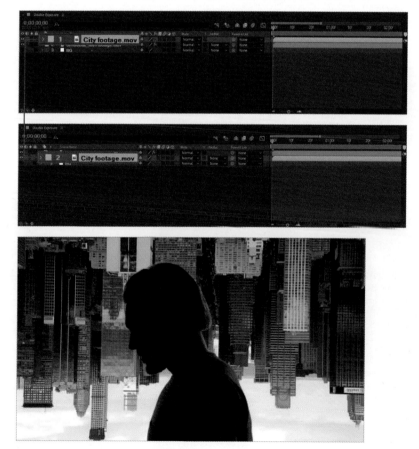

09 City Footage 레이어 우측 Track Matte의 None을 클릭합니다. City Footage를 Silhouette_man footage에 맞게 배치시키기 위해 트랙매트 옵션의 첫 번째 메뉴인 Alpha Matte 를 클릭합니다. 사람 형태에 맞게 배경 푸티지가 매치된 것을 확인할 수 있습니다.

만들어봅시다

01 City Footage에서 사용할 부분의 포지션 값을 입력합니다. [Transform]-[Position] : 1108.0, 558.0. 이어서 푸티지의 색감을 제거하기 위해 메뉴 바에서 [Effect]-[Color Correction]-[Tint]를 클릭하거나 [Effects & Presets] 패널에서 Tint를 검색하여 해당 푸티지 레이어로 더블클릭 혹은 드래그하여 적용합니다.

02 추가로 푸티지의 음영을 보정하기 위해 메뉴 바에서 [Effect]-[Color Correction]-[Levels]를 클릭하거나 [Effects & Presets] 패널에서 Levels를 검색하여 해당 푸티지 레이어로 더블클릭혹은 드래그하여 적용합니다. [Levels]-[Input Black] : 30.0, [Input White] : 235.0으로 변경합니다.

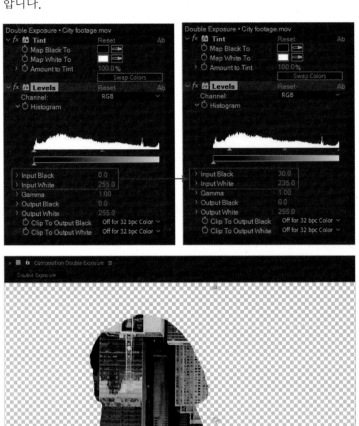

03 City Footage 하단의 하늘 배경을 제거하기 위해 [Effect] – [Keying] – [Extract]를 클릭하거나 [Effects & Presets] 패널에서 Extract를 검색하여 해당 푸티지 레이어로 더블클릭 혹은 드래그하여 적용합니다. Extract의 [White Point] : 235.0으로 변경하여 해당 푸티시의 밝은 값을 추출합니다.

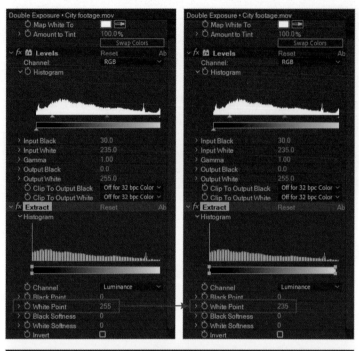

04 하단 하늘 영역 배경이 제거된 것을 확인할 수 있습니다.

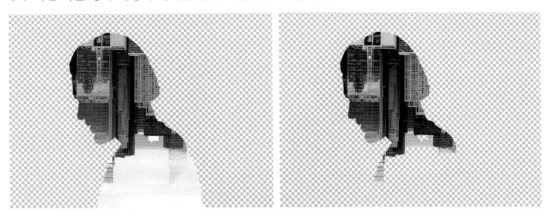

05 Alpha Matte 되어 있는 Silhouette_man footage를 [Edit]-[Duplicate]로 복사합니다. 매트 효과 때문에 해제되어 있는 ◉ 아이콘을 클릭하여 레이어가 보이게 변경합니다.

06 상단 [Tool Bar]에서 [Pen Tool]을 선택하고, 복사한 Silhouette_man footage 레이어를 클릭한 상태로 사람의 우측 상단 부분을 좌클릭을 이용해 아래 이미지처럼 마스킹합니다. 해당 레이어의 하위 속성으로 Masks가 추가되며, [Mask]-[Mask 1]-[Mask Feather] : 200.0, 200.0을 입력합니다. 이전의 레이어와 자연스럽게 섞인 것을 확인할 수 있습니다.

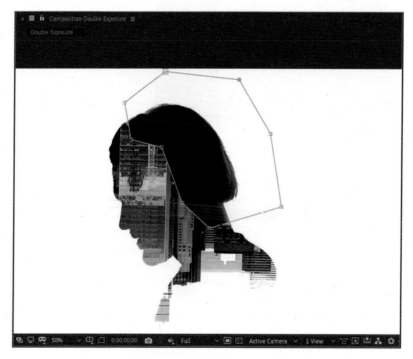

07 이전 과정과 동일하게 두 번째 푸티지의 색감을 제거하기 위해 메뉴 바에서 [Effect] – [Color Correction] – [Tint]를 클릭하거나 [Effects & Presets] 패널에서 Tint를 검색하여 해당 푸티지 레이어로 더블클릭 혹은 드래그하고 [Amount to Tint] : 100%으로 변경합니다.

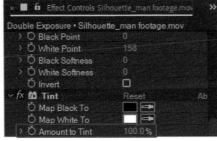

08 추가적인 톤의 보정을 위해 메뉴 바에서 [Effect]–[Color Correction]–[Curve]를 클릭하거나 [Effects & Presets] 패널에서 Curve를 검색하여 해당 푸티지 레이어로 더블클릭 혹은 드래그하고 [Channel]–[RGB] 탭을 선택, 오른쪽 이미지의 Curves 곡선의 형태로 변경합니다.

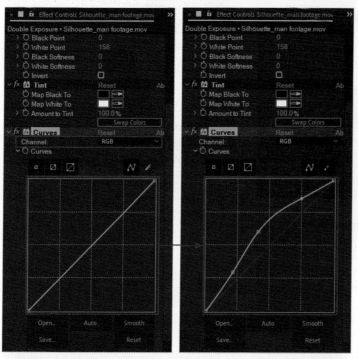

만들어봅시다

01 상단 [Tool Bar]에서 [Horizontal Type Tool]을 선택하고 배경 영역의 좌측에 DOUBLE, 우측에 EXPOSURE를 입력합니다. [Character] 탭에서 폰트는 Gorham Bold – Regular, 폰트 사이즈는 80px으로 설정합니다. 폰트는 자유로이 선택해 사용하세요.

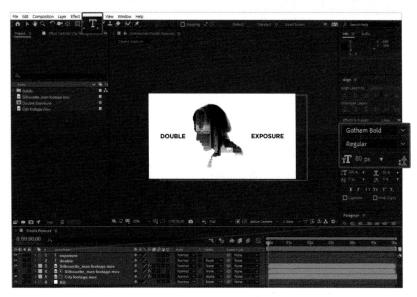

02 텍스트 레이어도 메인 푸티지와 동일한 느낌을 표현하도록 효과를 적용해봅시다. 프로젝트 패널의 City Footage를 타임라인 패널로 2회 이동시키고, 각각 DOUBLE과 EXPOSURE 레이어 하단에 위치시킵니다. 이어서 2개의 City Footage 모두 각각의 상위 텍스트 레이어로 Alpha Matte를 적용하면 동일한 효과가 적용됩니다.

03 조금 더 자연스러운 느낌을 위해 텍스처를 추가해봅시다. 프로젝트 패널에서 우클릭하여 [Import]-[File]을 클릭하고 소스로 제공되는 Dirty Glass 파일을 Import합니다.

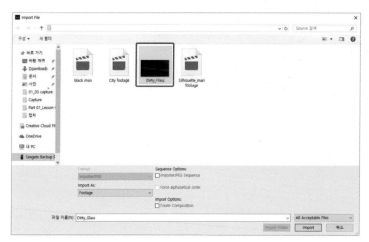

04 Dirty Glass 파일을 컴포지션 최상단에 드래그하여 위치시킵니다. 이어서 Dirty Glass 레이어를 선택한 상태로 레이어 우측 [Mode]를 클릭하여 Normal을 Add로 변경합니다.

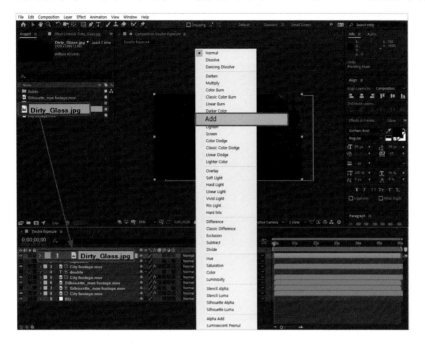

05 Diry Glass 레이어의 을 활성화/비활성화 하면서 얼마나 자연스러워 졌는지 확인해보세요.

06 인물이 정면을 볼 때 발생할 광원을 만들어봅시다. 타임라인을 진행시켜 정면을 바라보는 시점인 0;00;03;00으로 이동한 후 메뉴 바에서 [Layer] – [New] – [Solid]를 클릭하여 [Name] : Light, [Width] : 1920px, [Height] : 1080px, [Color] : FFFFFF로 설정하고 [OK]를 눌러 Solid Layer를 생성합니다.

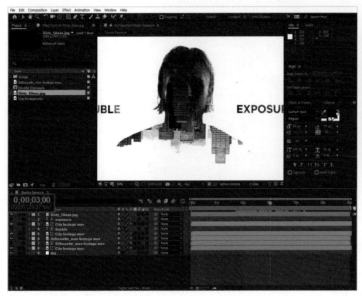

07 생성한 Light 솔리드 레이어를 클릭한 상태로 상단 [Tool bar]의 ■를 길게 클릭하여 나타나는 메뉴 중 [Ellipse Tool ●]을 선택합니다. 이어서 하단 그림처럼 화면의 인물 좌측 위치에서 원형의 후광 형태가 되도록 드래그하여 모양을 만듭니다.

Tip

- 하얀 레이어만 보이시나요? 우선 Ellipse Tool을 만들어보세요.
- 이미지와는 달리 Ellipse Tool로 만든 원형이 이미지를 덮더라도 08단계를 진행하면 해결됩니다.
- 좌클릭한 상태에서 Shift + Ctrl을 누른 채로 드래그하면 균일한 비율로 형태를 조절할 수 있습니다.

08 Light 솔리드 레이어의 선명한 원형의 형태를 자연스럽게 변경하기 위해 해당 레이어의 [Mask 1]-[Mask Feather] : 300.0, 300.0pixels로 설정합니다. 원형 형태의 외곽 부분이 부드러워지면서 은은한 빛을 띠게 됩니다.

09 조금 더 변화를 주기 위해 광원 효과를 하나 더 추가해봅시다. Light 솔리드 레이어를 선택하고 메뉴 바에서 [Edit]-[Duplicate]를 클릭해 복제한 뒤 해당 레이어를 인물 우측 하단에 배치합니다. 레이어를 이동시킬 때는 [Tool Bar]에서 를 선택해야 합니다.

10 타임라인 패널에서 Light 레이어 2개를 선택한 상태로 레이어 우측의 [Mode]의 설정을 Normal 에서 Add로 변경합니다. 화면의 인물 좌측과 우측에 광원 효과가 적용된 것을 확인할 수 있습니다. 키보드 우측 숫자 키의 0을 눌러 애니메이션을 확인하세요.

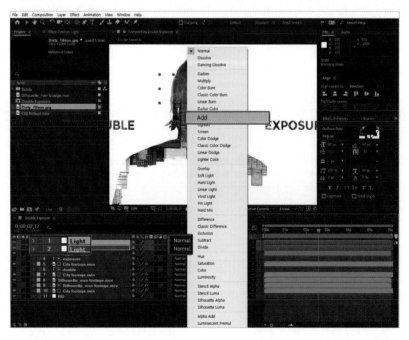

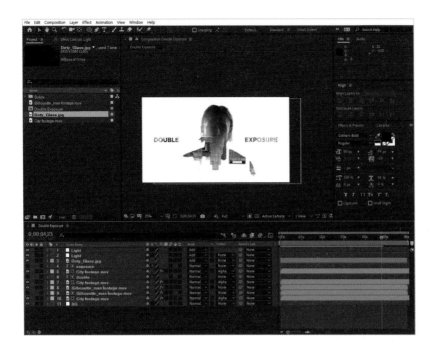

03 시네마틱 3D 타이틀 애니메이션 제작 부록 확인

Lesson CC Glass 기능과 여러 이펙트를 이용하여 밀도 있는 3D 텍스트를 제작 및 배치하고 레이어의 Light로 움직임을 추가하여 사실적이고 두께감 있는 시네마틱 타이틀 애니메이션을 제작할 수 있습니다.

Step 1 텍스트 생성 및 배치하기

만들어봅시다

01 메뉴 바에서 [Composition]-[New Composition]을 클릭합니다. [Composition Name] : Final, [Width] : 1920px, [Height] : 1080px, [Duration] : 0;00;07;00으로 설정한 후 [OK]를 클릭하여 컴포지션을 만듭니다.

02 메뉴 바에서 [Window]-[Character]를 클릭해 활성화합니다. 폰트는 어도비 멤버쉽 이용자라면 활성화하여 사용할 수 있는 클라우드 폰트인 Craw Mordern URW - Regular를 사용합니다. 텍스트의 폭을 95%로 변경하고 상단 [Tool Bar]의 █를 길게 클릭하여 [Horizontal Type Tool]을 선택하고 더블클릭합니다. 폰트 다운로드 URL: https://fonts.adobe.com/fonts/craw-modern-urw

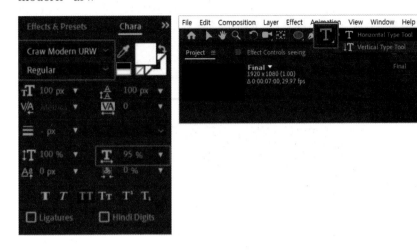

03 메인 텍스트로 사용할 'SEEING'을 입력합니다. [Character] 패널에서 텍스트 크기는 190px으로 설정하고 패널 하단의 Faux Bold █를 클릭하여 텍스트를 두껍게 설정합니다.

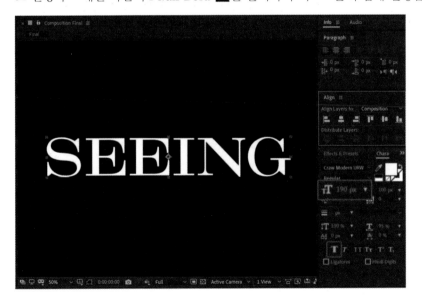

04 메인 텍스트와 같은 방식으로 서브 텍스트 'IS BELIEVING'을 입력합니다. 폰트는 동일하게 Craw Mordern URW – Regular, 텍스트 크기는 70px, 자간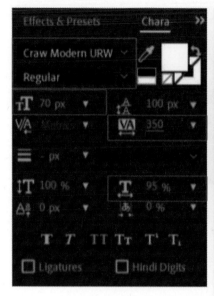은 350, 폭은 95%로 변경합니다.

05 'SEEING'과 'IS BELIEVING' 텍스트를 화면 중앙으로 정렬합니다. [SEEING] – [Transform] – [Position] : 524.0, 555.0, [IS BELIEVING] – [Transform] – [Position] : 530.0, 668.0으로 설정합니다.

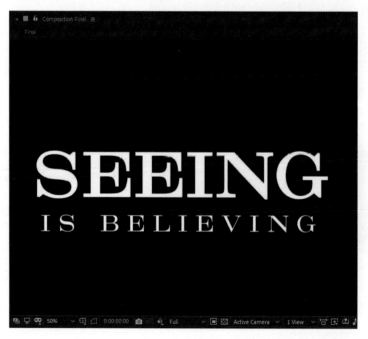

06 메인 텍스트와 서브 텍스트 사이에 별 모양을 추가해봅시다. 상단 [Tool Bar]의 도형 아이콘을 길게 클릭하여 제일 하단의 Star Tool을 선택한 뒤 드래그하여 별을 생성합니다.

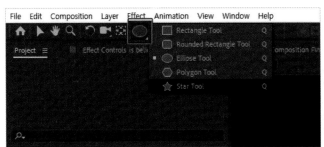

07 생성한 별 모양의 Shape Layer 1을 선택하고 [Contents] - [Polystar 1] - [Polystar Path 1] - [Inner Radius] : 10.0, [Outer Radius] : 20.0, [Inner Roundness] : 70.0%로 설정하고 [Fill] - [Color] : FFFFFF로 변경합니다. 마지막으로 작업한 Shape Layer를 우클릭하여 [Rename] : Star로 이름을 변경합니다.

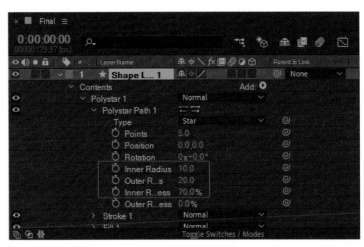

08 메인 텍스트와 서브 텍스트 사이에 라인을 만들기 위해 상단 [Tool Bar]의 🖊을 길게 클릭하여 제일 상단의 Pen Tool을 선택합니다.

09 메인 텍스트와 서브 텍스트 사이에 위치한 Star 레이어 양쪽에 라인을 만들어봅시다. Pen Tool 을 선택한 채로 한쪽 라인의 시작점에 클릭하고 끝점에 클릭하여 라인을 생성합니다. 맞은 편 라인도 동일하게 생성합니다.

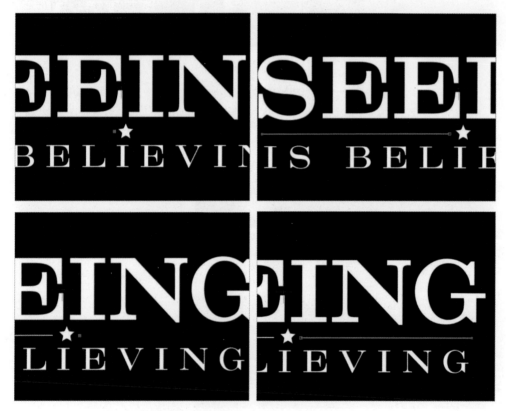

만들어봅시다

01 이제까지 생성 및 배열한 레이어들을 하나의 그룹으로 만듭니다. 레이어를 모두 선택하고 우클릭하여 [Pre-compose]를 실행합니다. [New composition name] : Text로 설정하고 [OK]를 누릅니다.

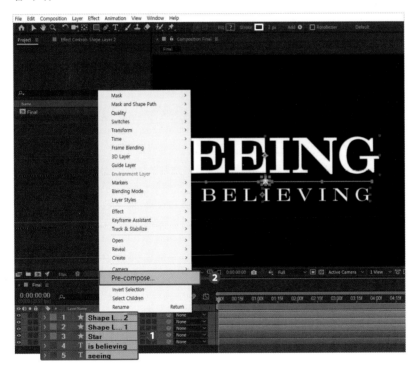

02 생성한 Text 컴포지션을 [Edit]-[Duplicate]으로 복제하고 해당 컴포지션을 우클릭하여 [Pre-compose]를 실행합니다. [New composition name]을 Bevel로 설정합니다.

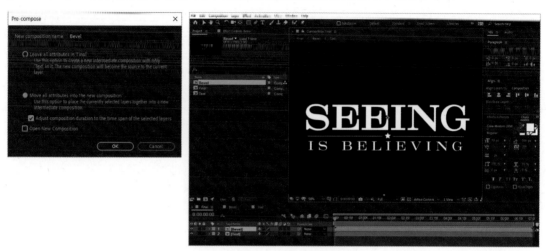

03 Bevel 컴포지션으로 들어가서 Text 컴포지션에 우클릭한 후 [Layer Style]-[Inner Glow]를 선택합니다.

04 Text 컴포지션 레이어를 선택하고 하위 메뉴 [Layer Style] – [Inner Glow] – [Blend Mode] : Normal, [Color] : 000000, [Technique] : Precise, [Size] : 20.0으로 설정합니다. 텍스트 안쪽으로 쉐도우가 생성된 것을 확인할 수 있습니다.

05 Bevel 컴포지션 타임라인 패널에 우클릭하고 [New]–[Adjustment Layer]를 클릭합니다. 생성한 Adjustment Layer를 선택하고 [Effects & Presets]에서 [Channel]–[Solid Composite]를 더블클릭합니다.

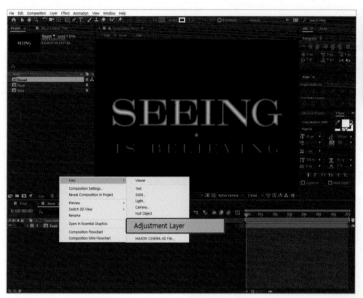

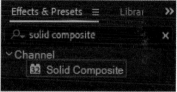

06 Solid Composite 효과에서 [Color] : 000000으로 변경합니다.

07 [Effects & Presets]에서 [Blur & Sharpen] – [Fast Box Blur] 효과를 적용하고 [Fast Box Blur] – [Blur Radius] : 1.0으로 설정합니다.

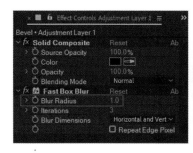

08 재질감을 적용할 이미지를 삽입합니다. 프로젝트 패널에 우클릭하여 [Import] – [File]을 선택하고 소스로 제공되는 forest-way 이미지 파일을 Import합니다.

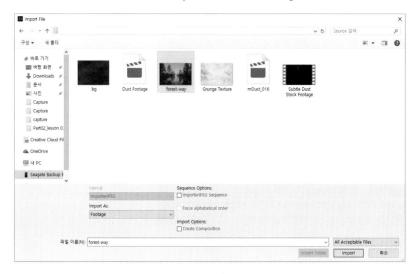

09 Final 컴포지션으로 이동한 뒤 임포트한 forest-way 이미지 파일을 타임라인 패널에 드래그하여 이동합니다. 이동한 이미지 파일을 선택하고 [Layer]-[Transform]-[Fit to Comp]를 클릭합니다. Ctrl+Alt+F로도 적용이 가능합니다. 이미지 파일을 컴포지션 크기에 맞추는 기능입니다.

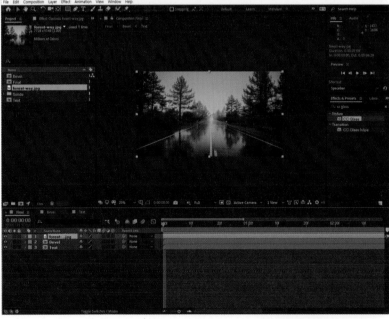

10 삽입한 이미지 파일을 우클릭하여 [Pre-compose]를 선택합니다. [New composition name] : Environment를 입력하고 Move all attributes into the new composition를 선택한 뒤 [OK] 를 클릭합니다.

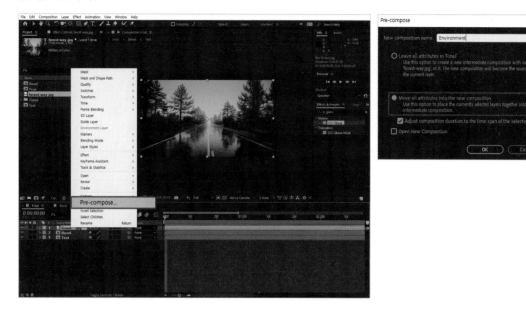

11 Environment 컴포지션을 선택하고 [Effects & Presets]에서 [Stylize]-[CC Glass]를 더블 클릭합니다. 이어서 [CC Glass]-[Surface]-[Bump Map] : '2.Bevel', [Softness] : 0, [Height] : 100, [Displacement] : 200으로 변경합니다

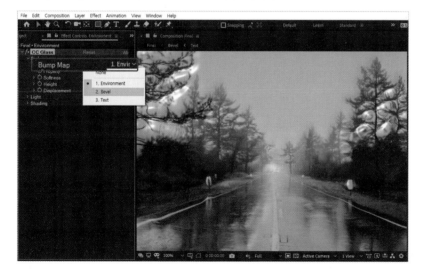

12 Environment 컴포지션을 선택하고 [Effects & Presets]에서 [Channel]-[Set matte] 효과를 적용하고 [Set matte]-[Take Matte from Layer]의 적용 레이어를 'Text' 컴포지션으로 선택합니다. 텍스트 부분을 제외한 배경 부분이 알파 값으로 없어진 것을 확인할 수 있습니다.

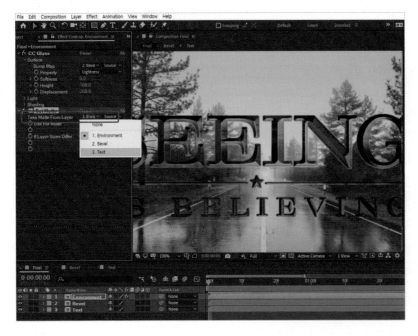

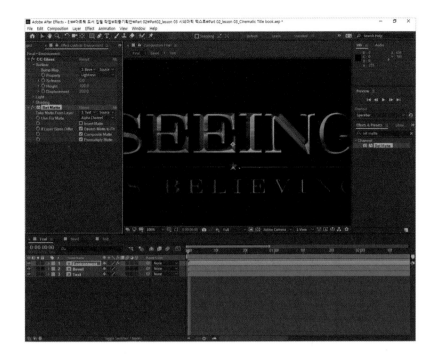

13 소스 레이어로 사용된 Bevel과 Text 컴포지션을 잠시 감추기 위해 레이어 좌측의 를 클릭하여 없앱니다. 이어서 Environment 컴포지션을 선택하고 [Edit] – [Duplicate]를 선택하여 컴포지션을 복제한 뒤 생성된 컴포지션을 우클릭하고 [Rename] : BG로 이름을 변경합니다.

14 Environment 컴포지션을 선택하고 [CC Glass]-[Light Direction] : 130으로 변경합니다. 적용된 효과의 확인을 위해 프로젝트 패널의 좌측 3번째 아이콘 Solo-Hides all non-solo video를 사용합니다.

Tip

Solo - Hides all non-solo video

표시하고자 하는 레이어만 보여주는 기능으로, 적용시킨 특정 효과나 레이어 등 일부분만 확인하고 싶을 때 유용합니다. Environment 컴포지션에 적용하여 확인해봅시다. 각도를 따라 빛이 움직이는데, 빛이 움직이는 방향에 따라 텍스트 재질의 느낌이 달라지는 것을 확인할 수 있습니다.

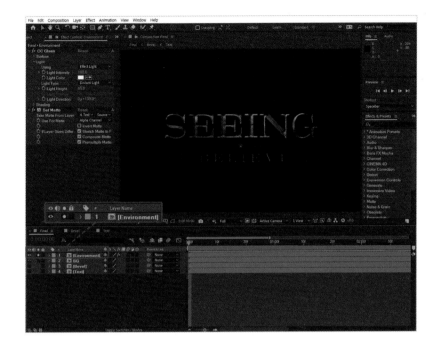

15 Environment 컴포지션을 선택하고 [CC Glass]–[Shading]–[Ambient] : 35, [Diffuse] : 80으로 변경합니다. 텍스트 주변의 빛이 더 선명해진 것을 볼 수 있습니다.

만들어봅시다

01 타임라인 패널에서 우클릭하여 [New]-[Light]를 클릭합니다. [Name] : Point Light 1, [Light Type] : Point, [Intensity] : 250%로 설정한 후 [OK]를 클릭합니다. 이어서 생성한 Point Light 1 레이어의 Position을 1040.0, 460.0, −666.7으로 설정합니다. 현 상태에서는 Point Light 1 레이어는 설정에 따른 반응을 하지 않습니다.

Tip

Light Settings 용어 소개

Light Type 빛의 종류로 Parallel, Spot, Point, Ambient가 있다.

ㄴ Parallel : 먼 광원에서 일정 방향으로 동일한 밝기의 빛을 비춘다.

ㄴ Spot : 특정 지점에서 일정 방향으로 원뿔 형태의 빛을 비춘다.

ㄴ Point : 특정 지점을 중심으로 바사형으로 빛을 비춘다. 백열전구와 유사하다.

ㄴ Ambient : 장면 전체에 빛을 비춘다.

Falloff Parallel/Spot/Point로 설정했을 때만 사용 가능하며 거리에 따른 빛의 세기를 설정한다.

ㄴ None : 거리와 상관 없이 빛의 세기가 줄어들지 않는다.

ㄴ Smooth : 광원부터 Falloff Distance까지 빛의 세기가 부드러워진다.

ㄴ Inverse Square Clamped : 역자승법칙이 적용되어 거리에 비례해 감소하는 자연적인 빛의 세기.

Radius 빛의 세기가 감소하지 않는 반경

Falloff Distance 빛으로부터 Falloff 끝 지점까지의 거리. 넘어서면 빛이 서서히 사라진다.

Cast Shadow Ambient를 제외한 모든 조명에 그림자를 표시할 것인지를 결정한다. 그림자를 떨어뜨리는 레이어의 Cast Shadow와 그림자가 드리우는 레이어의 Accepts Shadow가 활성화 되어 있어야만 한다.

Shadow Darkness 그림자의 어두운 정도를 설정한다.

02 광원 효과를 추가해봅시다. Environment 컴포지션의 CC Glass 효과를 우클릭하여 Duplicate를 선택합니다. 복제한 CC Glass 2에서 [Light] – [Using] : AE Lights로 변경하면 Point Light 1 레이어의 위치를 따라 자연스럽게 밝고 어두운 부분이 생겨납니다.

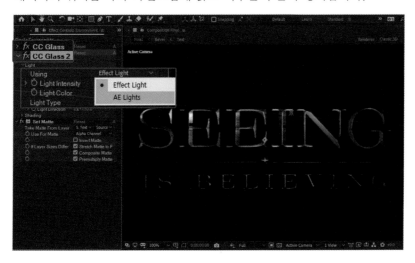

03 다소 어두우므로 밝기 효과를 추가해봅시다. 타임라인 패널에서 우클릭하여 [New]-[Light]를 클릭합니다. [Name] : Ambient Light 1, [Light Type] : Ambient, [Intensity] : 100%로 설정한 후 [OK]를 클릭합니다. 이어서 Point Light의 위치는 [Position] : 1296.0, 328.0, -666.7으로 설정합니다.

04 추가적인 재질감을 적용할 이미지를 삽입합니다. 프로젝트 패널에서 우클릭하고 [Import]-
[File]을 클릭한 뒤 소스로 제공되는 Grunge Texture 이미지 파일을 삽입합니다.

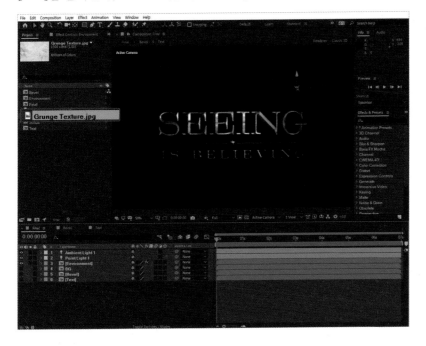

05 Final 컴포지션으로 이동한 뒤 임포트한 Grunge Texture 이미지 파일을 타임라인 패널
에 드래그하여 이동합니다. 이동한 이미지 레이어를 우클릭하여 Pre-compose를 선택합니다.
[New composition name] : Grunge Texture로 입력하고 Move all attributes into the new
composition를 선택한 뒤 [OK]를 클릭합니다.

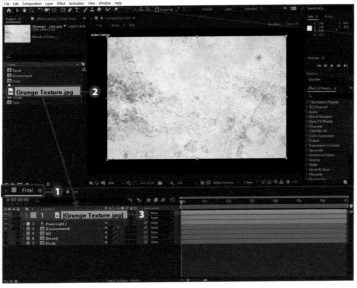

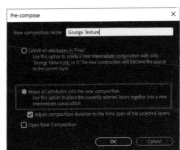

06 Grunge Texture 컴포지션을 타임라인 맨 아래에 위치시키고 [Transform] – [Scale] : 120.0, 120.0을 입력합니다. 이어서 레이어 좌측의 을 클릭하여 비활성화합니다.

07 Environment 컴포지션을 선택하고 [Effects & Presets]에서 [Blur & Sharpen] – [Compound blur]를 적용합니다. [Compound Blur] – [Blur Layer]의 적용 레이어를 Grunge Texture 컴포지션으로 선택하면 Grunge Texture의 질감을 블러 효과에 적용할 수 있습니다.

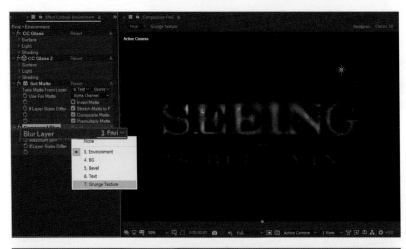

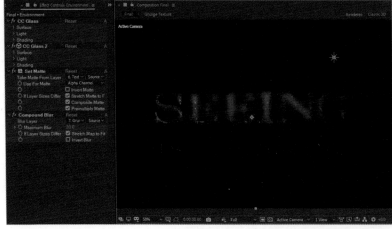

08 Grunge Texture 질감의 음영 차이가 크지 않기 때문에 텍스트에 적용되는 블러 효과도 아직은 잘 보이지 않습니다. 해당 이미지의 음영 차이를 강화하기 위해 [Effects & Presets]에서 [Color Correction]-[Levels]를 Grunge Texture 컴포지션 내부의 Grunge Texture.jpg 레이어에 적용합니다.

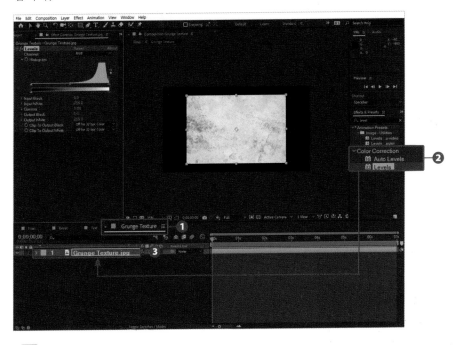

Tip

Level 효과

밝기, 콘트라스트, 감마를 보정할 수 있습니다. 어두운 영역은 더 어둡고, 밝은 영역은 더 밝게 조절하여 대비 효과를 일으키면 이미지 보완 효과를 얻을 수 있습니다.

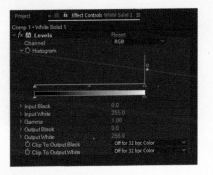

- Channel : 적용하는 색 채널 방식을 설정합니다. RGB, Red, Green, Blue, Alpha로 구분되어 있습니다.
- Histogram : 수치값을 드래그해서 조절할 수 있는 곳입니다. 삼각형 아이콘으로 드래그해서 조절할 수 있습니다. 히스토그램 윗줄의 삼각형 3개는 좌측부터 Input Black, Gamma, Input White 입력에 대한 값을 드래그해 조절할 수 있으며, 그 아래의 2개는 좌측부터 Output Black, Output White 값을 조절해 색 보정을 할 수 있습니다.
- Input Black : 채도의 최저 수치를 조절하는 기능입니다.
- Input White : 채도의 최고 수치를 조절하는 기능입니다.
- Gamma : 빛이 퍼지는 정도, 감마 값을 조절하는 기능입니다.
- Output Black : 어두운 영역을 조절하는 기능입니다.
- Output White : 밝은 영역을 조절하는 기능입니다.
- Clip To Output Black : 클리핑 대상의 어두운 영역을 설정합니다.

09 [Levels] – [Input Black] : 150.0, [Input White] : 230.0, [Output Black] : –50.0으로 설정합니다. Grunge Texture.jpg 레이어의 음영 차이가 확실해지면서 Final 컴포지션의 Environment 컴포지션에도 질감형태의 블러 효과가 나타나는 것을 볼 수 있습니다.

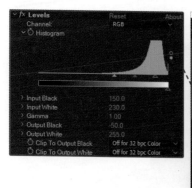
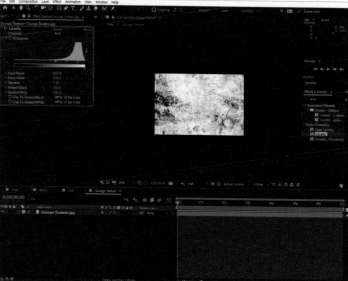

애니메이션 및 합성 프로세스 마무리

만들어봅시다

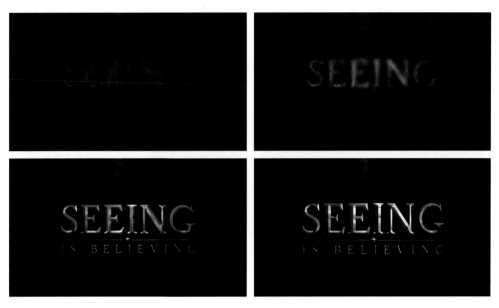

01 보이지 않던 텍스트가 점차 보이게 하는 애니메이션을 만들어봅시다. Environment 컴포지션 의 [Compound Blur] – [Maximum Blur]를 이용합니다. Final 컴포지션의 타임라인 0;00;00;00 구간으로 이동하고 [Maximum Blur] : 70.0으로 입력한 뒤 키프레임 을 클릭합니다.

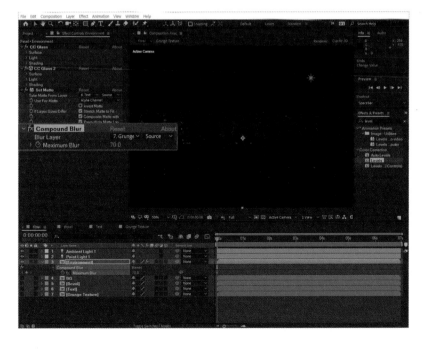

02 0;00;03;00 구간으로 이동하여 [Maximum Blur] : 0을 입력합니다. 모든 키프레임을 선택 한 뒤 키프레임에 우클릭하여 [Keyframe Assistant] – [Easy Ease]를 선택하면 블러 효과의 움직임이 부드러워집니다.

03 이번에는 텍스트의 위치와 크기를 일부 변경해봅시다. Text 컴포지션을 열고 타임라인 패널에 서 우클릭하여 [New] – [Null Object]를 클릭합니다. Null Object로 컴포지션 내의 텍스트와 쉐이 프 레이어들을 제어합니다.

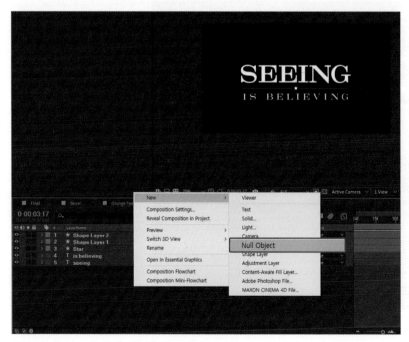

Null Object

이미 키프레임이 적용된 불특정 다수의 개체들을 Null Object의 Parent 기능을 활용하여 쉽게 제어할 수 있습니다. [Layer]-[New]-[Null Object]로 생성할 수 있습니다. Null Object는 투명한 작은 사각형으로 화면에 표시되며 실제 렌더링 이나 아웃풋에는 반영되지 않습니다. Parent는 타임라인 패널에서 자식 레이어가 될 하위 레이어 우측의 Parent & Link 탭 의 [None]을 눌러 부모 레이어가 될 상위 레이어를 선택하면 됩니다.

04 [Null 1]을 제외한 나머지 레이어들을 선택하고 우측 Parent & Link 탭의 [None]을 '1. Null 1'로 변경합니다. 이어서 [Null 1] – [Position] : 960.0, 480.0, [Scale] : 120, 120으로 변경합니다. Final 컴포지션에서 텍스트의 크기가 소폭 증가한 상태로 화면 정중앙에 위치한 것을 확인할 수 있습니다.

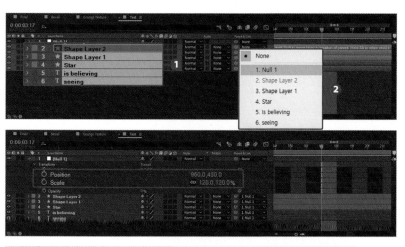

05 텍스트가 점점 커지는 애니메이션을 만들어봅시다. Final 컴포지션의 타임라인 0;00;00;00 구간으로 이동한 뒤 [Environment]-[Transform]-[Scale] : 100.0, 100.0%로 설정하고 키프레임을 클릭합니다.

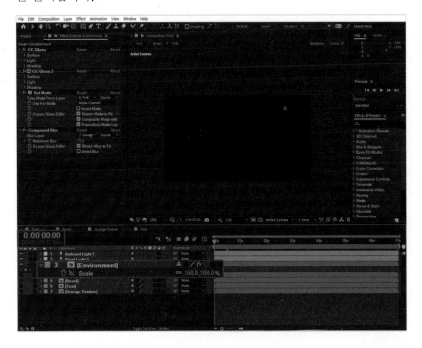

06 타임라인 맨 끝인 0;00;06;29 구간으로 이동한 뒤 [Environment]-[Transform]-[Scale] : 120.0, 120.0을 입력합니다.

07 마무리 합성 작업을 위한 푸티지 소스를 삽입합니다. 프로젝트 패널에서 우클릭하고 [Import]-[File]을 클릭하여 소스로 제공되는 Dust Footage와 Subtle Dust Stock Footage를 삽입합니다.

08 임포트한 Dust Footage 소스를 Final 컴포지션 타임라인 패널에 드래그하여 이동합니다. Dust footage 레이어를 선택 후 우측 [Mode] : Screen으로 블렌딩 모드를 설정합니다.

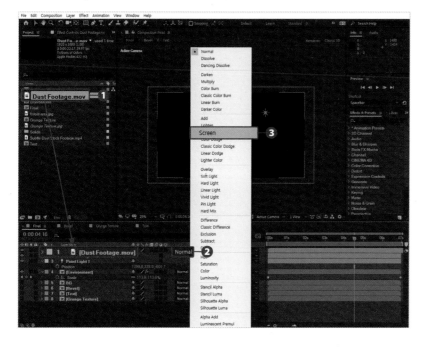

09 임포트했던 Subtle Dust Stock footage 소스를 Final 컴포지션 타임라인 패널에 드래그하여 이동합니다. Subtle Dust Stock footage 레이어를 선택 후 [Layer]-[Transform]-[Fit to Comp]를 클릭하고 이어서 레이어 우측의 [Mode] : Screen으로 블렌딩 모드를 설정합니다.

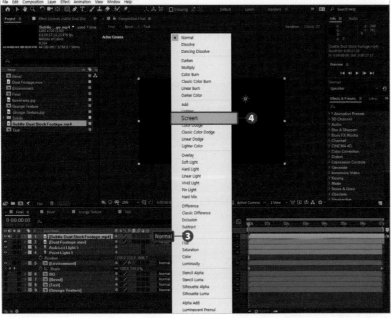

10 푸티지 소스의 밝기 값을 줄이기 위해 Dust Footage와 Subtle Dust Stock Footage 레이어를 선택하고 [Transform]-[Opacity] 값을 Subtle Dust Stock Footage는 80%, Dust footage는 40%로 입력합니다.

11 앞에서 광원 효과를 여럿 적용했던 Point Light 1 레이어를 이용해 빛의 움직임에 따라 텍스트 재질감이 돋보이는 애니메이션을 만들어봅시다. Final 컴포지션에서 Point Light 1을 선택하고 타임라인 0;00;02;00 구간으로 이동하여 [Transform] – [Position] : 600.0, 270.0, –666.7로 설정하고 키프레임을 클릭합니다. 이어서 0;00;06;00 구간으로 이동하여 같은 방법으로 1800.0, 0.0, –666.7로 설정합니다.

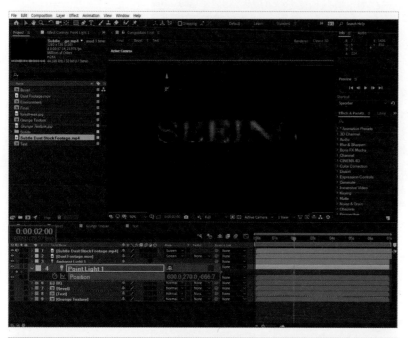

12 도입부에 간단한 디졸브 효과를 추가하기 위해 Final 컴포지션의 타임라인 패널에서 우클릭하고 [New]-[Solid]로 솔리드 레이어를 만듭니다. [Name] : black, [Color] : 000000으로 지정합니다.

13 생성한 black 솔리드 레이어를 선택하고 타임라인 0;00;00;00으로 이동하여 [Transform]-[Opacity] : 100%으로 설정한 뒤 키프레임 을 클릭합니다.

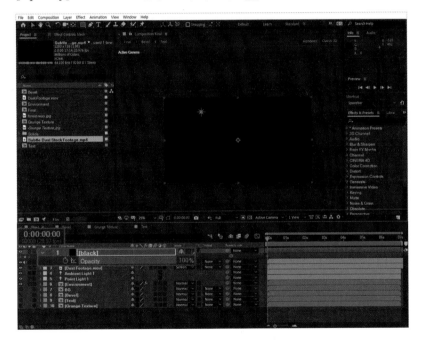

14 이어서 0;00;01;10로 이동하여 [Transform] - [Opacity] : 0%로 설정합니다. 키보드 우측 숫자 키의 0을 눌러 애니메이션을 확인하세요.

04 네온사인 타이틀 애니메이션 제작 부록 확인

Lesson   Video Copilot에서 제공하는 서드 파티 플러그인 Saber 이펙트를 기반으로 네온사인 형태의 텍스트를 제작하고, 다른 소스와의 배치 및 합성을 통해 감성적인 느낌의 네온사인 타이틀 애니메이션을 제작할 수 있습니다.

Step 1   **텍스트와 부가요소의 생성 및 배치하기**

만들어봅시다

01 메뉴 바에서 [Composition] – [New Composition]을 클릭합니다. [Composition Name] : Neon text, [Width] : 1920px, [Height] : 1080px, [Duration] : 0;00;07;00으로 설정한 후 [OK]를 클릭하여 컴포지션을 만듭니다.

02 네온사인 텍스트의 폰트로 NIXGONFONTS L 2.0을 사용합니다. www.nixgon.com에서 다운로드할 수 있습니다. 폰트 적용 후에는 애프터 이펙트를 다시 실행시켜야 합니다. 상단 [Tool Bar]의 Horizontal Type Tool을 길게 클릭하여 선택합니다.

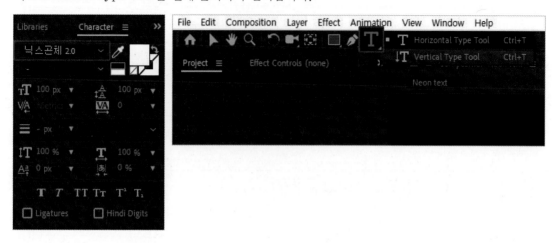

03 텍스트 레이어를 총 3개 만듭니다. '지구보다', '더 큰 질량으로', '나를 끌어당긴다.'를 입력합니다.

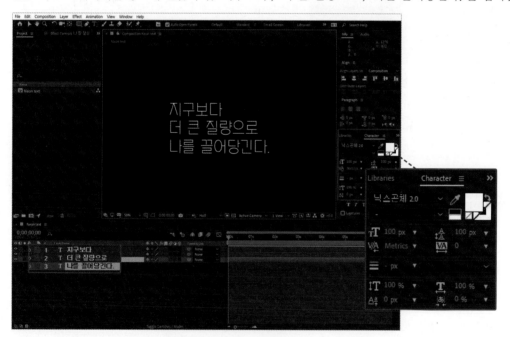

04 생성한 텍스트 레이어에 마스크 속성을 추가해봅시다. '지구보다' 텍스트 레이어를 우클릭하여 [Create]-[Create Masks from Text]를 선택하면 마스크 속성을 가진 솔리드 레이어가 생성됩니다. '더 큰 질량으로'와 '나를 끌어당긴다' 텍스트 레이어도 동일하게 진행합니다.

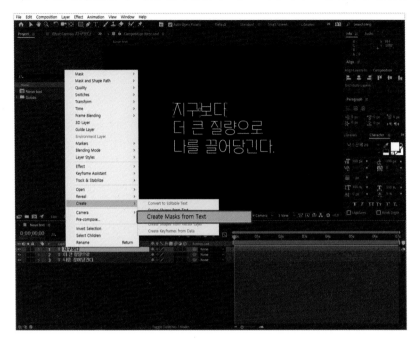

05 효과 적용을 위한 마스크 레이어를 생성했으므로 기존의 눈 표시가 꺼진 해당 텍스트 레이어 3개는 최하단 위치로 이동시킵니다.

06 네온사인 텍스트의 지지대 역할을 할 이미지를 삽입해봅시다. 프로젝트 패널에 우클릭하여 [Import]-[File]을 클릭하고 소스로 제공되는 small post.png 파일을 선택하고 [Import] 버튼을 클릭합니다.

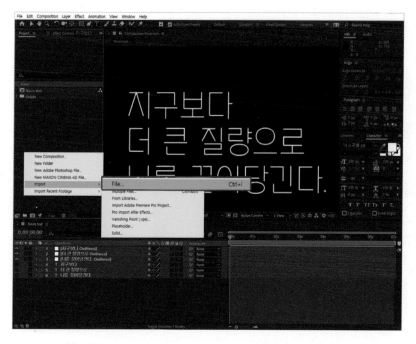

07 Small post 파일을 Neon text 컴포지션의 최상단으로 드래그하고, [Transform]-[Scale] : 15.0, 15.0으로 변경한 뒤 2번째 이미지처럼 '지구보다' ㅈ부분 상단 중앙에 배치합니다.

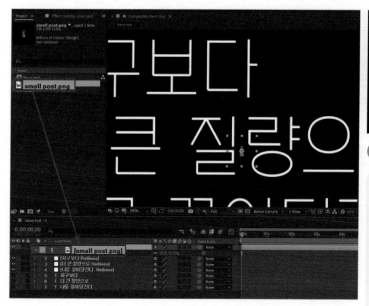

Transform 단축키

레이어를 선택하고 트랜스폼 속성의 단축키를 누르면 해당하는 트랜스폼의 속성만 나타나게 됩니다. 원하는 트랜스폼 속성의 키프레임 애니메이션 또는 수치값을 적용하고 싶을 때 유용하게 사용할 수 있습니다.

08 Small post 레이어를 선택하고 [Edit]-[Duplicate]로 레이어를 복제한 뒤 아래 이미지처럼 배치합니다. 회전은 [Transform] - [Rotation] : +90.0으로 설정하면 됩니다.

09 레이어를 3번 더 복제하고 이미지와 같이 '지구보다' ㄱ부분 상단 중앙, ㅂ부분 상단 중앙, ㄷ부분 좌측 중앙에 배치합니다.

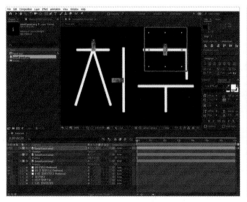

10 여태까지 만든 small post 레이어는 '지구보다' 마스크 레이어의 지지대 역할을 위함입니다. 목적에 따른 구분이 쉽도록 5개의 small post 레이어와 지구보다 Outlines를 모두 선택한 뒤 좌측 상자 보양의 라벨을 클릭히고 Yellow로 설정합니다.

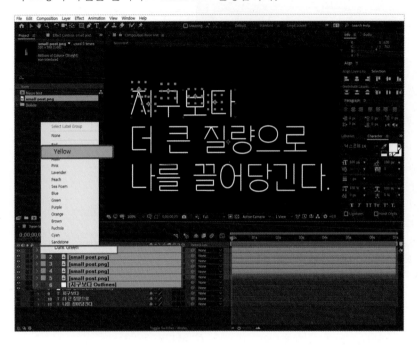

11 '더 큰 질량으로' 마스크 레이어도 동일한 과정으로 진행됩니다. 우선 레이어의 혼잡을 피하기 위해 '더 큰 질량으로' 마스크 레이어를 레이어 최상단으로 배치합니다.

12 '더 큰 질량으로' 마스크 레이어의 지지대 역할을 할 small post 이미지를 Neon text 컴포지션 최상단으로 드래그하고 [Transform]-[Scale] : 15.0, 15.0으로 변경합니다. [Edit]-[Duplicate]를 이용하여 총 6개를 만든 뒤 아래 이미지처럼 배치합니다.

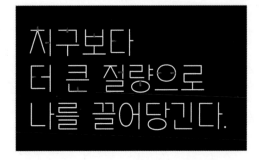

13 '더 큰 질량으로' 마스크 레이어와 관련된 small post 레이어를 모두 선택한 뒤 좌측 상자 모양의 라벨을 클릭하고 Red로 설정합니다.

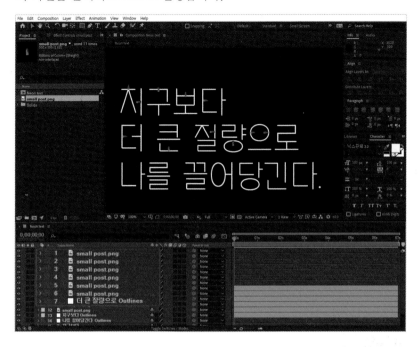

14 마지막으로 '나를 끌어당긴다.' 마스크 레이어도 동일한 과정으로 진행합니다. Small post 레이어는 총 8개, 라벨은 Aqua이며 이미지는 아래와 같습니다.

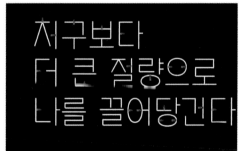

작업 완료

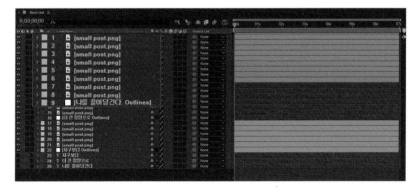

01 앞에서 생성한 마스크 레이어들을 우선 네온이 켜지기 전의 어두운 느낌으로 만들어봅시다. '지구보다' 마스크 레이어를 선택하고 Ctrl+Shift+Y를 눌러 [Solid Setting] 창을 불러옵니다. [Color] : 151515으로 변경하고 [OK]를 클릭합니다.

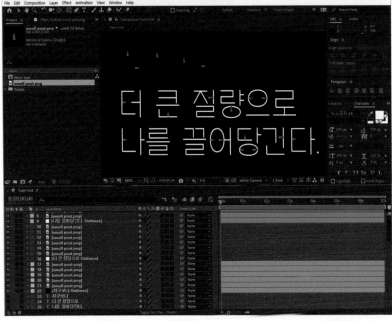

02 '더 큰 질량으로'와 '나를 끌어당긴다.' 마스크 레이어도 같은 방법으로 어둡게 만듭니다.

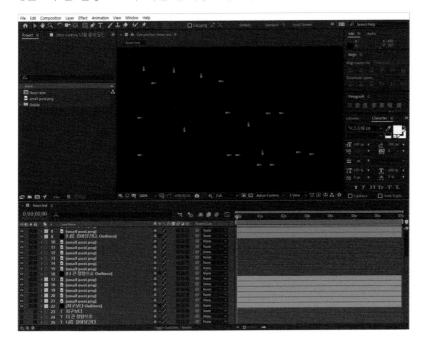

03 블랙 컬러로 변경한 마스크 레이어들을 일정 간격으로 분할해 깜빡이는 효과를 만들어봅시다. 첫 번째 '지구보다' 마스크 레이어를 선택하고 0;00;02;10 구간으로 이동합니다.

04 이동한 0;00;02;10 구간에서 [Edit] – [Split Layer]를 선택하여 해당 레이어를 분할합니다. '지구보다' 마스크 레이어가 해당 지점을 기준으로 2개로 분리된 것을 확인할 수 있습니다.

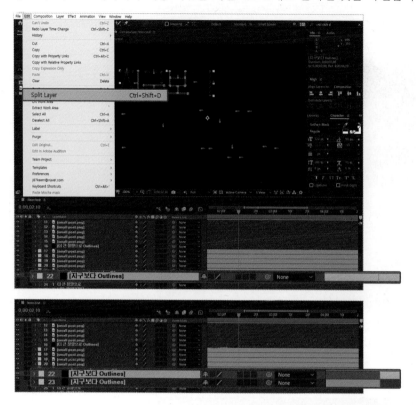

05 깜박임의 정도를 설정하는 과정이므로 간격을 두고 더 반복해봅시다. 00;00;02;12로 이동한 뒤 다시 Split Layer 기능으로 분할합니다. 총 3개의 '지구보다' 마스크 레이어를 확인할 수 있습니다.

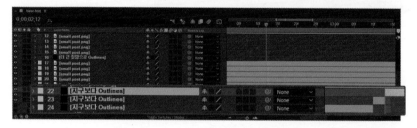

06 이어서 계속 분할합니다. 00;00;02;13, 00;00;02;14, 00;00;02;17, 00;00;02;18. 총 7개로 분할합니다. 간격에 따라 깜빡이는 정도가 달라집니다.

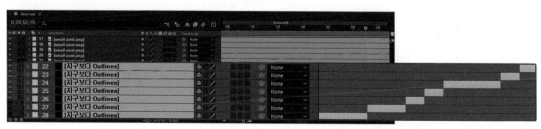

07 분할한 미스크 레이어가 깜빡이도록 추가 설정을 진행합니다. 분리된 '지구보다' 마스크 레이어의 두 번째 레이어를 선택하고 Ctrl+Shift+Y로 [Solid Setting] 창을 불러와 [Color] : FFFFFF로 설정합니다. 이어서 [Transform]–[Opacity] : 50%로 변경합니다. 레이어가 많으므로 보기 쉽도록 번호를 부여하겠습니다.

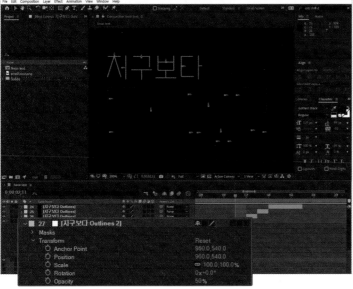

08 같은 방식으로 다음과 같이 진행합니다. 세 번째 레이어는 [Color] : FFFFFF, [Transform]－[Opacity] : 100%, 다섯 번째 레이어는 [Color] : FFFFFF, [Transform]－[Opacity] : 100%, 여섯 번째 레이어는 [Color] : FFFFFF, [Transform]－[Opacity] : 50%, 일곱 번째 레이어는 [Color] : FFFFFF, [Transform]－[Opacity] : 100%로 변경합니다.

09 완성된 '지구보다' 마스크 레이어처럼 나머지 2개의 마스크 레이어도 레이어의 분할과 색상과 투명도 조절 과정을 반복해봅시다. 우선 '더 큰 질량으로' 마스크 레이어의 분할부터 해봅시다. 00;00;02;25, 00;00;02;27, 00;00;02;28, 00;00;02;29, 00;00;03;02, 00;00;03;03. 이어서 색상과 투명도 조절입니다. 두 번째 레이어는 [Color] : FFFFFF, [Transform]－[Opacity] : 50%, 세 번째 레이어는 [Color] : FFFFFF, [Transform]－[Opacity] : 100%, 다섯 번째 레이어는 [Color] : FFFFFF, [Transform]－[Opacity] : 100%, 여섯 번째 레이어는 [Color] : FFFFFF, [Transform]－[Opacity] : 50%, 일곱 번째 레이어는 [Color] : FFFFFF, [Transform]－[Opacity] : 100%로 변경합니다.

10 마지막으로 '나를 끌어당긴다.' 마스크 레이어도 분할과 색상과 투명도 조절의 과정을 반복합니다. 00;00;03;05, 00;00;03;07, 00;00;03;08, 00;00;03;09, 00;00;03;12, 00;00;03;13. 이어서 색상과 투명도 조절입니다. 두 번째 레이어는 [Color] : FFFFFF, [Transform]－[Opacity] : 50%, 세 번째 레이어는 [Color] : FFFFFF, [Transform]－[Opacity] : 100%, 다섯 번째 레이어는 [Color] : FFFFFF, [Transform]－[Opacity] : 100%, 여섯 번째 레이어는 [Color] : FFFFFF, [Transform]－[Opacity] : 50%, 일곱 번째 레이어는 [Color] : FFFFFF, [Transform]－[Opacity] : 100%로 변경합니다.

11 깜박거리기 효과의 적용을 완료했습니다. '지구보다' 마스크 레이어부터 순차적으로 깜빡거리면서 커지는 듯한 애니메이션을 확인할 수 있습니다.

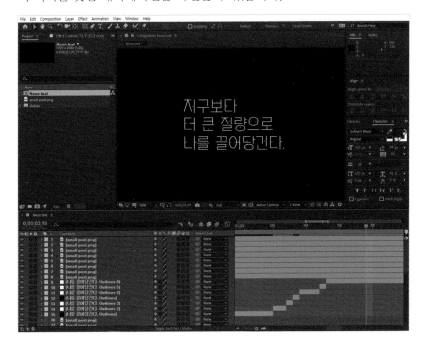

만들어봅시다

01 사전에 설치한 Video Copilot의 서드 파티 플러그인 Saber를 사용해봅시다. 메뉴 바에서 [Effects] - [Video Copilot] - [Saber]를 선택하거나 [Effects & Presets] 패널에서 saber를 검색 후 더블클릭 혹은 드래그하여 적용합니다. 먼저 한 곳에 효과를 적용한 뒤 다른 레이어에 복사하여 수정 하는 방식으로 진행합니다. '지구보다' 마스크 레이어에 먼저 적용해봅시다.

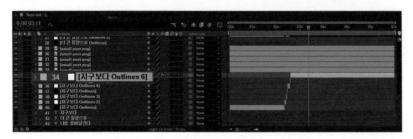

02 푸른빛 광선이 '지구보다' 마스크 레이어에 나타납니다. Saber 플러그인으로 여러 값을 조정하여 네온사인 형태를 만든 후 이전 단계까지 작업한 모든 마스크 레이어에 적용하겠습니다.

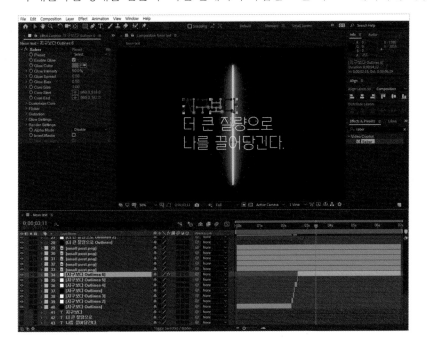

03 Saber 플러그인으로 여러 형태의 광선을 만들 수 있습니다. [Saber]-[Customize Core]-[Core Type]의 두 번째 타입인 Layer Masks로 설정하면 빛이 번진 형태의 광선이 됩니다.

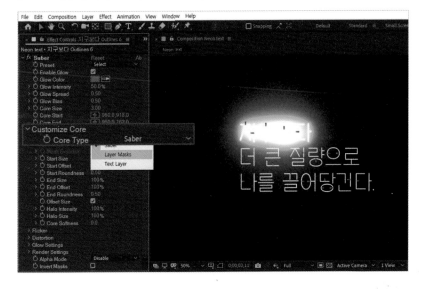

04 일반적인 네온사인 불빛 형태에 맞게 빛의 색과 강도와 양을 조절합니다. 우선 색을 변경하기 위해 [Saber]-[Glow Color] : FFFFFF로 변경합니다.

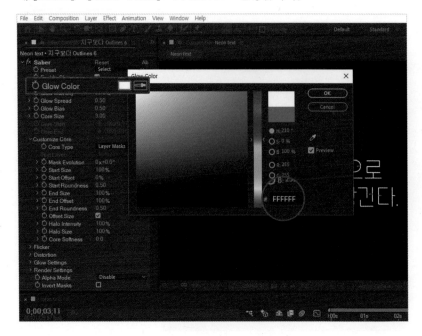

05 이번에는 빛의 강도와 양을 조절해봅시다. [Saber]-[Glow Intensity] : 30.0%, [Glow Spread] : 2.00, [Glow Bias] : 0.30, [Glow Size] : 7.00, [Customize Core]-[Start Size] : 40.0%, [End Size] : 40.0%로 변경합니다. 일반적으로 볼 수 있는 네온사인의 모습으로 빛의 양과 세기가 조절된 것을 볼 수 있습니다.

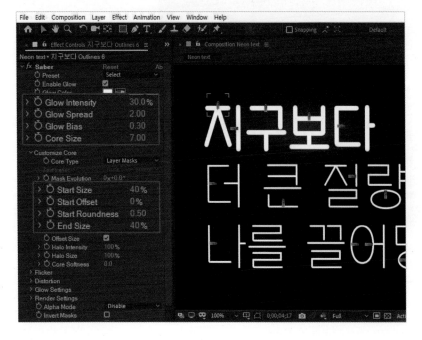

06 이제까지 생성한 레이어를 모두 선택한 후 [Mode] : Add로 변경합니다. Saber에는 일괄 설정 기능이 없으므로 편의상 같은 기능(텍스트가 더 밝아지며 네온사인 같은 느낌을 냄)인 Add를 사용했습니다. [Mode] 메뉴가 보이지 않는다면 타임라인 패널 좌측 하단의 Expand or Collapse the Transfer Controls pane을 활성화하세요.

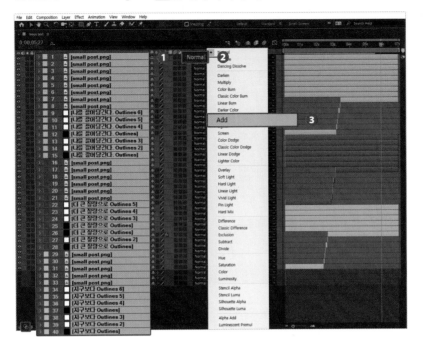

07 적용한 Saber 효과를 작업했던 레이어와 편집한 프레임에 적용할 차례입니다. '지구보다 6' 레이어에 적용한 Saber 효과를 선택하고 복사(Ctrl+C) 합니다.

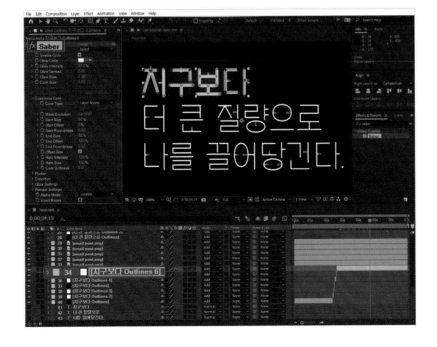

08 색상을 하얀색으로 설정한 '지구보다 2, 3, 4, 5' 레이어를 선택하고 복사한 Saber 효과를 붙여 넣기(Ctrl+V)합니다.

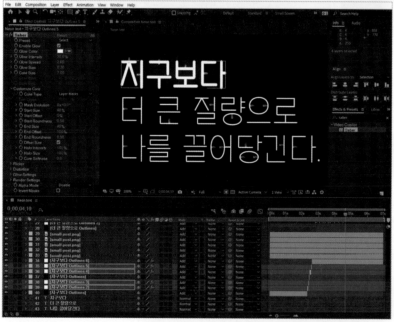

09 색상을 하얀색으로 설정한 '더 큰 질량으로 2, 3, 4, 5, 6' 레이어와 '나를 끌어당긴다 2, 3, 4, 5, 6' 레이어를 선택하고 복사한 Saber 효과를 붙여넣기(Ctrl+V)합니다.

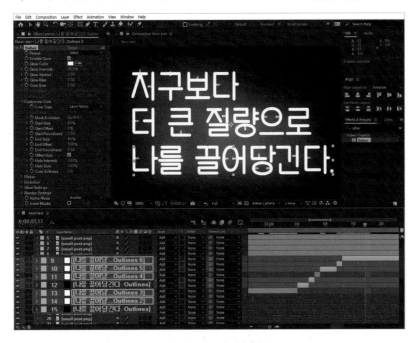

만들어봅시다

01 최종 컴포지션을 만들기 위해 메뉴 바에서 [Composition]-[New Composition]을 클릭합니다. [Composition Name] : Final, [Width] : 1920px, [Height] : 1080px, [Duration] : 0;00;07;00으로 설정한 후 [OK]를 클릭하여 컴포지션을 만듭니다.

02 Neon text 컴포지션을 Final 컴포지션의 타임라인으로 드래그하여 이동시킵니다.

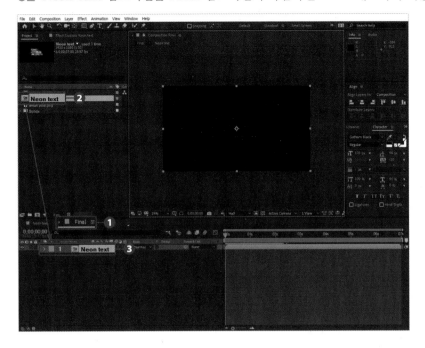

03 프로젝트 패널에서 우클릭하여 [Import] – [File]을 선택하고 소스로 제공되는 Night Footage 파일을 선택 후 [Import] 버튼을 클릭합니다.

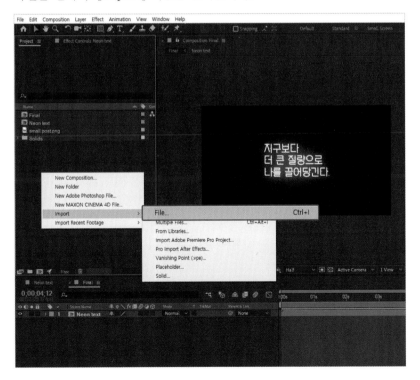

04 삽입한 Night Footage 파일을 Final 컴포지션의 Neon text 컴포지션 아래로 드래그한 뒤, Neon text 컴포지션 우측의 [Mode] : Screen으로 변경합니다.

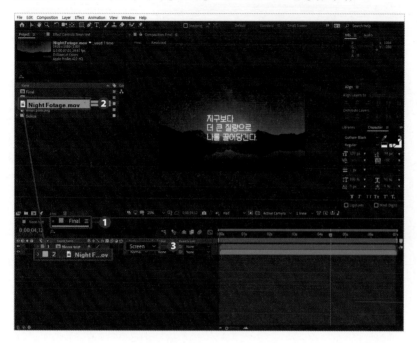

05 배경 위의 텍스트가 풋말에 적힌 글처럼 보이도록 추가적인 연출을 진행해봅시다. 프로젝트 패널에서 우클릭하여 [Import]-[File]을 선택하고 소스로 제공되는 neon post 파일을 선택 후 [Import]를 클릭합니다.

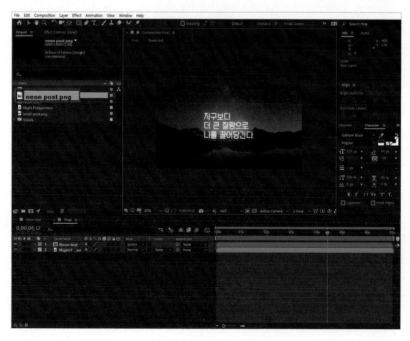

06 삽입한 neon post 파일을 Final 컴포지션의 타임라인 패널로 드래그하고 [Transform]–
[Scale] : 40.0, 40.0%로 조정합니다.

07 풋말의 역할을 할 neon post 레이어의 위치를 알맞게 조정합니다. 우선 neon post 레이어를
Neon text 컴포지션의 아래로 배치하고 [Transform]–[Position] : 960.0, 720.0으로 조정합니다.

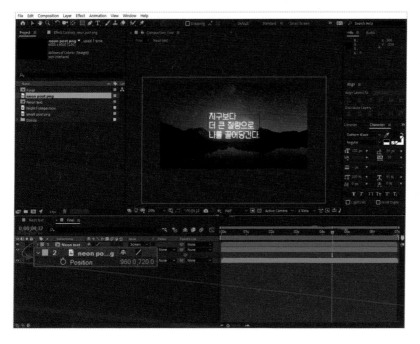

08 생동감을 더하기 위해 간단한 줌인 애니메이션을 추가해봅시다. 타임라인 패널에서 우클릭하여 [New] – [Null Object]를 클릭합니다.

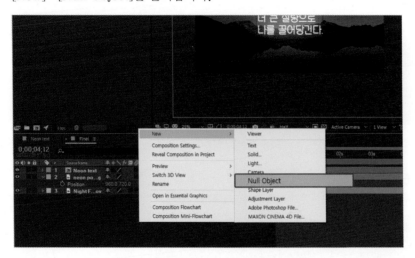

09 neon text 컴포지션과 neon post, Night Footage 레이어를 선택하고 레이어 우측 Parent pick whip 을 Null 1으로 드래그합니다. Parent가 적용되며 1. Null 1로 바뀐 것을 확인할 수 있습니다.

10 Final 컴포지션의 타임라인 0;00;00;00 구간에서 Null 1 레이어를 선택하고 [Transform] – [Scale] : 100.0, 100.0%로 변경한 뒤 키프레임을 클릭합니다.

11 Final 컴포지션의 타임라인 0;00;06;29 구간에서 다시 Null 1 레이어를 선택하고 [Trans-form]-[Scale] : 110.0, 110.0%로 변경합니다. 키보드 우측 숫자 키의 0을 눌러 애니메이션을 확인하세요.

05 포토샵을 이용한 3D 공간 제작 부록 확인

Lesson 포토샵의 배니싱 포인트 기능을 활용해 소실점이 존재하는 이미지의 상하좌우와 정면을 분할한 뒤 애프터 이펙트로 불러와 카메라 애니메이션 및 합성 과정을 거쳐 보다 사실적이고 공간 감있게 연출할 수 있습니다. 이번 레슨은 평면 이미지를 심도있게 연출해 보는 것이 목적입니다. 이미지에 따라, 또 개인의 미세한 설정에 따라 결과물이 조금씩은 다를 수밖에 없습니다.

Step 1 포토샵 배니싱포인트로 면 분할하기

만들어봅시다

01 어도비 포토샵을 실행합니다. 메뉴 바에서 [File]-[Open]을 클릭하여 소스로 제공되는 vanishing point 파일을 불러옵니다.

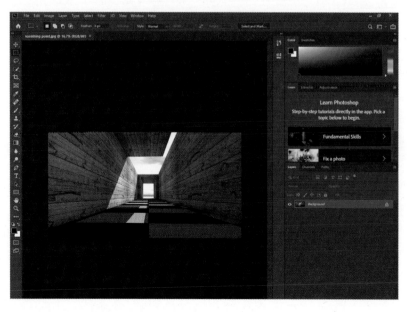

02 메뉴 바에서 [Filter]-[Vanishing Point]를 선택해 Vanishing Point 관련한 별도의 설정창을 생성합니다.

03 좌측 메뉴 중 Create Plane Tool▦을 클릭합니다. 지정한 위치에 면을 생성하는 기능을 합니다. 아이콘을 클릭한 상태로 드래그하여 하단 이미지 형태처럼 모서리마다 점을 찍어(총 4번) 면을 만듭니다.

04 이어서 좌측 메뉴 중 Edit Plane Tool을 클릭합니다. 생성한 면을 조정하는 기능입니다. 아이콘을 클릭한 상태로 생성된 하단 면을 조금 더 세세하게 이미지 형태에 맞춥니다. 완성하면 하단 면이 파란 그리드 형태가 되는 것을 확인할 수 있습니다. 만약 그리드가 빨간색이라면, 만들어진 면의 점 부분을 드래그하여 파란색이 되도록 조정합니다.

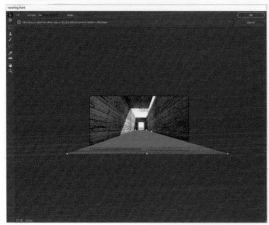

05 다른 면들은 새로 맞출 필요없이 방금 생성한 하단면을 이용해 만들어봅시다. 좌측 메뉴 중 Create Plane Tool▦을 선택한 상태에서 마우스 커서를 하단 그리드의 우측 가운데 점으로 이동시 킵니다.

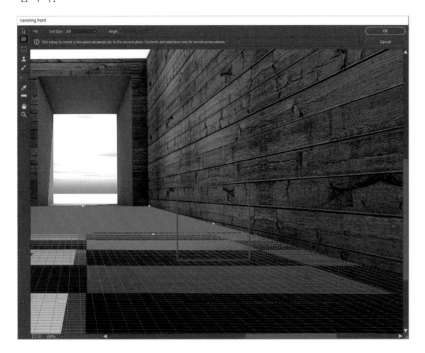

06 마우스 커서가 가운데 점에 닿으면 커서 아이콘이 바뀌는데, 이때 클릭하고 우측으로 드래그하 여 이미지 형태에 맞게 면을 맞춥니다. 이와 같은 방법으로 나머지 면인 상단과 좌측, 정면에 적용합 니다. 맞닿은 면의 가운데 점에 마우스 커서를 이동시켜 만드는 방법을 활용하세요.

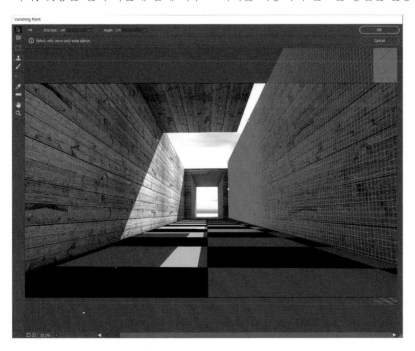

07 면 분할이 완성됐습니다. Edit Plane Tool을 클릭한 상태에서 각 면을 클릭하면 파란색 그리드의 5개 면이 이미지 형태에 맞게 채워진 것을 볼 수 있습니다.

08 애프터 이펙트에서 활용할 수 있도록 파일로 저장합니다. 좌측 메뉴 중 Edit Plane Tool의 우측에 위치한 ▼를 클릭하여 [Export For After Effects (.vpe)]를 선택합니다. 파일명을 Vanishing point space로 지정하고 [저장]을 클릭합니다.

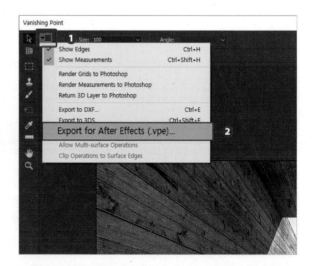

만들어봅시다

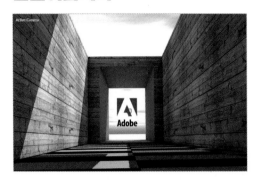

01 애프터 이펙트를 실행하고 저장한 Vanishing Point 파일을 불러와 봅시다. 프로젝트 패널에 우클릭하여 [Import]–[Vanishing Point (.vpe)]를 클릭합니다. vpe 확장자를 가진 포토샵의 배니싱포인트 파일만 불러오는 기능입니다. 저장한 경로로 이동하여 Vanishing point space.vpe 파일을 선택 후 [OK]를 클릭합니다.

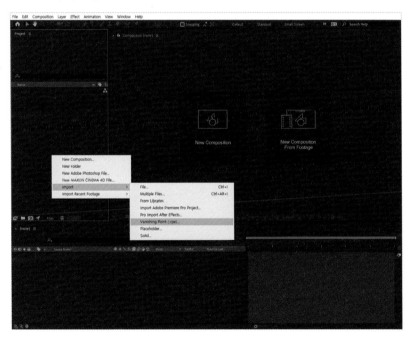

02 프로젝트 패널에 분할한 5개 면의 png 파일, 그리고 Van-ishing point space.vpe가 컴포지션의 형태로 불러온 것을 확인할 수 있습니다.

03 Vanishing point space.vpe 컴포지션을 더블클릭하면 컴포지션 내부에 Camera 레이어와 Parent 널 레이어, 분할된 png 파일들로 구성되어 있으며 각각의 면들이 길다란 통로 형태로 이어 붙여져 있는 것을 볼 수 있습니다.

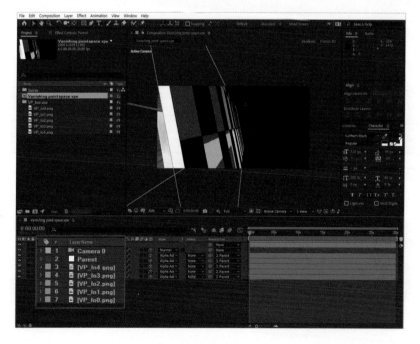

04 컴포지션을 선택한 상태에서 Ctrl+K를 눌러 [Composition Settings]을 불러와 해상도를 변경합니다. [Width] : 1920px, [Height] : 1080px, [Duration] : 0;00;07;00으로 설정한 후 [OK]를 클릭하여 Full HD해상도의 컴포지션을 만듭니다.

05 Vanishing point space.vpe 컴포지션의 틀어진 통로 형태를 화면의 정면 구도로 변경해봅시다. Camera 0과 Parrent 널 레이어의 위치 및 각도를 조정합니다.

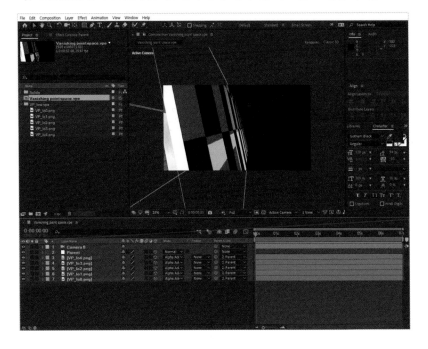

06 [Camera 0] – [Transform] – [Position] : 960.0, 2000.0, −9000.0, [X Rotation] : +4.0
으로 조정합니다. [Parent] – [Transform] – [Position] : 960.0, 1583.0, 0.0, [X Rotation] :
+9.0, [Z Rotation] : 194.0으로 조정합니다.

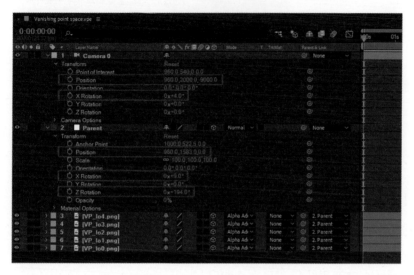

07 변경한 설정으로 인해 Vanishing point space.vpe 컴포지션의 화면 중앙에 정면 뷰로 배치된
것을 확인할 수 있습니다.

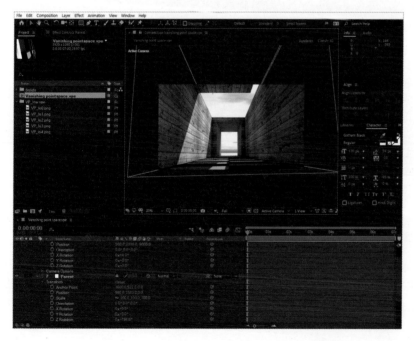

08 이제 애니메이션을 적용해봅시다. 타임라인 패널의 0;00;04;00 구간으로 이동하여 Parent 널 레이어의 Position을 선택하고 키프레임을 클릭합니다.

09 이어서 0;00;00;00 구간으로 이동하여 [Transform] - [Position] : 1153.0, 2223.0, -9500. 0으로 변경하면 화면이 줌인되는 애니메이션을 확인할 수 있습니다.

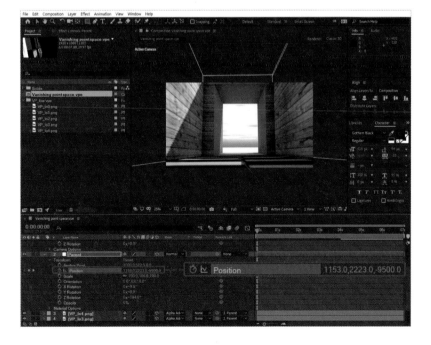

10 조금 더 부드럽게 줌인이 되도록 추가 설정을 진행해봅시다. Parent 널 레이어의 키프레임을 모두 선택 후 우클릭하여 [Keyframe Assistant] - [Easy Ease]를 클릭합니다.

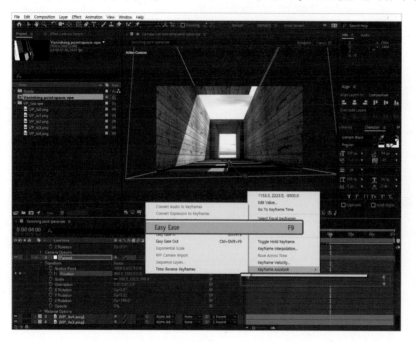

11 Easy Ease가 적용된 키프레임을 모두 선택하고 타임라인 패널 우측 상단의 Graph Editor를 클릭합니다.

12 조금 더 속도감 있는 애니메이션을 위해 그래프 곡선의 변화 폭을 조정합니다. 키프레임의 시작점과 끝점을 각각 클릭하고 안쪽으로 드래그하여 아래 모양처럼 굴곡진 형태로 만듭니다.

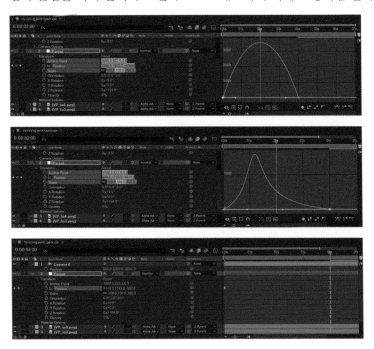

13 속도감 있는 메인 애니메이션 이후에 서서히 움직이는 보조 애니메이션 역할을 할 보조 레이어를 추가합니다. 조금 더 자연스럽고 부드러운 느낌으로 연출이 가능합니다. 화면 안으로 서서히 줌인되는 애니메이션을 추가할 것이므로 Z Position 값이 필요합니다. 타임라인 패널에 우클릭하여 [New]-[Null Object]를 선택합니다. 이어서 생성한 Null Object를 우클릭하여 [Rename] : Dolly로 이름을 변경합니다. 피사체에 디기가거나 눌러나며 촬영하는 기법을 달리라고 합니다.

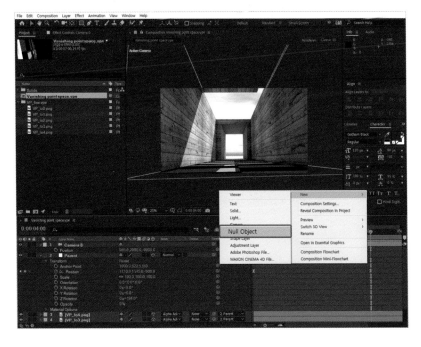

14 서서히 줌인되는 Z 축의 애니메이션을 위해 Dolly 널 레이어를 클릭하고 우측의 3D Layer를 체크합니다.

15 기존에 애니메이션을 적용했던 Parent 널 레이어에 이어지게 하기 위해 다시 Dolly 널 레이어를 클릭하고 우측의 Parent pick whip을 Parent 널 레이어로 지정합니다.

16 2차적인 움직임으로 서서히 뒤로 빠지는 달리 줌 애니메이션을 적용합니다. 타임라인 패널에서 0;00;02;00 구간으로 이동하여 Dolly 널 레이어의 Position을 선택하고 키프레임을 클릭합니다.

17 다시 0;00;06;29 구간으로 이동하여 [Transform] - [Position] : 960.0, 540.0, 500.0으로 조정합니다. 추가적으로 서서히 화면이 줌인되는 애니메이션을 확인할 수 있습니다.

18 화면 중앙에 들어갈 어도비 로고를 임포트합니다. 프로젝트 패널에서 우클릭하여 [File] –
[Import]를 선택하고 소스로 제공되는 adobe_logo_standard_ai 파일을 선택 후 [Import]를 클릭
합니다. 이어서 삽입한 파일을 타임라인 패널로 드래그합니다.

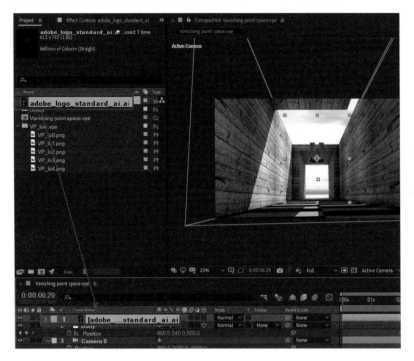

19 서서히 뒤로 빠지는 Z 축의 애니메이션을 위해 adobe_logo_standard_ai 레이어를 클릭하고
우측의 3D Layer ▣를 체크합니다.

20 기존에 애니메이션을 적용한 Parent 널 레이어에 이어지게 하기 위해 다시 adobe_logo_standard_ai 레이어를 클릭하고 우측의 Parent pick whip⊙을 Parent 널 레이어로 지정합니다.

21 3D Layer와 Parent를 적용하면 화면에 로고가 보이지 않을 수 있습니다. 로고가 아무 설정을 하지 않은 기본 위치 값인 상태가 되면서, 기존 레이어의 위치 값과 달라지기 때문입니다. 로고를 화면의 Z 축 중앙에 위치시키기 위해 Camera 0 레이어의 Z Position값인 −9000.0을 adobe_logo_standard_ai의 Z Position에도 동일하게 −9000.0 으로 입력합니다.

22 단번에 정확한 값을 얻을 수는 없으므로 Camera 0 레이어의 위치가 적합하지 않다면 Z Position 값 조절을 통해 로고가 화면 중앙에 놓이도록 시도합니다. 해당 레이어가 화면 중앙에 로고가 위치할 값은 [Position X,Y,Z] : 1358.0, 1335.0, −6500.0입니다.

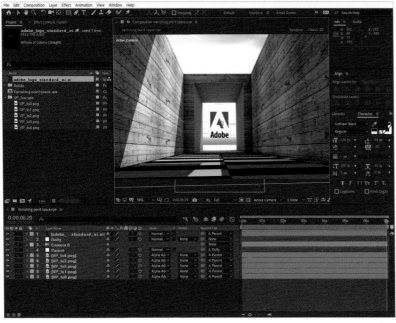

만들어봅시다

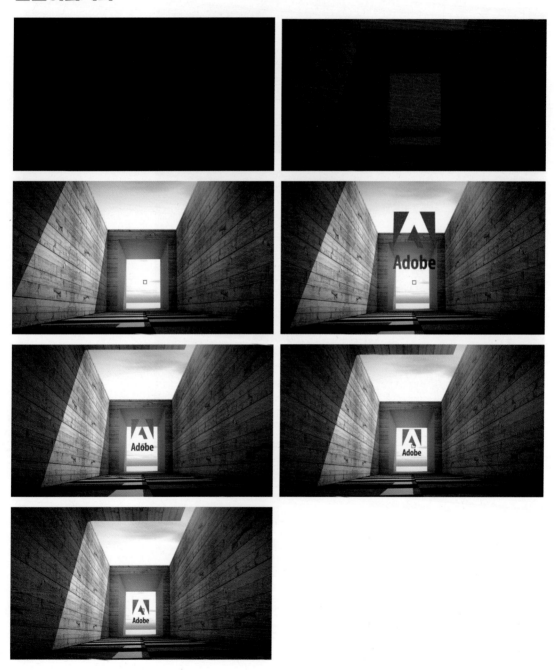

01 외곽에 음영 효과를 추가해봅시다. 메뉴 바에서 [Layer]–[New]–[Solid]를 클릭하고 [Name] : Vignetting, [Width] : 1920px, [Height] : 1080px, [Color] : 000000으로 설정합니다.

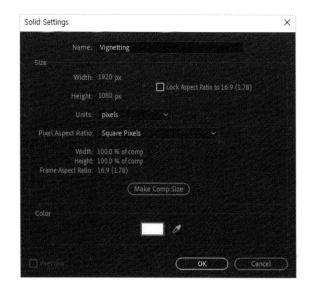

02 생성한 Vignetting 솔리드 레이어를 클릭한 상태로 상단 [Tool bar]의 Pen Tool을 선택합니다. 아래 이미지처럼 펜툴을 이용해 화면 외곽 부분에 원형 모양을 만듭니다.

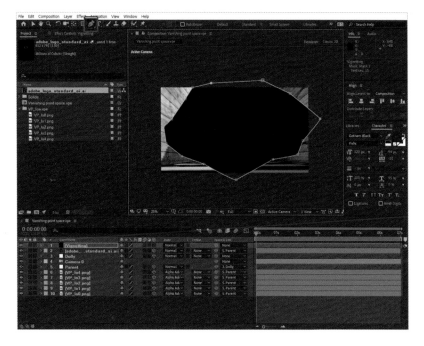

03 Vignetting 솔리드 레이어에 Mask 1이라는 이름의 마스크가 생성된 것을 볼 수 있습니다. 이 마스크 영역을 반전시켜 외곽에 음영 효과를 줍니다. [Mask 1] - [Mask Path] : Subtract로 설정하면 원형 마스크 형태가 외곽으로 반전된 것을 확인할 수 있습니다.

04 Vignetting 솔리드 레이어의 선명한 마스크 컬러를 자연스럽게 조정하기 위해 [Mask 1] - [Mask Feather] : 400.0, 400.0, [Mask Opacity] : 60%로 설정합니다. 화면 외곽 부분이 자연스럽게 음영진 것을 볼 수 있습니다.

05 배경이나 형태에 부분적으로 강조할 수 있는 광원을 만들어봅시다. 메뉴 바에서 [Layer] - [New] - [Solid]를 클릭하여 [Name] : Light, [Width] : 1920px, [Height] : 1080px, [Color] : FFFFFF으로 설정합니다.

06 생성한 Light 솔리드 레이어를 클릭한 상태로 상단 [Tool bar]의 ■을 길게 클릭하여 Ellipse Tool◯을 선택하고 아래 이미지처럼 화면 중앙에 원형의 형태를 드래그하여 만듭니다.

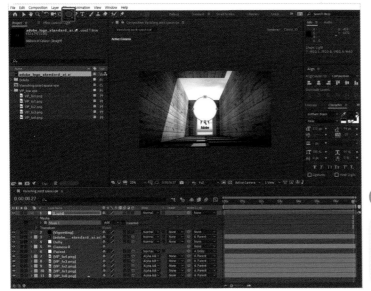

Tip

좌클릭한 상태에서 Shift + Ctrl을 동시에 누른채로 드래그하면 균일한 비율로 형태를 조절할 수 있습니다.

07 선명한 원형의 형태를 자연스럽게 만들기 위해 [Mask 1] - [Mask Feather] : 350.0, 350.0로 설정합니다. 이 값을 높일수록 마스크의 외곽 부분이 부드러워지고 은은해집니다.

08 완성한 Light 솔리드 레이어를 이용해 어도비 로고에 광원이 맺힌 효과를 입힙니다. 좌측 상단으로 위치를 이동시켜봅시다. [Transform] – [Position] : 874.0, 625.0으로 조정합니다.

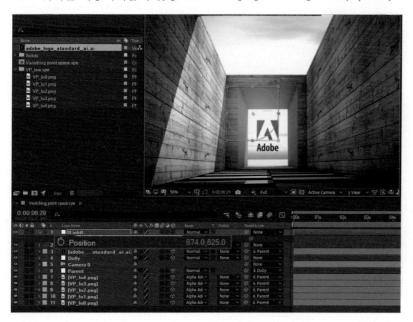

09 이러한 광원 효과를 몇 군데 더 추가하여 배치해봅시다. Light 솔리드 레이어를 선택하고 [Edit] – [Duplicate]로 해당 레이어를 복세합니다. 복제한 레이어를 [Transform] – [Position] : 1315.0, 0.0으로 입력하면 우측 상단에 광원 효과가 적용된 것을 볼 수 있습니다.

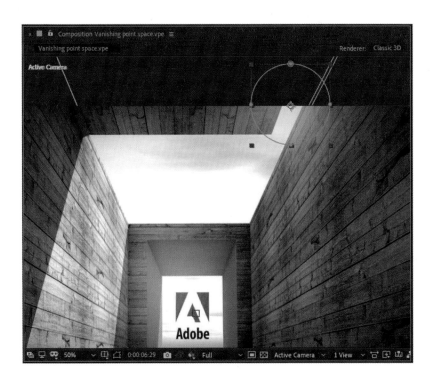

10 조금 더 극명한 효과를 위해 시작 지점에 어두웠다가 밝아지는 디졸브 효과를 추가해봅시다. 메뉴 바에서 [Layer]-[New]-[Solid]를 클릭하여 새로운 솔리드 레이어를 만듭니다. [Name] : Black, [Width] : 1920px, [Height] : 1080px, [Color] : 000000으로 설정합니다.

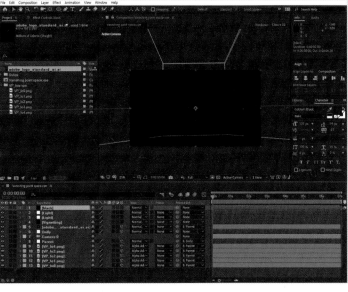

11 타임라인 패널의 0;00;00;00 구간으로 이동하여 [black]-[Transform]-[Opacity] : 100%
로 설정하고 Time-Vary stop watch 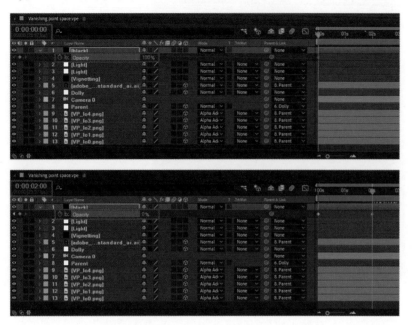를 클릭합니다. 이어서 0;00;02;00으로 이동하여 [Opac-
ity] : 0%로 입력합니다.

12 디졸브 애니메이션을 좀 더 부드럽게 조정해봅시다. Black 솔리드 레이어의 키프레임을 모두
선택하고 우클릭하여 [Keyframe Assistant]-[Easy Ease]를 클릭합니다.

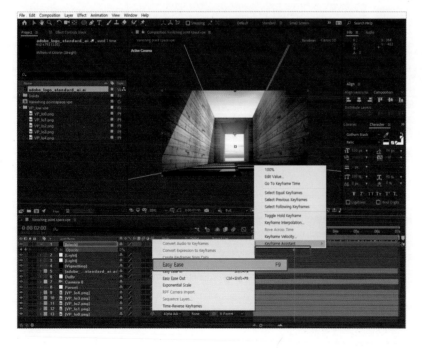

13 Easy Ease가 적용된 키프레임을 모두 선택하고 타임라인 패널 우측 상단의 Graph Editor
를 클릭합니다.

14 애니메이션에 조금 더 극적인 변화를 줘 봅시다. 키프레임의 시작점과 끝점을 각각 클릭하고 안
쪽으로 드래그하여 그래프를 굴곡진 형태로 만듭니다. 키보드 우측 숫자 키의 0을 눌러 애니메이션을
확인하세요.

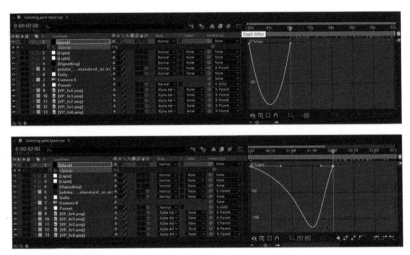

Part

3D 배경
연출을 위한
백그라운드 아트웍
계작하기

Ae

01 3D 배경 연출을 위한 다양한 효과 소개

Lesson   텍스트를 돌출시켜 입체감을 만들고, 왜곡 및 블러 효과들을 이용하여 텍스트나 배경을 완전
히 색다른 느낌으로 스타일리쉬하게 표현할 수 있습니다.

Step 1 3D 텍스트 - 인덱스 익스프레션 알아보기

Expression

표준 JavaScript 언어를 기반으로 하는 표현식 언어입니다. 일일히 레이어마다 키프레임
을 적용하지 않고서도 명령어를 통해 손쉽게 특정 효과나 애니메이션을 만들 수 있습니다.
JavaScript를 알지 못해도 유용하게 사용할 수 있다는 게 큰 장점입니다.

Expression을 사용하려면 타임라인 패널에서 [Alt]를 누른 채 레이어의 Time-Vary stop
watch☉를 클릭합니다. 활성화된 구역에 Expression을 작성하거나 Pick Whip◎을 사
용하여 표현식에 다른 레이어를 참조할 수도 있습니다.

표현식을 편집하는 동안 모든 미리 보기는 일시 정지되며 편집 모드를 종료할 때까지 빨간
막대가 패널 아래에 표시됩니다. 표현식을 포함하는 속성 값은 빨강 또는 분홍 유형으로 표
시됩니다.

표현식을 처음 사용할 때는 뚝딱 도구로 간단한 표현식을 만든 후에 아래 표에 나열된 간단
한 수학 연산을 사용하여 표현식의 동작을 조정하는 것이 좋습니다.

심볼	기능
+	더하기
−	빼기

/	나누기
*	곱하기
*-1	기존 연산의 반대 연산을 수행(예: 시계 방향을 반시계 방향으로)

Index Expression

컴포지션 내에서 레이어에 할당된 번호를 의미합니다. 최상위 레이어의 인덱스가 1이라면 그 아래 레이어의 인덱스는 2입니다. 기본적으로 레이어 이름 왼쪽에 레이어 번호를 표시하지만, 표시되지 않는다면 아무 컴포지션 하나를 우클릭하여 #열을 사용하도록 설정할 수 있습니다.

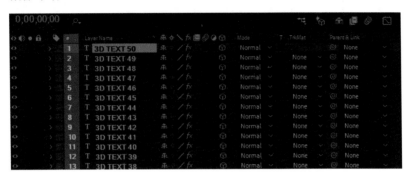

Index Expression 사용법

Expression으로 옵션을 설정하면 레이어가 복제될 때마다 적용됩니다. 레이어의 Z Position에 'index'를 설정했다면, 새로운 레이어는 기존 레이어보다 Z 축으로 1씩 더 이동합니다. 따라서 레이어 속성을 조정하는 데 시간을 낭비하지 않고 자동화하여 생성할 수 있습니다.

만들어봅시다 _{부록 확인}

▌인덱스 익스프레션 효과를 이용해 간단한 3D Text 만들기

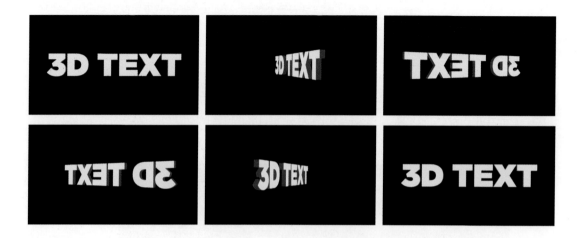

01 메뉴 바에서 [Composition]-[New Composition]을 클릭합니다. [Composition Name] : 3D Text, [Width] : 1920px, [Height] : 1080px, [Duration] : 0;00;05;00으로 설정한 후 [OK] 버튼을 클릭하여 컴포지션을 만듭니다.

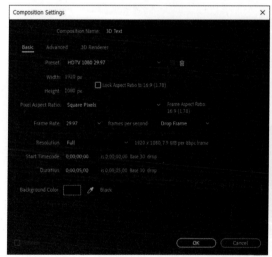 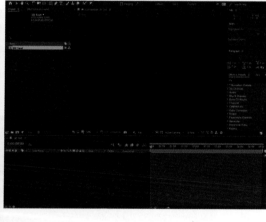

02 Index Expression 효과를 적용할 텍스트를 입력합니다. [Character] 탭에서 폰트는 Gotham Ultra – Regular, 폰트 사이즈는 350px로 설정하고 대문자로 3D TEXT를 입력하여 화면 중앙에 배치합니다.

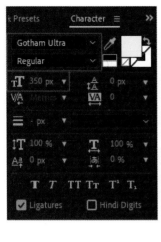
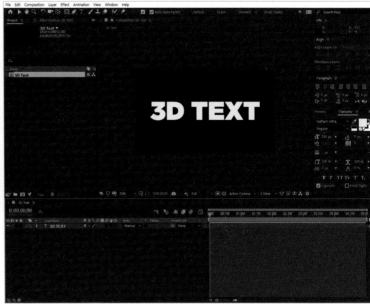

03 [Effect & Preset] 패널에서 [Color Correction] – [Exposure]를 선택하여 [3D TEXT] 텍스트 레이어에 적용하고 [Exposure] – [Master] – [Exposure] : –3.00으로 설정해서 텍스트 레이어의 노출 값을 줄입니다.

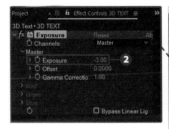
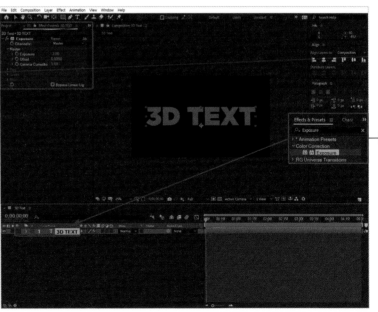

04 타임라인 패널에서 [3D Text] 레이어의 우측 [3D Layer 🔲]를 클릭하여 Z 축을 활성화합니다. 축마다 개별적으로 표현식을 적용할 예정이므로 축을 분할해봅시다. [3D TEXT]-[Transform]-[Position]을 우클릭하여 [Separate Dimensions]를 선택하면 [Positon] 축이 X,Y,Z 축으로 각각 나뉩니다.

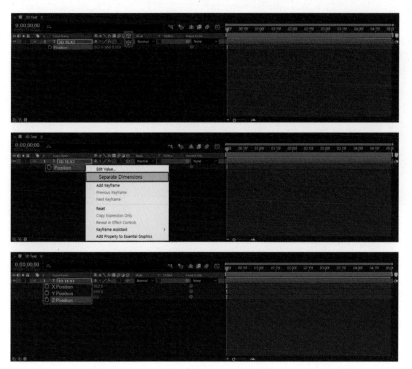

05 [3D TEXT]-[Transform]-[Z Position]의 키프레임🔲을 Alt 를 누른채로 클릭하여 표현식 입력 탭을 활성화하고 Index라고 입력합니다.

06 3D TEXT 레이어를 선택하고 [Edit]-[Duplicate]로 해당 레이어를 복제합니다. 적용된 표현식으로 레이어가 생성될 때마다 Z Position이 1.0씩 증가하는 것을 이용해 두께감을 표현해 봅시다. 해당 예제에서는 총 50개를 복제했습니다. Z Position의 값이 1.0씩 증가하는 것을 확인하실 수 있습니다.

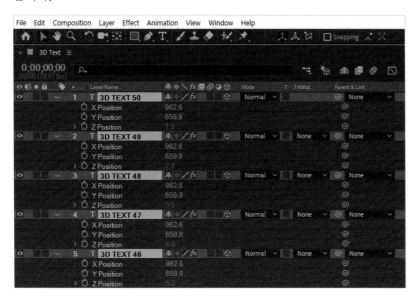

07 복제한 [3D TEXT] 텍스트 레이어의 두께감을 직접 눈으로 확인해봅시다. 메뉴 바에서 [Layer]-[New]-[Camera]를 클릭하여 [Type] : Two-Node Camera, [Name] : Camera 1, [Preset] : 50mm로 설정하고 [OK] 버튼을 누릅니다.

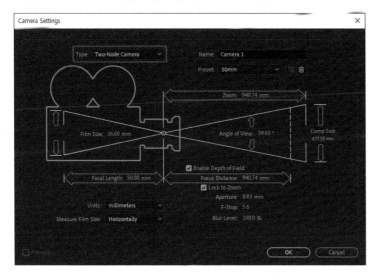

08 타임라인 패널의 제일 상위 레이어인 3D TEXT 50 텍스트 레이어를 선택하고, 3D TEXT를 만들 때 적용했던 [Exposure] 효과를 숨기거나 삭제합니다. 해당 레이어를 제외한 나머지 레이어들의 Exposure가 어두운 색상으로 두께감 역할을 합니다. 상단 [Tool Bar]의 Orbit Around Cursor Tool을 선택하고 회전해가며 텍스트의 두께감을 확인해봅시다.

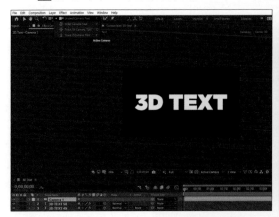

09 Camera 1 하단의 Reset을 클릭하여 카메라 설정 값을 초기화합니다. 메뉴 바에서 [Layer] – [New] – [Null Object]로 추가적으로 제어할 Null Object를 생성합니다. 회전하는 3D 텍스트 애니메이션을 적용하기 위해서입니다.

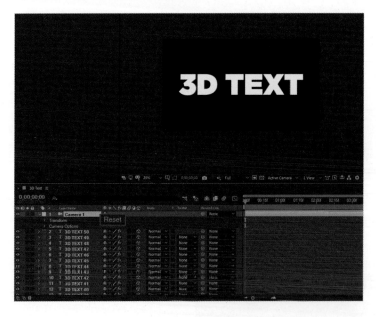

10 생성한 Null 1 레이어에 마찬가지로 [3D Layer ]를 활성화합니다. 이어서 Camera 1 레이어를 Null 1 레이어에 Parent Pick Whip⦿적용하여 종속시킵니다.

11 회전하는 3D 텍스트 애니메이션을 설정해봅시다. 3D TEXT 타임라인 패널의 0;00;00;00 구간으로 이동하여 [Null 1]-[Transform]-[Y Rotation] : 0*+0.0으로 설정하고 키프레임⦿을 클릭합니다. 이어서 0;00;04;29 구간으로 이동 후 [Null 1]-[Transform]-[Y Rotation] : -1*+0.0으로 설정합니다. Y 축 방향으로 1바퀴 회전하는 3D 텍스트 애니메이션을 확인할 수 있습니다.

Fractal Noise

변위를 이용하여 여러 효과를 만들수 있는 기본 효과 중 하나입니다. 랜덤한 여러 형태의 명암을 가진 노이즈를 만들고, 이렇게 만든 노이즈를 유기적 모양의 배경이나 변위 맵, 텍스처에 사용하거나 구름·화염·용암·증기·흐르는 물·빛 등의 여러 형태를 시뮬레이션하는 데 사용할 수 있습니다. 8bpc, 16bpc, 32bpc 색상에 사용할 수 있습니다.

Fractal Noise 주요 기능

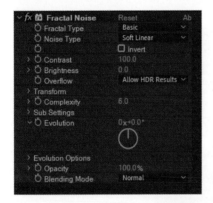

Fractal Type Fractal Type 노이즈 레이어에 임의의 격자를 생성하며 이 설정에 따라 노이즈의 특성이 결정된다.

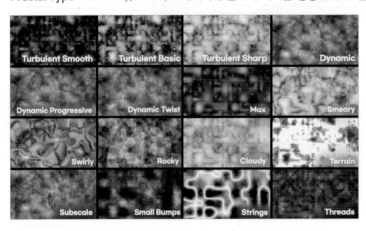

Noise Type 노이즈의 유형을 결정한다.

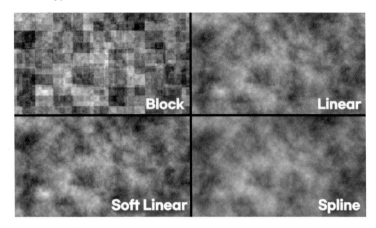

Invert 노이즈의 배열을 반전한다. 검정 영역은 흰색으로 흰색 영역은 검정으로 변한다.

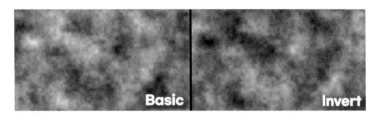

Contrast 100이 기본 값이며 클수록 검정과 흰색이 더 크고 선명해진다. 값이 클수록 세세한 표현력
이 떨어지며 작을수록 회색 영역이 늘어나며 부드럽게 표현할 수 있다.

Brightness 0이 기본 값이며 값이 클수록 흰색 영역이 많아져 밝아지고, 작을수록 검은색 영역이 많
아져 어두워진다.

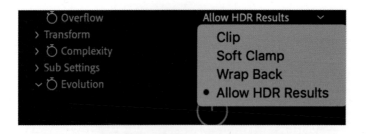

Overflow 0에서 1의 범위를 벗어난 색상 값을 다시 매핑하는 기능으로 아래 옵션 중 하나를 기준으로 한다.

└ Clip : 1.0보다 큰 값은 완전한 흰색으로 표시하고 0보다 작은 값은 완전한 검정으로 표시한다. 값이 클수록 회색 영역이 줄어들며 검거나 흰 영역이 생성된다. 따라서 대비 설정이 높을수록 세세한 표현력이 떨어진다. 루마 매트로 사용하는 레이어의 경우 투명 영역을 더 선명하게 할 수 있다.

└ Soft Clamp : 모든 값이 범위 내에 포함되도록 무한 곡선에 값을 다시 매핑한다. 이 옵션을 사용하면 대비를 줄일 수 있으며 완전히 검거나 완전히 흰 영역이 거의 없는 회색 노이즈가 표현되도록 할 수 있다. 루마 매트로 사용하는 레이어의 경우 투명 영역에 미묘한 차이를 더 할 수 있다.

└ Wrap Back : 이 기능으로 Contrast를 100보다 크게 설정하면 세밀한 부분까지 표현할 수 있다. 루마 매트로 사용하는 레이어의 경우 투명 영역에 더 자세한 텍스처를 표현할 수 있다.

└ Allow HDR Results : 값을 다시 매핑하지 않는다. 0에서 1.0 사이의 범위를 벗어난 값이 그대로 유지된다.

Transform 노이즈 레이어를 회전하거나 비율 및 위치를 조정한다.

Complexity [Sub Settings]에 따라 Fractal Noise를 만들 때 결합할 노이즈 레이어의 수. 이 값을 늘리면 노이즈의 심도가 더 깊어지고 세부적인 표현이 증가한다.

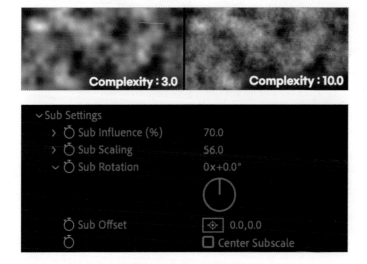

Sub Settings Fractal Noise는 노이즈 레이어를 결합하여 생성하는 것이며 [Sub Settings]을 통해 노이즈 레이어의 결합 방식과 속성을 결정한다. 이어지는 후속 레이어의 비율을 줄이면 더 세밀한 표현이 가능하다.

└ Sub Influence (%) : 조합된 노이즈에 후속하는 레이어가 미치는 영향의 정도를 지정한다. 100%는 모든 반복에 의한 영향의 정도가 동일하고 50%는 각 반복이 이전 반복의 절반만큼 영향을 준다. 0%는 [Complexity]가 1일 때와 같은 효과를 낸다.

└ Sub Scaling, Sub Rotation, Sub Offset : 이전 노이즈 레이어를 기준으로 노이즈 레이어의 크기 비율, 각도 및 위치를 지정한다.

└ Center Subscale : 동일한 지점에서 시작하도록 모든 반복이 정렬되어 부드러운 스케일링이 가능하다. 중복된 노이즈 레이어가 다른 레이어 위에 쌓인 모양으로 나타날 수 있다.

Evolution Fractal Noise에 모양 변화를 가하는 설정으로 변화가 지속적으로 발생하는 애니메이션을 만들 수 있다. 설정한 시간 내 애니메이션이 많을수록 노이즈는 더 급격하게 변화하며 짧은 시간 내 값이 크게 변하도록 설정하면 화면이 깜박일 수 있다.

Evolution Options Evolution 관련한 추가 설정을 할 수 있다. [Random Seed] 값만 변경하여도 새로운 Fractal Noise 애니메이션을 손쉽게 만들 수 있다. [Random Seed] 값을 사용할 때 애니메이션을 그대로 둔 채 노이즈 패턴만 바꿀 수도 있다.

└ Cycle Evolution : 일정한 시간 동안 반복하는 진행 주기를 만든다. 이 옵션을 사용하면 [Evolution] 상태를 시작점으로 되돌려 매끄럽게 진행되는 주기, 반복하지 않는 순환 또는 반복 세그먼트를 만들 수 있다. 각 순환이 완전히 애니메이션을 마치도록 하려면 [Evolution]에 설정한 애니메이션 수와 같거나 그 애니메이션 수로 나누어 떨어지는 [Cycle] 값을 선택한다.

└ Cycle(In Revolutions) : 노이즈가 반복되기 전에 진행되는 애니메이션 수를 지정한다. [Evolution] 키 프레임 간의 시간에 따라 진행 주기의 속력이 결정된다. 이 옵션은 노이즈의 [Evolutions]에만 적용되고 [Transform]이나 기타 컨트롤에는 영향을 주지 않는다. 예를 들어 노이즈의 두 상태가 동일하더라도 [Scale] 또는 [Offset] 설정이 서로 다르면 두 상태가 다르게 나타난다.

└ Random Seed : 노이즈를 생성하는 데 사용할 난수 값을 설정한다. [Random Seed] 속성에 애니메이션을 적용하면 노이즈가 매우 급격하게 전환되는데, 일반적으로 사용자들이 원하는 결과가 아니다. 매끄러운 노이즈 애니메이션을 구현하려면 [Evolution] 속성에 애니메이션을 적용한다.

Opacity 노이즈의 불투명도.

Blending Mode Fractal Noise와 원본 이미지 간의 혼합 작업을 의미한다.

만들어봅시다 부록 확인

▌프랙탈 노이즈 효과를 이용해 간단한 예제 만들기

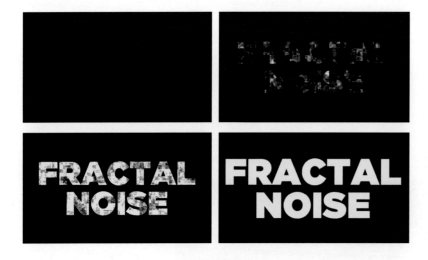

01 메뉴 바에서 [Composition]-[New Composition]을 클릭합니다. [Composition Name] : Fractal Noise, [Width] : 1920px, [Heght] : 1080px, [Duration] : 0;00;05;00으로 설정한 후 [OK] 버튼을 클릭하여 컴포지션을 만듭니다.

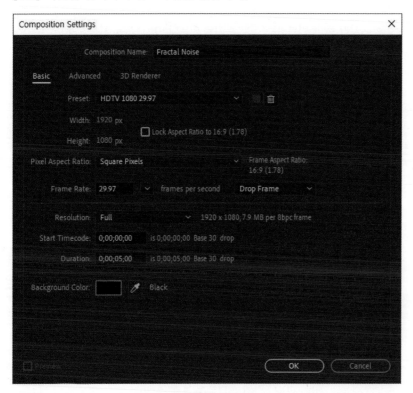

02 Fractal Noise 효과를 적용할 텍스트 'FRACTAL NOISE'를 입력합니다. [Character] 탭에서 폰트는 Gotham Ultra – Regular, 폰트 사이즈는 300px로 설정하고 [Paragraph] 탭의 Center text로 화면 중앙에 위치시킵니다.

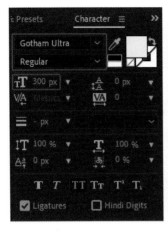

03 메뉴 바에서 [Layer] – [New] – [Solid]를 클릭하여 단색의 솔리드 레이어를 만듭니다. [Soild Name] : Fractal Noise, [Width] : 1920px, [Heght] : 1080px으로 설정한 후 [OK] 버튼을 클릭하여 솔리드 레이어를 만듭니다.

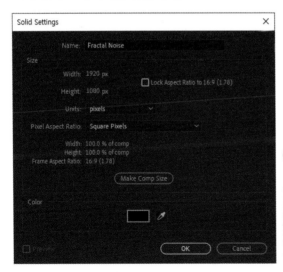

Tip

기존 솔리드 레이어의 색상이나 크기 등 속성을 변경하기 위해서는 기존 솔리드 레이어를 선택하고 [Layer] – [Solid Settings] 메뉴를 클릭해 [Solid Settings] 대화상자에서 변경할 수 있습니다.

04 메뉴 바에서 [Effect & Preset]-[Noise&Grain]-[Fractal Noise]를 선택한 후 [Fractal Noise] 솔리드 레이어에 적용합니다. 변위된 형태의 임의 노이즈가 적용된 것을 확인할 수 있습니다.

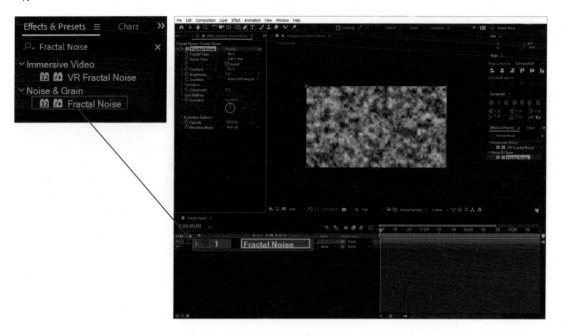

05 [Fractal Noise]-[Noise Type]을 'Block'으로 설정하고 [Contrast] 값은 200.0으로 조정합니다. 타일 형태의 임의 블록배치와 음영의 대비가 보다 선명해진 것을 확인할 수 있습니다.

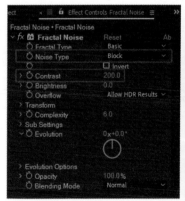

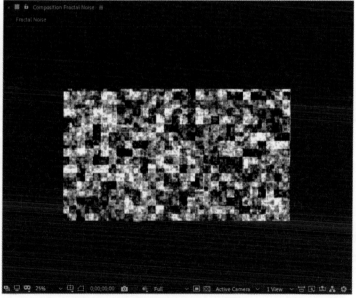

06 Fractal Noise 텍스트 레이어 우측의 [Track Matte] 탭을 클릭하고 Luma Matte "[Fractal Noise]"를 클릭하여 텍스트 레이어에 Fractal Noise 효과를 적용합니다. 텍스트에 Block 노이즈 패턴이 적용된 것을 확인할 수 있습니다.

07 어둠 속에서 등장하는 텍스트 애니메이션을 위해 Fractal Noise 패턴의 밝기를 조절하겠습니다. [Fractal Noise] 타임라인 패널에서 0;00;00;00 구간으로 이동하여 [Fractal Noise]-[Brightness] : -150.0으로 조정하고 키프레임을 클릭합니다. 다시 0;00;03;00으로 이동하여 [Brightness] : 150.0으로 조정합니다. 애니메이션을 확인해보세요.

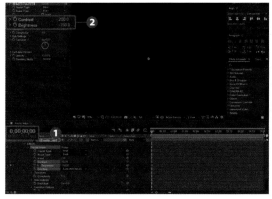 

08 Fractal Noise 패턴에 계속된 움직임을 주기 위해 표현식을 입력합니다. [Fractal Noise]-[Evolution]의 키프레임을 Alt 를 누른 채로 클릭하여 표현식 입력 탭을 활성화합니다. 이어 time*360을 입력하면 해당 타임라인 구간 동안 Fractal Noise의 애니메이션이 임의로 나타나는 것을 확인할 수 있습니다.

09 텍스트가 점점 커지는 애니메이션을 적용해보겠습니다. 0;00;00;00 구간으로 이동하여 [Fractal Noise] 텍스트 레이어의 [Transform]-[Scale] : 100.0, 100.0으로 설정하고 키프레임을 클릭합니다. 다시 0;00;04;29 구간으로 이동하여 [Scale] : 120.0, 12.0으로 설정합니다. 애니메이션을 실행해보세요.

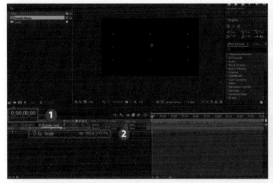 

Twirl

레이어의 중심을 기준으로 회전하며 이미지를 왜곡합니다. 중심에 가까울수록 더 심하게 왜곡되므로 설정값을 높이면 소용돌이나 여러 추상적인 패턴 효과를 얻을 수 있습니다. 특정 선이나 복잡하거나 다양한 색의 조합에서 해당 효과를 이용하면 보다 다채로운 패턴 효과 아트웍을 제작할 수 있습니다. 화면 전체에 왜곡을 주면, 앞뒤 화면 간의 전환 효과 애니메이션도 가능합니다. 이 효과는 8bpc, 16bpc 및 32bpc 색상에 사용할 수 있습니다.

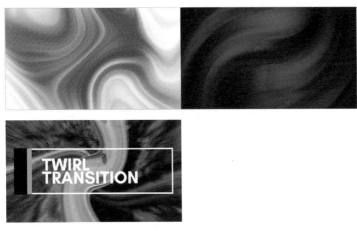

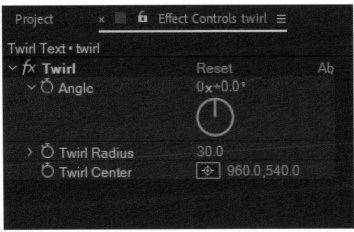

└ Angle : 이미지를 회전하는 설정으로 각도가 양수이면 이미지를 시계 방향으로 회전하고, 음수이면 반시계 방향으로 회전한다. 각도가 변경되는 애니메이션을 적용하여 소용돌이를 표현할 수 있다.

└ Twirl Radius : Twirl 중심으로부터 얼마나 멀리까지 회전을 적용할지 지정한다. 이 값은 레이어의 폭과 높이 중 더 큰 쪽의 백분율이다. 예를 들어 이 값이 50이면 레이어의 가장자리까지 회전이 뻗어나간다.

Directional Blur

특정 대상이 빠르게 움직이는 듯한 느낌을 부여합니다. 특정 대상을 흐릿하게 하는 용도 이외에도 Direction 옵션이 별도로 존재하기 때문에 원하는 각도의 방향성을 가진 블러 효과를 연출할 수 있습니다. 이 효과는 8bpc, 16bpc 및 32bpc 색상에 사용할 수 있습니다. 렌더링 속도를 높이기 위해 GPU 가속을 사용합니다.

└ Direction : 블러의 방향. 픽셀의 가운데를 기준으로 균등하게 적용됩니다. 따라서 이 값을 180도로 설정하는 경우와 0도로 설정하는 경우의 결과는 같다.

└ Blur Length : 블러 효과의 정도를 결정한다.

[Blur Length] 50.0, [Direction] : 0*+90.0

[Blur Length] '50.0', [Direction] : 0*+00.0

만들어봅시다 부록 확인

▌트월 & 디렉셔널 블러 효과를 이용해 간단한 예제 만들기

01 메뉴 바에서 [Composition] – [New Composition]을 클릭합니다. [Composition Name] : Twirl Text, [Width] : 1920px, [Heght] 1080px, [Duration] : 0;00;05;00 으로 설정한 후 [OK] 버튼을 클릭하여 컴포지션을 만듭니다.

02 Twirl 효과를 적용할 텍스트를 입력합니다. [Character] 탭에서 폰트는 Bebas Neue – Bold, 폰트 사이즈는 500px로 설정하고 'TWIRL'을 입력하여 화면 중앙에 위치시킵니다.

03 메뉴 바에서 [Effect & Preset] – [Distort] – [Twirl]을 선택하여 [Twirl] 텍스트 레이어에 적용합니다. [Twirl] – [Angle] : 0*+25.0으로 설정합니다. 해당 텍스트 레이어에 비스듬한 회전 효과가 적용된 것을 확인할 수 있습니다.

04 Twirl 텍스트에 애니메이션을 적용합니다. 0;00;00;00 구간으로 이동하여 [Twirl]-[Twirl Center] : -100.0, 540.0으로 설정하고 키프레임을 클릭합니다. 이어서 0;00;02;00 구간으로 이동하여 [Twirl Center] : 1920.0, 540.0으로 설정합니다. 마지막으로 0;00;04;00 구간으로 이동하여 [Twirl Center] : -100.0, 540.0으로 설정합니다. 좌측에서부터 시작되는 애니메이션이 적용됩니다.

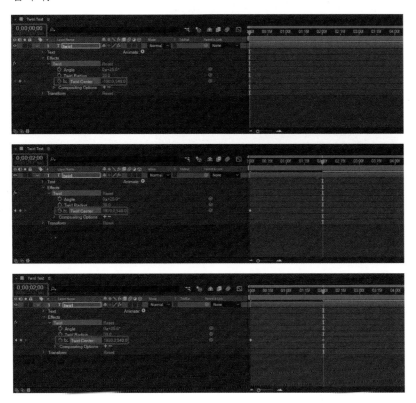

05 애니메이션을 적용한 Twirl 텍스트 레이어의 키프레임을 전체 선택하고 키프레임에 우클릭하여 [Keyframe Assistant]-[Easy Ease]F9를 적용합니다.

06 추가적인 블러 효과 적용을 위해 [Twirl] 텍스트 레이어를 선택하고 [Edit] – [Duplicate]를 클릭하여 복제합니다. 복제한 Twirl 2 텍스트 레이어는 Twirl 텍스트 레이어 하단으로 이동시킵니다.

07 메뉴 바에서 [Effect & Preset] – [Blur & Sharpen] – [Directional Blur]를 선택한 후 Twirl 2 텍스트 레이어에 적용합니다. [Directional Blur] – [Direction] : 0*+90.0, [Blur Length] : 300.0으로 설정합니다. 해당 텍스트 레이어에 방향성을 가진 잔상 효과가 적용된 것을 확인할 수 있습니다.

08 [Twirl 2] 텍스트 레이어의 투명도를 조정합니다. [Twirl 2] 텍스트 레이어에서 [Trans-form]-[Opacity] : 50%로 조정합니다. 해당 텍스트의 잔상 효과를 유지하면서 비스듬한 회전 효과가 순차적으로 지나가는 애니메이션을 확인할 수 있습니다.

02 왜곡을 이용한 순간이동 라인 제작 부록 확인

Lesson   Fractal Noise를 이용한 왜곡 효과로 다양한 라인을 제작 및 배치하고, 라인의 크기와 길이와 색감 소정으로 속도감 있는 순간이동 느낌을 가진 배경 아트웍을 제작할 수 있습니다.

Step 1 배경의 전체적인 톤 설정 및 배치하기

만들어봅시다

01 메뉴 바에서 [Composition] – [New Composition]을 클릭합니다. [Composition Name] : Cartoon Stroke, [Width] : 1920px, [Height] : 1080px, [Duration] : 0;00;05;00으로 설정한 후 [OK] 버튼을 클릭하여 컴포지션을 만듭니다.

02 메뉴 바에서 [Layer] – [New] – [Soild]를 클릭합니다. [Soild Name] : BG, [Width] : 1920px, [Height] : 1080px, 그리고 하단의 [Color]를 클릭하여 [Soild Color] : FFFFFF으로 설정하여 솔리드 레이어를 만듭니다.

03 생성한 BG 솔리드 레이어에 두 가지의 색을 추가합니다. 메뉴 바에서 [Effect & Preset] – [Generate] – [Gradient Ramp]를 더블클릭합니다.

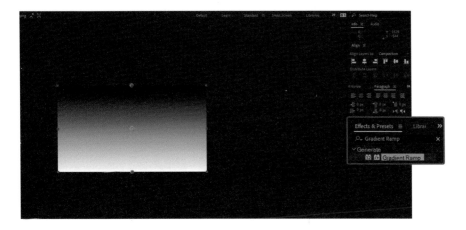

04 Gradient Ramp의 컬러를 변경합니다. [Start Color]는 F03939, [End Color]는 640000으로 설정합니다.

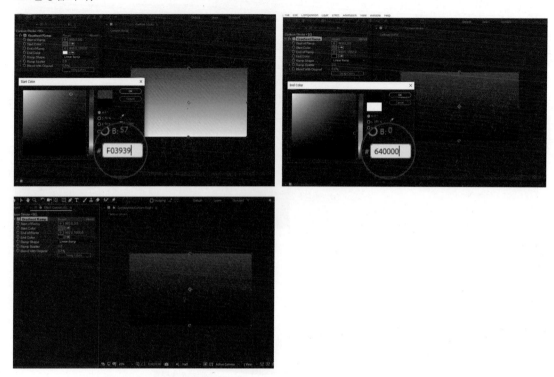

05 [Gradient Ramp]의 컬러 위치를 변경합니다. [Start of Ramp]의 값을 660.0, 0.0, [End of Ramp]의 값을 1750.0, 1080.0으로 설정합니다.

06 메뉴 바에서 [Layer] - [New] - [Soild]를 클릭합니다. [Soild Name] : Center Light, [Width] : 1920px, [Height] : 1080px, 그리고 하단의 [Color]를 클릭하여 [Soild Color] : FFFFFF으로 설정하여 솔리드 레이어를 만듭니다.

07 메뉴 바에서 [Effect & Preset] - [Generate] - [Fill] 효과를 Center Light 솔리드 레이어에 드래그하여 적용합니다. [Color] : FFC000으로 변경합니다.

08 Center Light 솔리드 레이어를 우클릭하여 [Mask]-[New Mask]를 클릭합니다. 솔리드 레이어의 해상도에 맞게 마스크 영역이 생성됩니다.

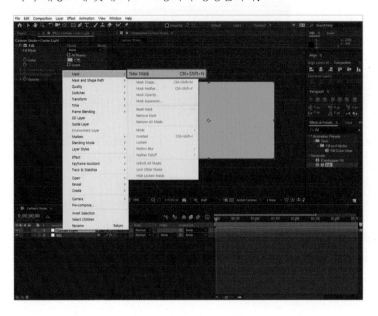

09 [Center Light]-[Transform]-[Scale] : 200.0, 200.0%, [Rotation] : 45.0로 설정한 뒤마스크의 영역 너비를 줄입니다. 사선 형태로 Center Light 솔리드 레이어를 위치시킵니다.

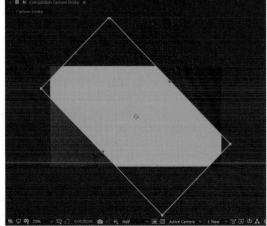
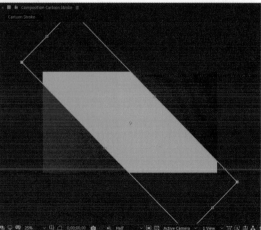

10 [Center Light]-[Mask 1]-[Mask Feather] 값을 300.0, 300.0 pixels로 설정하여 마스크 영역의 경계를 부드럽게 변경합니다.

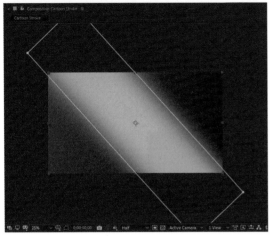

11 Center Light 솔리드 레이어를 선택하고 [Edit]-[Duplicate]으로 해당 레이어를 복제합니다. 복제한 레이어는 우클릭하여 [Rename] : Line Stroke로 변경합니다. 이어서 적용되어 있는 Fill 효과를 삭제합니다.

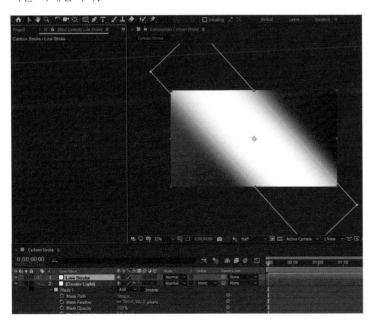

만들어봅시다

01 [Effects & Preset] – [Noise & Grain] – [Fractal Noise]를 Line Stroke 솔리드 레이어에 드래그하여 적용합니다. 불규칙한 입자의 노이즈 형태가 솔리드 레이어에 나타납니다.

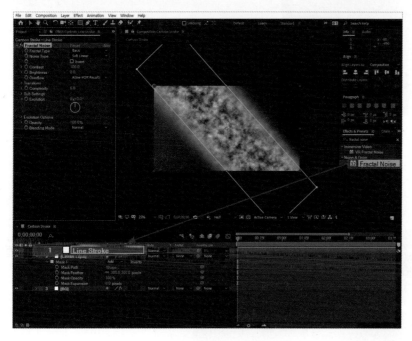

02 [Fractal Noise]-[Contrast] : 2500.0, [Brightness] : 300.0으로 설정하여 밝기와 강도를 조정합니다. [Fractal Noise]-[Transform]-[Uniform Scaling]의 체크박스를 해제하여 개별적으로 크기 변경을 합니다. [Fractal Noise]-[Transform]-[Scale Width] : 4000.0, [Scale Height] : 20.0으로 조정합니다.

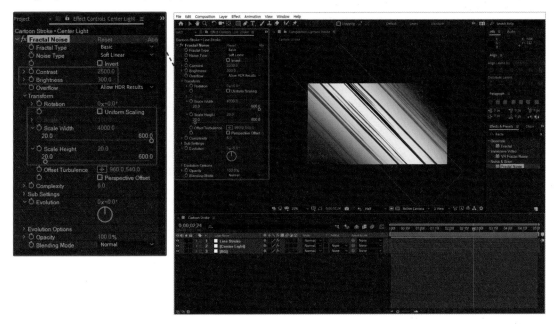

03 0;00;00;00 구간으로 이동하여 [Fractal Noise]-[Transform]-[Offset Turbulence]의 960.0, 540.0 키프레임을 클릭하고, 0;00;04;29 구간으로 이동합니다. 이어서 [Offset Turbulence]을 7000.0, 540.0으로 변경합니다. 만들어진 라인들이 불규칙하게 움직이는 것을 확인할 수 있습니다.

04 Line Stroke 솔리드 레이어를 클릭하고 레이어 우측의 Normal로 설정되어 있는 블렌딩 모드 기능을 클릭하여 Multiply로 변경합니다. 뒷 배경의 색과 조합된 것을 확인할 수 있습니다.

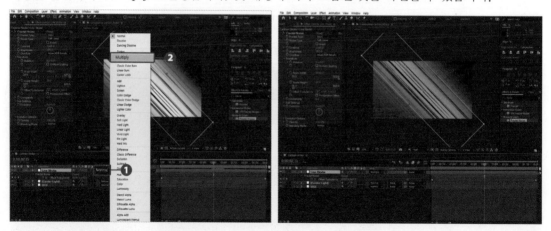

05 [Effects & Preset] – [Color Correction] – [CC Toner]를 선택하고 Line Stroke 솔리드 레이어에 드래그합니다. [CC Toner] – [Tones] : Duotone, [Shadows] : D46F03으로 설정합니다. 배경 색과 톤이 비슷해진 것을 확인할 수 있습니다.

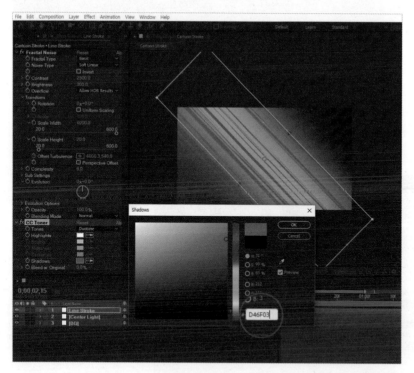

06 Line Stroke 솔리드 레이어를 선택하고 [Edit] – [Duplicate]으로 해당 레이어를 복제합니다. 복제한 레이어에 적용된 Fractal Noise 효과들의 값을 일부 조정합니다. [Fractal Noise] – [Contrast] : 2250.0, [Brightness] : 220.0, [Fractal Noise] – [Transform] – [Scale Width] : 4700.0, [Scale Height] : 32.0으로 조정합니다.

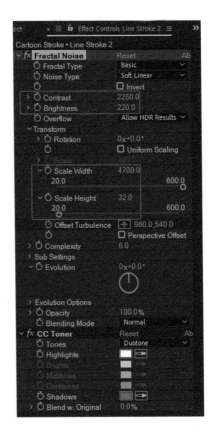

07 0;00;00;00 구간으로 이동합니다. [Fractal Noise] – [Evolution]의 키프레임을 클릭하고 0;00;04;29 구간으로 이동합니다. 이어서 [Evolution] : 5*0.0으로 변경합니다. 만들어진 라인들이 다른 느낌으로 불규칙하게 움직이는 것을 확인할 수 있습니다

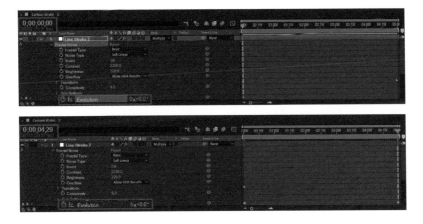

08 [Line Stroke 2] 솔리드 레이어를 선택하고 [Edit]-
[Duplicate]으로 해당 레이어를 복제합니다. 복제한 레이어
에 적용된 Fractal Noise 효과들의 값을 일부 조정합니다.
[Fractal Noise]-[Contrast] : 2400.0, [Brightness] :
200.0, [Fractal Noise]-[Transform]-[Scale Width] :
3200.0, [Scale Height] : 20.0으로 조정합니다.

09 0;00;00;00 구간으로 이동하여 [Fractal Noise]-[Evolution]의 키프레임을 클릭한 뒤
0;00;04;29 구간으로 이동하여 [Evolution] : 3*, 0.0으로 변경합니다. 애니메이션을 실행하면 라
인들이 한층 더 불규칙하게 움직이는 느낌을 줍니다.

10 Line Stroke 3 솔리드 레이어를 클릭하고 레이어 우측의 Multiply로 설정되어 있는 블렌딩 모드 기능을 클릭하여 Add로 변경합니다. Line Stroke 3 솔리드 레이어 영역이 밝아진 것을 확인할 수 있습니다.

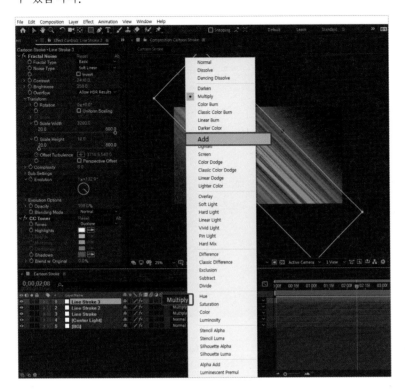

11 Line Stroke 3 솔리드 레이어의 [CC Toner] – [Highlights] 컬러를 000000으로 설정합니다. 밝게 번진 부분이 사라지고 하이라이트 부분의 밝은 라인이 보이는 것을 확인할 수 있습니다.

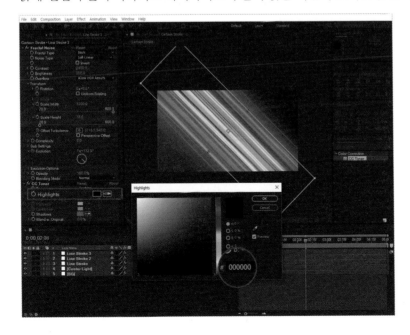

12 [Effects & Preset]-[Stylize]-[Glow]를 선택하고 Line Stroke 3 솔리드 레이어에 드래그하여 적용합니다. [Glow]-[Glow Radius] : 70.0, [Glow Intensity] : 2.0으로 설정합니다. 밝은 라인 부분에 좀 더 선명한 글로우 효과가 적용된 것을 확인할 수 있습니다.

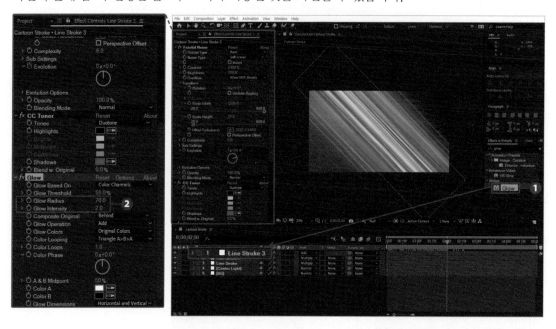

13 Line Stroke 3 솔리드 레이어를 선택하고 [Edit]-[Duplicate]으로 해당 레이어를 복제합니다. 복제한 레이어에 적용된 Fractal Noise 효과들의 값을 일부 조정합니다. [Fractal Noise]-[Brightness] : 100.0, [Fractal Noise]-[Transform]-[Scale Width] : 2000.0, [Scale Height] : 65.0으로 조정합니다.

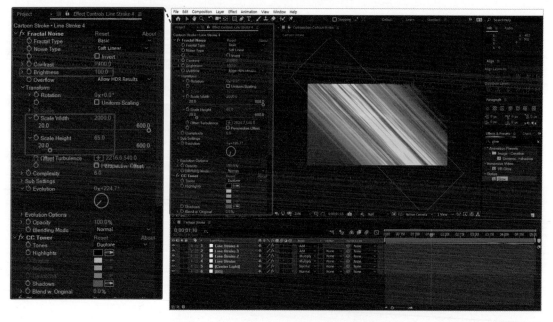

14 Center Light 솔리드 레이어를 선택하고 [Edit] – [Duplicate]으로 해당 레이어를 복제합니다. 복제한 레이어를 타임라인 패널의 최상단으로 드래그하여 위치시킵니다. [Mask 1] – [Add]로 설정되어 있는 모드를 [Subtract]로 변경합니다. 마스크 바깥 부분에 색이 적용된 것을 볼 수 있습니다.

15 Center Light 솔리드 레이어에 적용된 효과 [Fill] – [Color] 값을 000000으로 설정합니다. 외곽 부분이 블랙으로 어두워진 것을 확인할 수 있습니다.

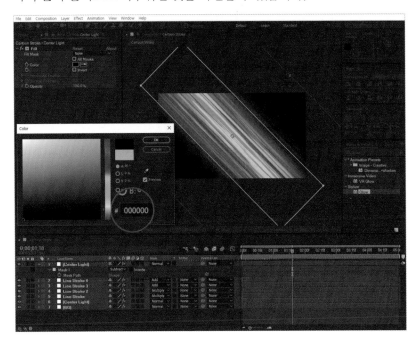

16 Center Light 솔리드 레이어를 우클릭하여 [Rename] : Vignetting로 이름을 변경합니다. 이어서 Vignetting 솔리드 레이어를 선택하고 [Transform] – [Opacity] : 40%로 조정합니다. 색이 연해지면서 보다 자연스러운 비네팅 효과가 적용된 것을 볼 수 있습니다.

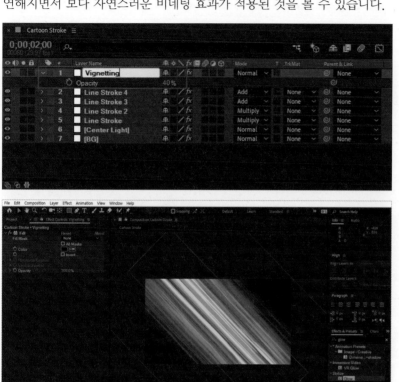

만들어봅시다

01 타이틀로 사용할 텍스트를 생성해봅시다. [Character]에서 폰트는 Showcard Gothic – Regular, 폰트 크기는 200px, 스트로크 두께는 45px, 텍스트 필 컬러는 FFFF00, 스트로크 컬러는 0071DA로 설정하고 텍스트 내용은 CARTOON을 입력합니다.

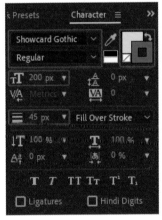

02 서브 타이틀로 사용할 텍스트를 생성해봅시다. [Character]에서 폰트는 Showcard Gothic – Regular, 폰트 크기는 120px, 텍스트 필 컬러는 FFFF00로 설정하고 텍스트 내용은 'STROKE EFFECT'를 입력합니다.

03 [Tool Bar]의 도형 아이콘을 길게 클릭하여 [Rectangle Tool▣]로 설정합니다. 상단의 [Fill] 에서 FF0000으로 설정한 뒤 서브 타이틀을 덮는 크기만큼 드래그하여 도형을 만듭니다. 생성된 Shape Layer 1을 CARTOON 레이어 하단으로 이동시킵니다.

04 Stroke effect, Cartoon, Shape Layer 1을 동시 선택한 뒤 우클릭하여 [Pre-compose]를 선택합니다. Pre-compose 이름은 cartoon text로 설정하고 [Move all attributes into the new composition] 항목을 체크한 뒤 [OK] 버튼을 클릭합니다.

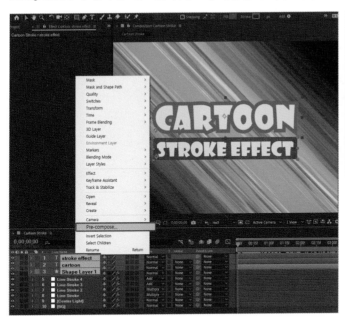
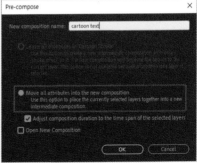

05 [Effects & Preset]-[Distort]-[Transform]를 선택하고 cartoon text로 드래그하여 적용합니다. 이어서 [Transform]-[Skew] : -15.0으로 설정합니다. cartoon text 레이어에 기울기 효과가 적용된 것을 확인할 수 있습니다.

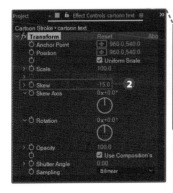

06 [Effects & Preset] – [Distort] – [Turbulent Dis-place]를 선택하고 cartoon text 레이어에 드래그하여 적용합니다. [Turbulent Displace] – [Amount] : 10.0, [Size] : 12.0, [Complexity] : 10.0으로 설정합니다.

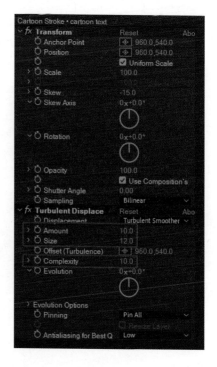

07 Cartoon Stroke 컴포지션 타임라인 패널로 이동합니다. cartoon text 컴포지션 레이어를 선택하고 [Effects] – [Turbulent Displace] – [Evolution]의 키프레임을 Alt 를 누른 채로 클릭하여 표현식 명령어 입력을 위한 창을 활성화합니다.

08 활성화된 창을 클릭한 상태로 effect("Tubulent Dispalce")(6) 명령어를 삭제하고 time*3000 명령어를 입력합니다. cartoon text 컴포지션에 작은 왜곡 효과가 반복하여 애니메이션되는 것을 확인할 수 있습니다.

03 블러와 왜곡을 이용한 그라데이션 배경 제작 부록 확인

Lesson 다수의 원형을 패턴 형태로 복제하고 Directional Blur를 이용해 부드럽게 만듭니다. 이어서 왜곡 효과인 Turbulent Displace와 Twiril을 이용하면 추상적인 느낌의 그라데이션 배경을 제작할 수 있습니다.

Step 1 원형 생성 및 복제와 배치하기

만들어봅시다

01 메뉴 바에서 [Composition]-[New Composition]을 클릭합니다. [Composition Name] : Abstract BG, [Width] : 1920px, [Height] : 1080px, [Duration] : 0;00;05;00으로 설정한 후 [OK] 버튼을 클릭하여 컴포지션을 만듭니다.

02 메뉴 바에서 [Layer] – [New] – [Soild]를 클릭합니다. [Soild Name] : BG, [Width] : 1920px, [Height] : 1080px, [Color] : FFFFFF로 설정한 후 [OK] 버튼을 클릭하여 솔리드 레이어를 만듭니다.

03 타임라인 패널에 우클릭하여 [New] – [Shape Layer]를 선택합니다.

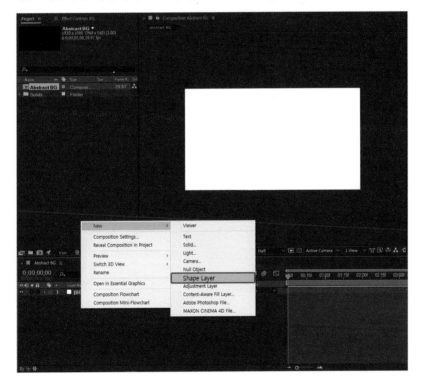

04 생성한 Shape Layer 1에 원을 추가해봅시다. Shape Layer 1 레이어를 선택하고 [Add] – [Elilpse]를 클릭합니다. Shape Layer 1의 하단에 Elilpse Path 1 생성됩니다.

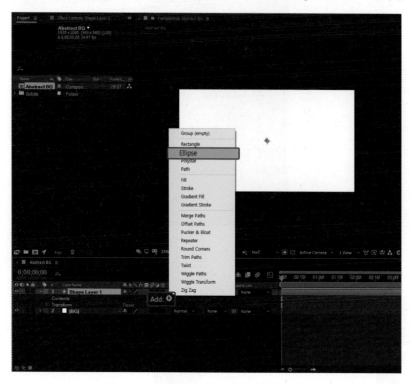

05 원에 색상을 추가해봅시다. Shape Layer 1 레이어를 선택하고 [Add] – [Fill]을 클릭합니다. 기본 색인 붉은 색이 원에 적용됩니다.

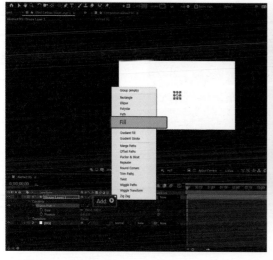
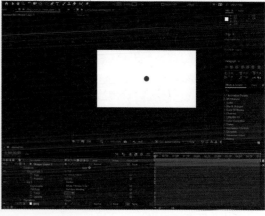

06 [Shape Layer 1] – [Contents] – [Fill] – [Color] : E50050으로 변경합니다. 기본 붉은 색을 진홍색으로 변경한 것입니다. 이어서 [Ellipse Path 1] – [Size] : 300.0, 300.0으로 설정합니다.

07 Shape Layer 1 레이어에 그림자 효과를 추가해봅시다. [Effect & Preset] – [Perspective] – [Drop Shadow]를 드래그하여 적용합니다. 이어서 [Drop Shadow] – [Shadow Color] : DC1CD1, [Distance] : 90.0으로 설정합니다.

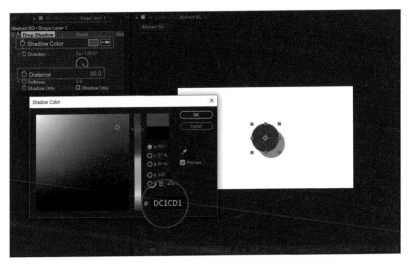

08 Shape Layer 1 레이어를 우클릭하여 [Rename] : Shape 01로 이름을 변경합니다. Shape 01 레이어를 클릭하고 메뉴 바의 [Edit] – [Duplicate]으로 레이어를 복제합니다. 복제한 레이어는 Shape 01 레이어의 좌측에 위치시킵니다.

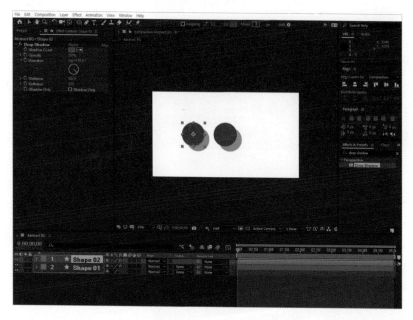

09 [Shape 02] – [Contents] – [Fill] – [Color] : 00CED5으로 변경합니다. 청록색으로 변경됩니다.

10 서로 색이 다른 Shape 01과 Shape 02 레이어를 화면에 가득 차도록 복제하여 크기와 위치 등을 임의로 조정합니다.

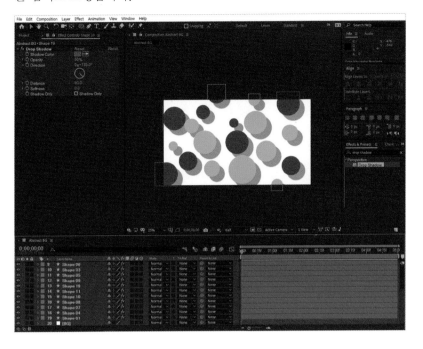

11 모든 Shape 레이어를 선택하고 우클릭하여 [Pre-compose]를 클릭합니다. 이름은 Circle Shape, [Move all attributes into the new composition]을 선택하고 [OK] 버튼을 클릭합니다.

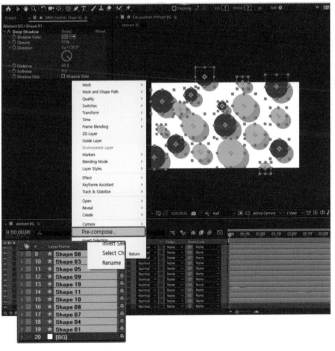

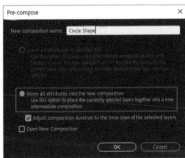

12 Circle Shape 컴포지션에 애니메이션을 적용합니다. 0;00;00;00 구간으로 이동합니다. [Circle Shape]-[Transform]-[Position]의 키프레임을 클릭하고, 0;00;04;29 구간으로 이동한 뒤 [Position] : 100.0,540.0으로 변경합니다.

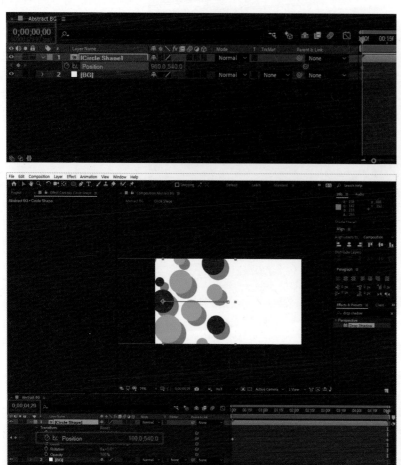

13 Circle Shape 컴포지션에 비어있는 부분을 채워봅시다. [Effects & Preset]–[Stylize]–[CC RepeTile]을 타임라인 패널의 [Circle Shape] 컴포지션으로 드래그해 적용합니다. [CC RepeTile]–[Expand Right] : 1200, [Tiling] : Unfold로 설정합니다.

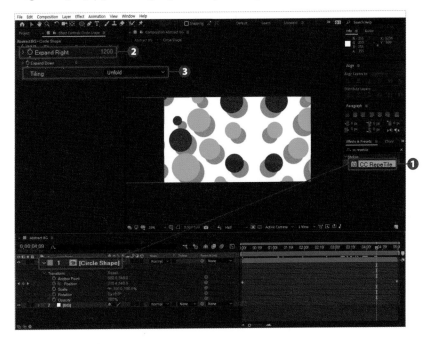

14 Circle Shape 컴포지션을 선택하고 우클릭하여 [Pre-compose]를 한번 더 실행합니다. 이름은 Circle Final, [Move all attributes into the new composition]을 선택하고 [OK] 버튼을 클릭합니다.

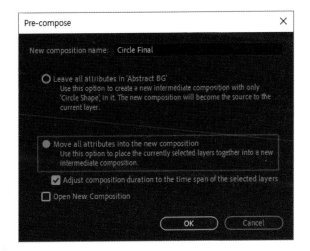

Tip

Pre-compose를 왜 또 할까요?

CC RepeTile는 움직임을 주는 효과입니다. 여기에 그대로 여러 개의 왜곡 효과를 더하면, 효과들이 그 움직임을 그대로 따라갑니다. 따라서 CC RepeTile와 각종 효과 및 속성을 Pre-compose로 크롭하여 하나의 레이어로 만들어 추가적인 왜곡을 주더라도 움직임에 영향을 받지 않게 하기 위함입니다.

만들어봅시다

01 [Effects & Preset] – [Distort] – [Turbulent Displace]를 선택하고 Circle Shape 컴포지션 레이어에 드래그해 적용합니다. [Turbulent Displace] – [Amount] : 20.0, [Size] : 100.0, [Complexity] : 10.0으로 설정합니다.

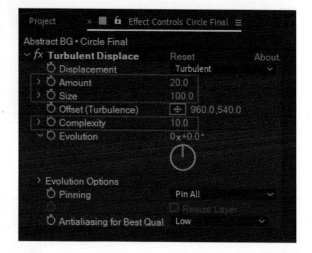

02 [Circle Final]-[Effect]-[Turbulent Displace]-[Evolutuon] 키프레임을 Alt 를 누른 채
로 클릭합니다. effect{"Turbulent Displace")(6) 수식을 삭제하고 time*100 표현식을 입력합니다.
Circle Final 컴포지션에 왜곡 효과가 불규칙적으로 애니메이션되는 것을 확인할 수 있습니다.

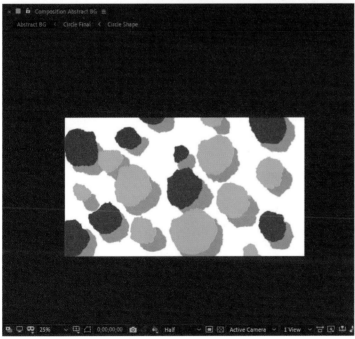

03 [Effects & Preset]-[Blur & Sharpen]-[Directional Blur]를 선택하고 Circle Final 컴포지션 레이어에 드래그해 적용합니다. [Directinal Blur]-[Direction] : 0*20.0, [Blur Length] : 600.0으로 설정합니다. 원형들이 직선형태로 블러 효과가 적용된 것을 확인할 수 있습니다.

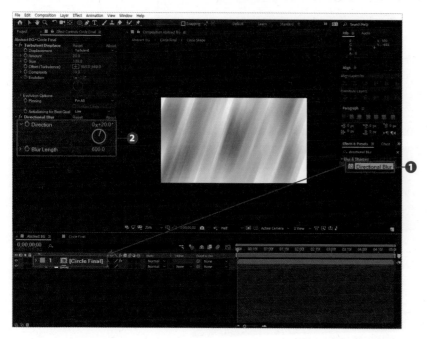

04 [Effects & Preset]-[Distort]-[Twirl]를 선택하고 Circle Final 컴포지션 레이어에 드래그해 적용합니다. [Twirl]-[Angle] : 0*250.0, [Twirl Radius] : 100.0으로 설정합니다. 블러 효과에 직선 형태로 뒤틀린 느낌의 회전이 추가된 것을 확인할 수 있습니다.

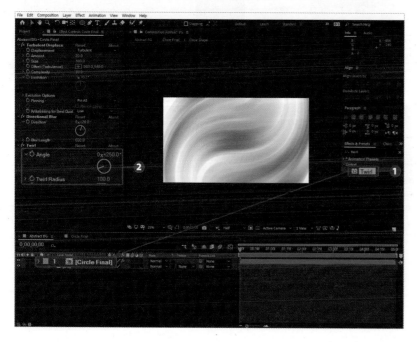

05 [Effects & Preset]-[Blur & Sharpen]-[Fast Box Blur]를 선택하고 Circle Final 컴포지션 레이어에 드래그해 적용합니다. [Fast Box Blur]-[Blur Radius] : 7.0으로 설정합니다. 미세하게 블러 효과가 추가된 것을 확인할 수 있습니다.

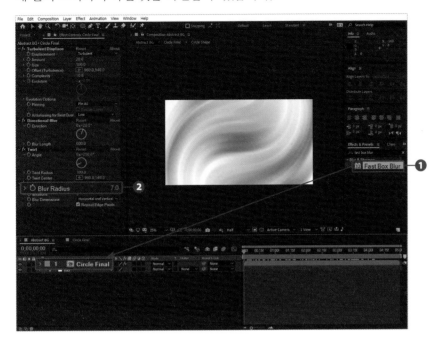

06 [Effects & Preset]-[Color Correction]-[Hue/ Saturation]를 선택하고 Circle Final 컴포지션 레이어에 드래그해 적용합니다. [Hue/Saturation]-[Channel Range]-[Master Hue] : 0*+17.0, [Master Saturation] : 30으로 설정합니다.

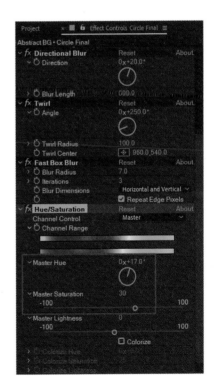

07 0;00;00;00 구간으로 이동하여 [Hue/Saturation] – [Channel Range]의 키프레임을 클릭합니다. 이어서 0;00;02;00 구간으로 이동하여 [Master Hue] : 0*140.0, [Master Saturation] : 0으로 변경합니다.

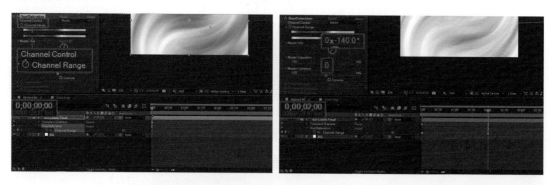

08 타임라인 패널에서 BG 솔리드 레이어를 선택하고 Solid Settings(Ctrl + Shift + Y)을 불러옵니다. 하단의 [Color]를 클릭하여 [Soild Color]를 00185F으로 변경하고 [OK] 버튼을 클릭합니다.

04 왜곡을 이용한 3D 텍스트 배경 및 로고 제작 부록 확인

Lesson 이미지나 형태를 반복하여 복제하는 효과(CC RepeTile)와 왜곡 효과(Mesh Warp)를 이용해 패턴 형태의 재밌는 텍스트 배경을 만들 수 있습니다.

Step 1 패턴에 사용할 텍스트 만들기

만들어봅시다

01 메뉴 바에서 [Composition] – [New Composition]을 클릭합니다. [Composition Name] : 3D Logo & Text BG, [Width] : 1920px, [Height] : 1080px, [Duration] : 0;00;07;00으로 설정한 후 [OK] 버튼을 클릭하여 컴포지션을 만듭니다.

02 메뉴 바에서 [Layer] - [New] - [Soild]
를 클릭합니다. [Soild Name] : BG,
[Width] : 1920px, [Height] : 1080px,
[Color] : 000000으로 설정한 후 [OK] 버
튼을 클릭하여 솔리드 레이어를 만듭니다.

03 메뉴 바에서 [Composition] - [New Composition]을 클릭합니다. [Composition Name] :
Text, [Width] : 1500px, [Height] : 180px, [Duration] : 0;00;07;00으로 설정한 후 [OK] 버튼
을 클릭하여 가로로 길다란 해상도의 컴포지션을 만듭니다.

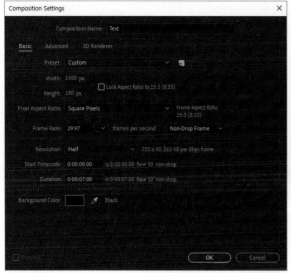

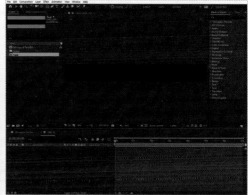

04 타이틀로 사용할 텍스트를 생성해봅시다. [Character]에서 폰트는 Gotham Black – Regular, 폰트 크기는 170px, 텍스트 필 컬러는 FDFDFD로 설정하고 텍스트 내용은 AFTER EFFECTS를 입력합니다.

05 3D Logo & Text BG 컴포지션으로 이동합니다. 프로젝트 패널에서 방금 생성한 Text 컴포지션을 타임라인 패널의 3D Logo & Text BG 컴포지션의 최상단으로 드래그하여 이동시킵니다

06 Text 컴포지션 레이어에 효과를 추가
합니다. 메뉴 바에서 [Effect & Preset] -
[Stylize] - [CC RepeTile]를 클릭합니다.

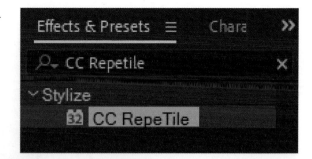

07 CC RepeTile 효과를 Text 컴포지션 레이어에 드래그하여 적용하고 [CC RepeTile] - [Expand
Right], [Expand Left], [Expand Down], [Expand Up] 값을 모두 1000으로 설정합니다.

08 텍스트가 임의적으로 배치되도록 [CC RepeTile] – [Tiling] – [Brick]으로 설정합니다.

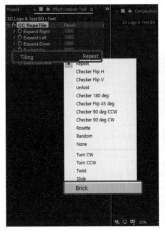
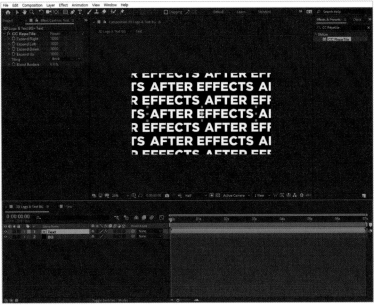

09 0;00;00;00 구간으로 이동합니다. [Text] – [Transform] – [Position] : 1280.0, 540.0으로 입력한 뒤 키프레임을 클릭합니다. 이어서 0;00;06;29 구간으로 이동하여 [Position] : 960.0, 540.0으로 변경합니다.

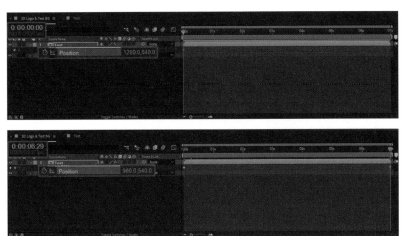

10 Text 컴포지션을 선택한 뒤 우클릭하여 [Pre-compose]를 선택합니다. [Pre-compose] 이름은 Text Warp으로 설정하고 [Move all attributes into the new composition] 항목을 체크한 뒤 [OK] 버튼을 누릅니다.

 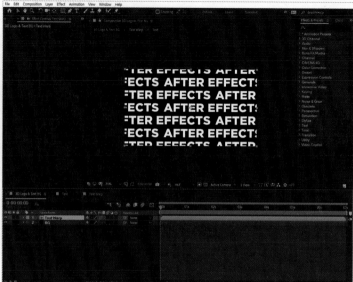

만들어봅시다

01 Text Warp 컴포지션 레이어에 왜곡 효과를 추가합니다. 메뉴 바에서 [Effect & Preset] – [Distort] – [Mesh Warp]를 클릭 합니다.

02 CC RepeTile 효과를 Text Warp 컴포지션 레이어에 드래그하여 적용하고 [Mesh Warp] – [Rows] : 2, [Columns] : 2, [Quality] : 10으로 설정합니다.

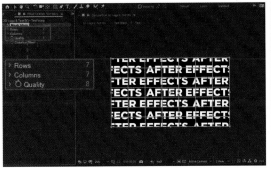
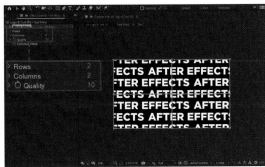

03 복제된 Text Warp 컴포지션에 색상을 추가해봅시다. 메뉴 바에서 [Effect & Preset] – [Gen-erate] – [Gradient Ramp]를 클릭하고 Text Warp 컴포지션 레이어에 드래그하여 적용합니다.

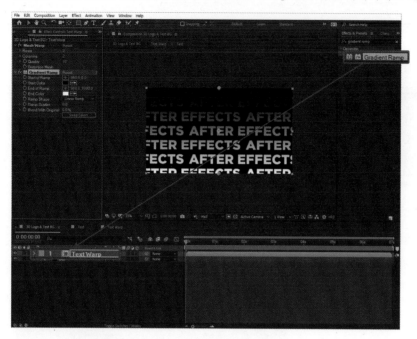

04 [Gradient Ramp] – [Start of Ramp] – [Start Color] : 9B33D3, [End of Ramp] – [End Color] : 071155로 설정한 후 [OK] 버튼을 클릭합니다. 보라색 투톤 그라데이션이 적용된 것을 확인할 수 있습니다.

05 [Gradient Ramp]–[Ramp Shape] : Radial Ramp, [End of Ramp] : -355.0, 1080.0으로 변경합니다. 원형으로 투톤 그라데이션이 적용되는 것을 확인할 수 있습니다.

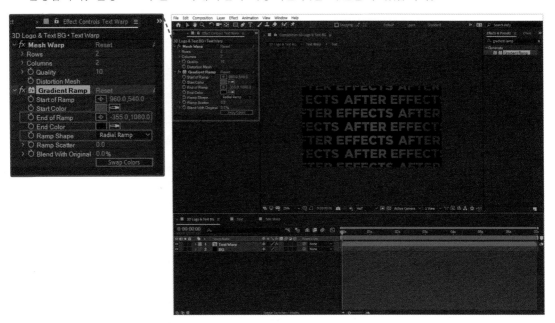

06 상단 [Tool Bar]의 Selection Tool █을 선택하고 Text Warp 컴포지션 레이어에 적용된 Mesh Warp 효과를 클릭합니다. 이 상태에서 활성화된 그리드의 가운데 점을 선택하고 드래그하여 아래 이미지처럼 형태를 왜곡시킵니다.

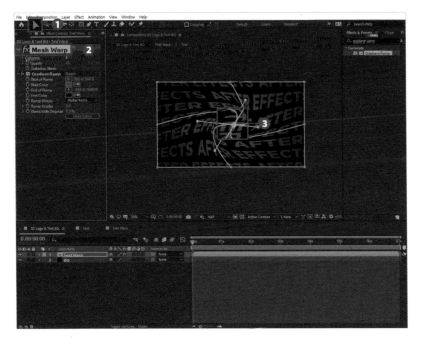

07 아무것도 선택하지 않은 상태로 Pen Tool 을 이용해 사각형을 만들면 Shape Layer 1이 생성됩니다. 이어서 아래 이미지처럼 가운데 부분을 Convert Vertex Tool 로 클릭하여 변형시키고 [Shape Layer 1] – [Fill] : 000000으로 설정합니다.

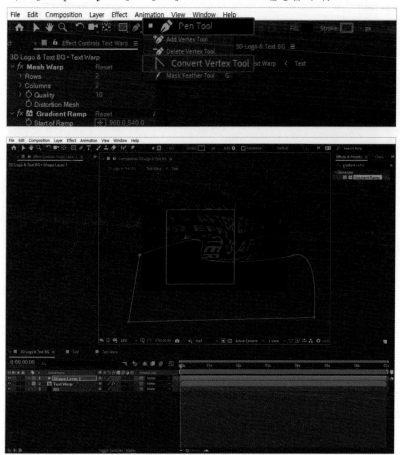

Tip

펜툴 이용이 어려우신가요?

위의 그림처럼 펜툴로 사각형을 만들고, 선택한 상태에서 G를 눌러 사각형 윗부분 선에 한 번씩 클릭하여 점 3개를 만듭니다. 추가한 3개의 점을 하나씩 선택하여 활성화되는 핸들을 조절해 왜곡시킵니다. 전체 위치는 점을 선택하여 드래그하고, 기울기나 왜곡은 핸들로 조절하는 것이 용이합니다.

08 메뉴 바에서 [Effect & Preset] – [Blur & Sharpen] – [Fast Box Blur]를 더블클릭합니다.
[Fast Box Blur] – [Blur Radius] : 50.0으로 설정합니다. 펜 툴로 딴 외곽 선 부분이 옅어진 것을
확인할 수 있습니다.

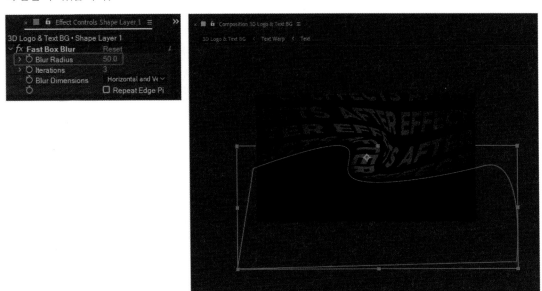

09 [Shape Layer 1] – [Mask] – [New Mask]로 마스크를 생성한 뒤 마스크의 위치를 상단부로 이
동시킵니다.

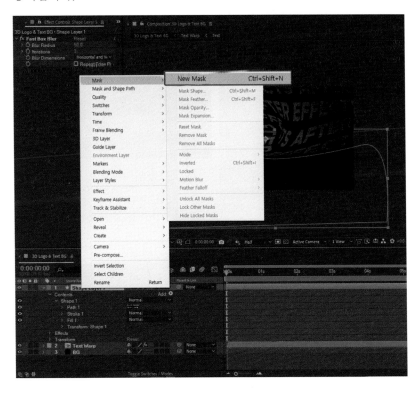

10 마스크의 아래 라인에 Pen Tool![pen tool icon]로 3개의 점을 찍은 후 아래 이미지처럼 굴곡을 만듭니다.

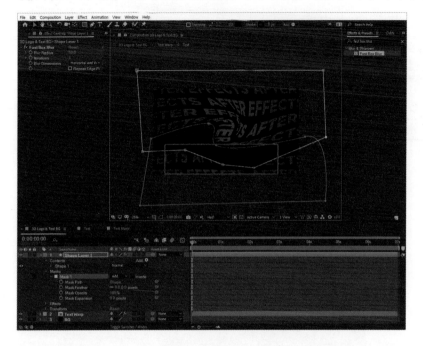

11 [Shape Layer 1]-[Masks]-[Mask 1]-[Mask Feather] : 400.0, 400.0, [Mask Opacity] : 80%로 설정합니다. Shape Layer 1 레이어의 마스크 영역이 부드러워진 것을 확인할 수 있습니다.

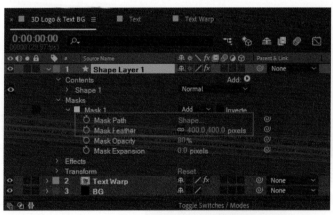

12 아무것도 선택하지 않은 상태로 Pen Tool ✍을 이용해 아래 이미지처럼 화면 좌상단에 점을 찍어 모양을 만듭니다. Shape Layer 2가 생성됩니다.

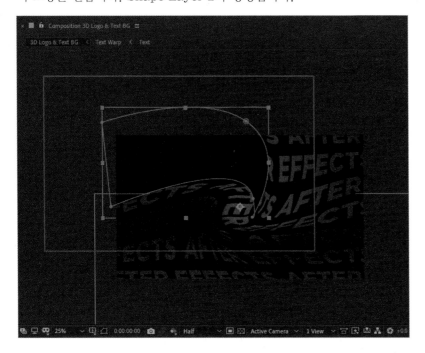

13 Shape Layer 2 레이어를 우클릭하여 [Mask] - [New Mask]를 선택합니다. 마스크 영역 하단라인에 Pen Tool ✍로 3개의 점을 찍습니다.

14 마스크 영역의 점을 드래그하여 아래의 Shape Layer 형태에 맞춰 굴곡을 만듭니다. [Shape Layer 2]-[Mask]-[Mask 1] 영역을 선택하고 아래 이미지와 동일하게 마스크 영역을 드래그하여 조정합니다.

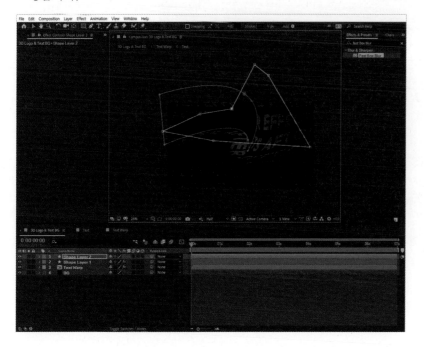

15 [Shape Layer 2]-[Masks]-[Mask 1]-[Mask Feather] : 400.0, 400.0, [Mask Opacity] : 80%로 설정합니다. Shape Layer 2 레이어의 마스크 영역이 부드러워진 것을 확인할 수 있습니다.

16 메뉴 바에서 [Effect & Preset]-[Blur & Sharpen]-[Fast Box Blur]를 선택합니다. [Fast Box Blur]-[Blur Radius] : 50.0으로 설정합니다. 펜 툴로 딴 외곽 선 부분이 옅어진 것을 확인할 수 있습니다.

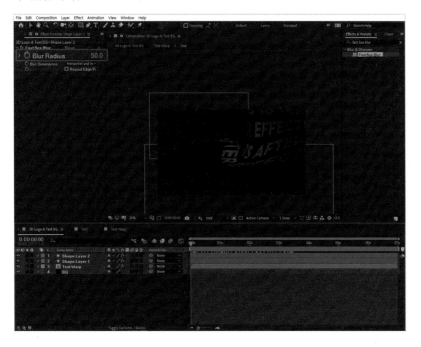

17 3D Logo & Text BG 컴포지션의 타임라인 패널에 우클릭하여 [New]-[Adjustment Layer]를 클릭합니다.

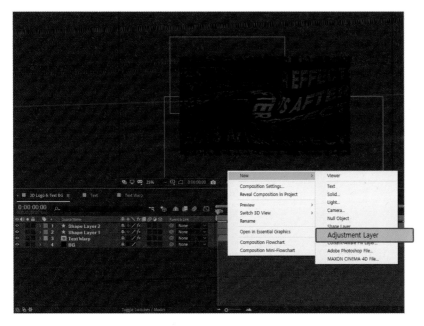

18 [Effects & Preset]-[Stylize]-[Glow]를 선택하고 Adjustment Layer 1에 드래그하여 적용합니다. [Glow]-[Glow Radius] : 50.0, [Glow Threshold] : 58.0%으로 설정합니다. 배경에 좀 더 선명한 글로우 효과가 적용된 것을 확인할 수 있습니다.

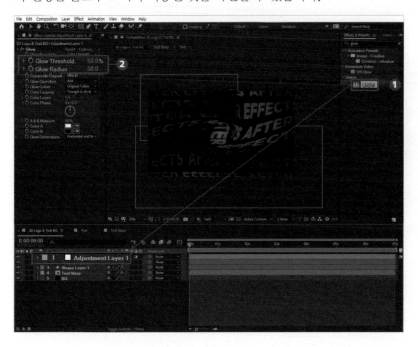

만들어봅시다

01 프로젝트 패널에 우클릭하여 [Import] – [File]을 선택하고 소스로 제공되는 After Effects icon. png 파일을 선택한 뒤 [Import As]를 Footage로 설정하고 [Import]를 클릭합니다. 임포트한 After Effects icon.png 파일을 3D Logo & Text BG 컴포지션 레이어의 최상단으로 드래그합니다.

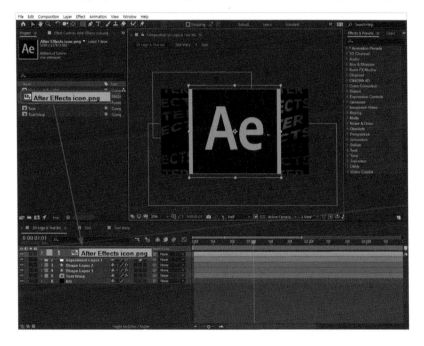

02 타임라인 패널로 불러온 After Effects icon.png 파일을 우클릭하여 [Pre-compose]를 선택합니다. 컴포지션 이름은 AE Logo로 설정하고, [Leave all attributes in '3D Logo & Text BG'] 항목을 체크한 뒤 [OK] 버튼을 클릭합니다.

03 AE Logo 컴포지션을 선택하고 [Transform]-[Scale] : 25.0,25.0%으로 조정합니다. 배경에 알맞은 크기의 해당 로고를 배치합니다.

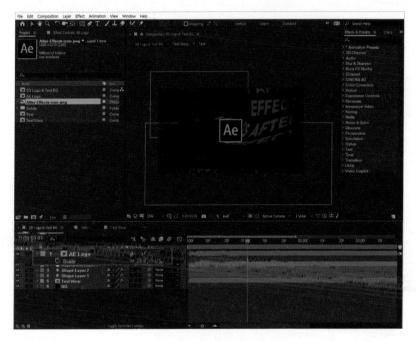

04 AE Logo 컴포지션 레이어 우측의 3D Layer 를 클릭하여 Z 축을 활성화합니다.

05 [AE Logo] - [Transform] - [Position]에 Alt 를 누른 채 클릭하여 표현식 입력창을 활성화합니다. Transform.position 수식을 삭제하고 [position[0],position[1],index] 표현식을 입력합니다. 해당 컴포지션 레이어를 복제할 때마다 Z 축의 포지션 값이 늘어나므로 두께감 표현을 할 수 있습니다.

06 [Effects & Preset]-[Color Correction]-[Exposure]를 AE Logo 컴포지션 레이어에 드래그하여 적용합니다. [Exposure]-[Master]-[Exposure] : −1.00으로 설정합니다. 로고 부분이 어두워진 것을 확인할 수 있습니다.

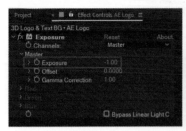

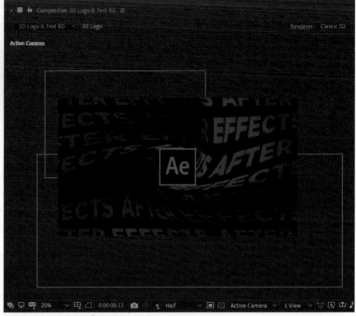

07 표현식을 이용한 두께감 표현을 위해 [Edit]-[Duplicate]로 AE Logo 컴포지션 레이어를 20개 복제해봅시다. 복제한 컴포지션 중 최상단의 1번 AE Logo 컴포지션 레이어를 클릭하고 [Edit]-[Clear]를 선택하여 적용되어 있는 Exposure 효과를 삭제합니다.

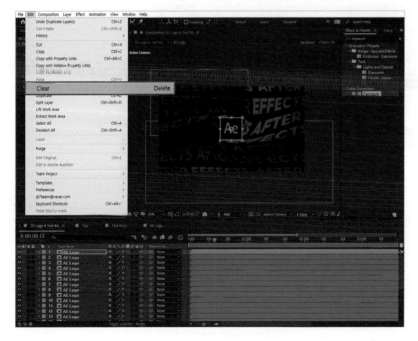

08 두께감을 확인해봅시다. [Layer]-[New]-[Cameara]를 선택하고 [Type] : Two-Node Camera, [Name] : Camera 1, [Preset] : 50mm 으로 설정하고 [OK] 버튼을 클릭합니다.

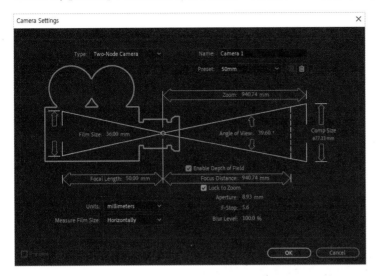

09 [Layer]-[New]-[Null Object]를 선택하고 Camera 1 레이어의 우측에 있는 [Parent & Link]-[Parent pick whip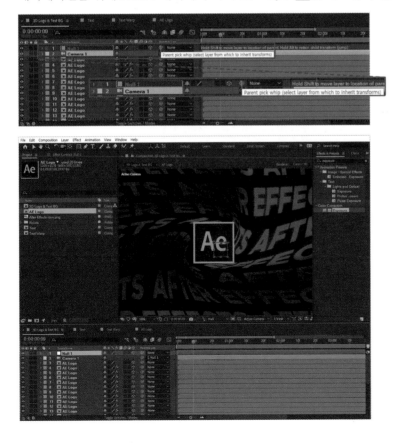] 아이콘을 갓 생성한 Null 1 레이어로 드래그하여 지정합니다. Z 축 애니메이션을 위해 Null 1 레이어 우측의 3D Layer를 체크합니다.

10 복제한 컴포지션들에 회전 값을 적용합니다. [Null 1 레이어]-[Transform]-[Y Rotation] : 0*+45.0으로 설정합니다. Z 축에 두께감이 형성된 것을 확인할 수 있습니다.

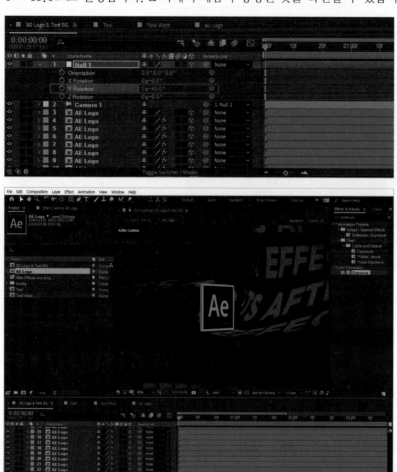

11 두께감을 더 강조해봅시다. 타임라인 패널에서 제일 마지막 AE Logo 컴포지션 레이어를 선택하고 [Edit]-[Duplicate]로 레이어를 대략 40개까지 복제합니다. 보다 더 두께감이 형성된 것을 확인할 수 있습니다.

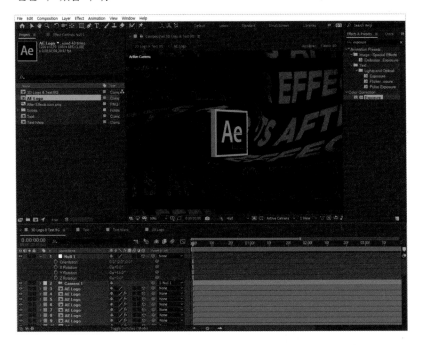

12 복제한 컴포지션들에 애니메이션을 적용해봅시다. 0;00;00;00 구간으로 이동하여 +45°로 설정된 [Null 1]-[Transform]-[Y Ratation]의 키프레임을 클릭하고, 이어서 0;00;03;15 구간으로 이동하여 [Y Ratation]의 키프레임을 +32°로 변경합니다. 마지막으로 0;00;06;29 구간으로 이동하여 [Y Ratation]의 키프레임을 다시 −45°로 변경합니다.

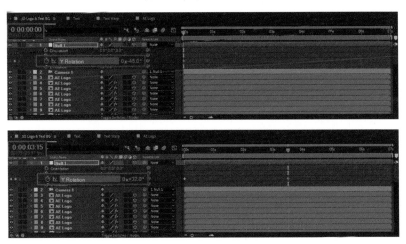

13 회전값을 적용한 Null 1의 키프레임을 모두 선택하고 우클릭하여 [Keyframe Assistant]-[Easy Ease]를 선택합니다. 완성된 로고 애니메이션을 확인해보세요.

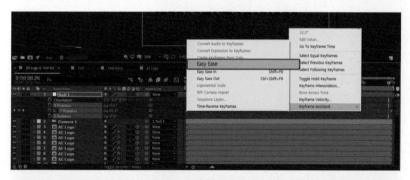

MENO

Part

엘레멘트 3D로
3D 아트웍
계작하기

Ae

01 엘레멘트 3D 소개

Lesson 애프터 이펙트에서 사용하는 3D 효과는 완벽한 3D가 아니라 2.5D 기반의 연출입니다. 3D 객체를 보다 효율적으로 구현할 수 있도록 Video Copilot사에서 만든 플러그인이 Element 3D 입니다.

Step 1 | 엘레멘트 3D 알아보기

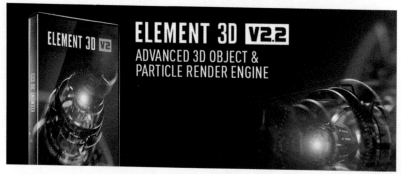

▶ 출처: Video Copilot

Element 3D는 카메라의 모션 블러 및 피사계 심도, Cinema 4D와의 연동성, VFX 합성까지 다양한 작업에 3D 요소를 사용힐 수 있습니다. Element 3D 인터페이스 내에서 질감, 크기 및 조명 등 일련의 기본 형태들을 제공하여 간단하게 객체에 애니메이션을 적용할수 있습니다.

우측의 이미지를 살펴보면 애프터 이펙트만으로 만들었다고 생각하기 힘들 정도로 디테일한 연출이 돋보입니다. 하지만 Element 3D가 3D 모델링 전문 프로그램은 아니기 때문에 보다 현실적인 3D 구현을 위해서는 3D 전문 프로그램과의 연동이 필수적입니다.

▶ 출처: Video Copilot

Scene Setup

이펙트 컨트롤 창에서 [Scene Setup]을 클릭하여 간단한 쉐이프 오브젝트의 생성, 패스로 형성한 텍스트 및 로고의 3D Extrude, 여러 색상 및 재질 적용, 두께와 크기 조절 등이 가능합니다. Element 3D 기본 재질 및 모델 팩은 Video Copilot사 홈페이지에서 구입할 수 있습니다.

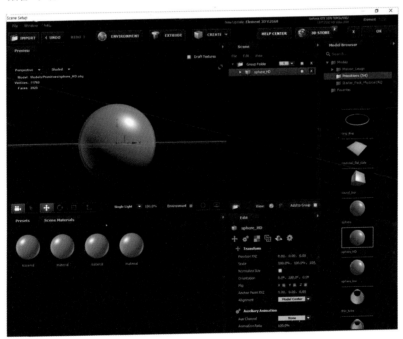

텍스처 추가

Element 3D를 사용하면 모델에 텍스처를 쉽게 추가할 수 있습니다. 선택한 객체로 텍스처를 드래그하는 방식을 사용합니다. 최대 5개의 그룹으로 객체를 분류할 수 있으므로 다수의 객체 작업에 용이합니다.

텍스처를 조정할 때도 다양한 방법으로 할 수 있습니다. 예를 들어 금속에 광택이나 거친 느낌을 추가할 수 있고, 외부 경로의 맵에 직접 작업한 텍스처 맵을 추가하여 메테리얼과 쉐이더에 맞춤형 재질 형태를 제공할 수 있습니다.

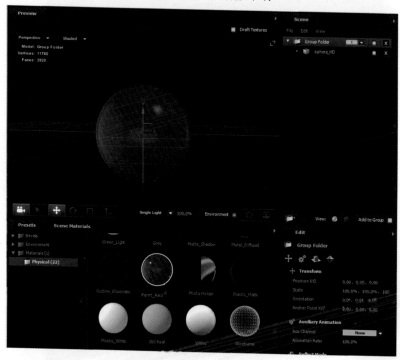

애프터 이펙트에서의 모델 수정

특정 모델링에 애니메이션을 적용하려면 [Scene Setup] 인터페이스를 닫은 뒤 애프터 이펙트에서 모델링에 관한 기타 작업을 수행해야 합니다. Element 3D의 속성에도 키프레임 Expression을 적용할 수 있습니다.

Particle Replicator 기능을 이용해 3D 객체 입자의 수를 늘려 파티큘러 형태와 같은 오브젝트를 쉽게 복제할 수도 있습니다. 이를 통해 다양하고 복잡한 애니메이션을 쉽고 빠르게 만들 수 있습니다.

3D 텍스트 생성

Element 3D는 텍스트 레이어와 함께 작동하여 간단한 타이핑만으로 쉽게 3D 텍스트를 만들 수 있으며 두께, 깊이, 엣지 등을 조정할 수 있습니다.

또한 애프터 이펙트의 키프레임 구조와 같아 텍스트를 쉽게 애니메이션 할 수도 있으며 Null Object 개념의 [Wolrd Transform], [Group Null], [Aux Channel] 등 단일 객체 컨트롤, 다수의 그룹 컨트롤 상황에 맞게 다양한 형태의 애니메이션을 만들 수 있습니다.

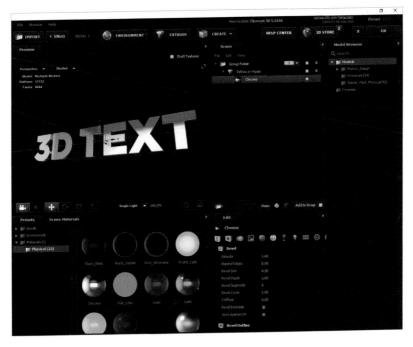

외부 모델 작업

Element 3D는 복잡한 3D 애니메이션을 애프터 이펙트로 가져올 수 있도록 OBJ 시퀀스를 포함하여 UV가 적용된 OBJ 모델링 파일을 불러와 적용할 수 있습니다.

텍스처가 적용된 상태에서도 Cinema 4D 파일을 불러올 수 있으며 텍스처가 Element 3D에서 의도한 콘셉트와 맞지 않거나 수정을 해야 할 경우 재질을 기본 셰이더로 교체 할 수 있습니다. 그룹 내에서 작업하면 복잡한 애니메이션을 다시 만들지 않고도 모델링을 쉽게 교체 할 수 있습니다.

▶ 출처: Video Copilot

고급 렌더 효과 사용

Element 3D를 사용하면 모션 블러 및 피사계 심도와 같은 Camera 기능을 적용 할 수 있습니다. 애프터 이펙트의 [Light] 또한 Element 3D에 적용되기 때문에 특정 장면을 심도 있고 풍부한 조명 효과로 연출할 수 있습니다. 또한 [Ambient Occlusion] 같은 음영 기능을 통해 3D에 사실적이고 풍부한 그림자, 음영 효과를 추가할 수 있습니다.

기타 세부 사항은 Video Copilot 웹 사이트에서 확인할 수 있습니다.

▶ 출처: Video Copilot

01 Element 3D는 Video Copilot사에서 유료로 판매하는 플러그인입니다. www.videocopilot.net 홈페이지에 접속하여 Element 3D 플러그인을 유료 결제한 뒤 설치 파일인 Element_Installer를 다운받아 실행합니다. 활성화된 설치 탭의 [Next]를 클릭합니다.

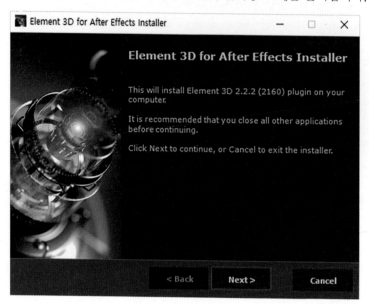

02 다음 화면에서 [I ACCEPT] 버튼을 클릭하여 상기 라이센스에 동의합니다.

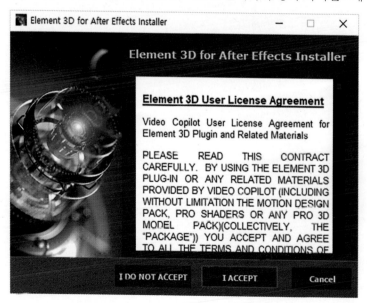

03 사용자의 컴퓨터에 설치된 애프터 이펙트의 버전에 맞게 조정합니다. [Custom]란에 체크하고 애프터 이펙트로의 경로 설정을 위하여 [Browser]를 클릭합니다.

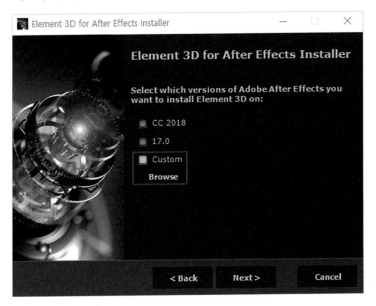

04 애프터 이펙트의 [Plug-in] 폴더를 경로로 설정하고 [Next]를 클릭합니다. [C:₩Program Files₩Adobe₩Adobe After Effects₩Support Files₩Plug-ins]

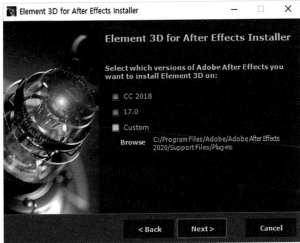

05 Element 3D 플러그인의 재질, 모델링 등 어셋 파일을 저장하는 경로를 지정합니다. [Current User Documents]란에 체크하고 [Next]를 클릭하면 설치가 진행됩니다. 설치가 모두 완료되면 [Finish]를 클릭합니다.

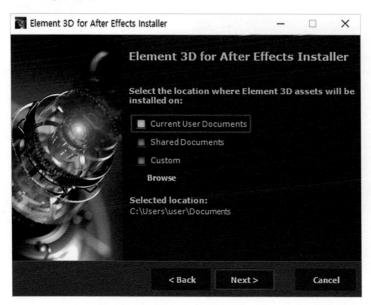

06 애프터 이펙트를 실행합니다. 메뉴 바에서 [Composition]-[New Composition]을 클릭하고 [Composition Name] : E3D, [Width] : 1920px, [Height] : 1080px으로 설정하여 새로운 컴포지션을 만듭니다. 이어서 [Layer]-[New]-[Solid]를 클릭하여 같은 해상도와 이름으로 Element 3D를 적용할 솔리드 레이어를 생성합니다.

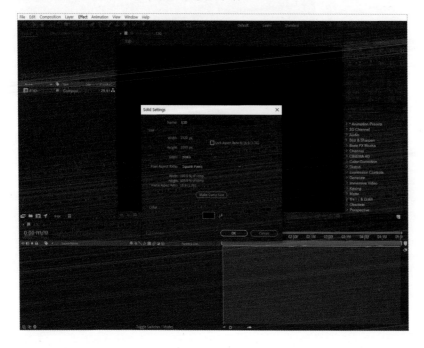

07 [Effect] – [Video Copilot] – [Element]를 클릭하여 생성한 솔리드 레이어에 적용합니다.

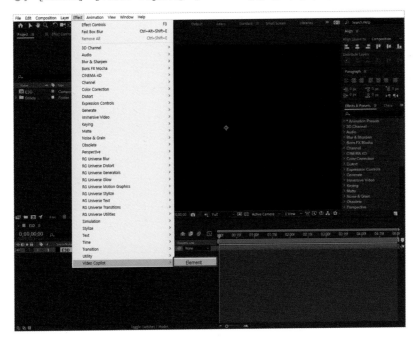

08 나타난 Element License 탭에 구매한 계정 주소와 비밀번호를 입력하고 [Get License] 버튼을 클릭하여 라이선스 파일을 다운로드합니다. 솔리드 레이어에 적용된 Element에 [Scene Setup] 탭이 활성화되며 라이선스가 정상적으로 등록된 것을 확인할 수 있습니다.

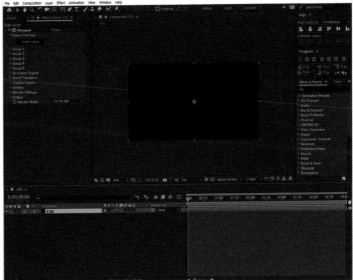

만들어봅시다

01 메뉴 바에서 [Composition]-[New Composition]을 클릭합니다. [Composition Name] : 3D Text, [Width] : 1920px, [Height] : 1080px, [Duration] : 0;00;05;00으로 설정한 후 [OK]를 클릭하여 컴포지션을 만듭니다.

02 3D Text 효과를 적용할 텍스트를 입력합니다. [Character] 탭에서 폰트는 Gotham Black, 폰트 사이즈는 300px로 설정하고 대문자로 3D TEXT를 입력한 뒤 화면 중앙에 위치시킵니다.

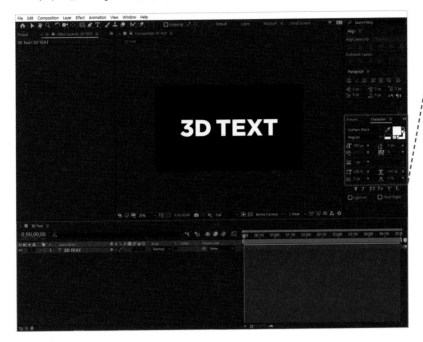

03 메뉴 바에서 [Layer] – [New] – [Solid]를 클릭하여 솔리드 레이어를 만듭니다. [Soild Name] : E3D, [Width] : 1920px, [Height] : 1080px으로 설정한 후 [OK]를 클릭합니다.

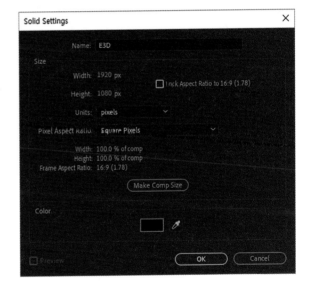

04 3D 효과를 위한 Element 플러그인을 적용합니다. 메뉴 바에서 [Effect & Presets]-[Video Copilot]-[Element]를 선택하여 E3D 솔리드 레이어에 적용합니다.

05 적용한 Element을 활용해봅시다. [Custom Layers]-[Custom Text and Masks]-[Path Layer 1]의 우측 탭을 클릭하여 앞에서 만든 3D TEXT 텍스트 레이어를 선택합니다. 타임라인 패널의 3D TEXT 레이어는 Video 를 눌러 보이지 않게 비활성화합니다.

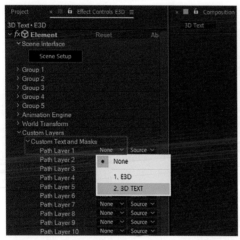

06 E3D 솔리드 레이어의 [Element] - [Scene Interface] - [Scene Setup]을 클릭합니다. 별도의 셋업창이 생성되지만 현재까지는 Preview 패널에 아무것도 표시되지 않습니다. 셋업창 상단의 [Extrude] 버튼을 클릭하면 3D TEXT에 돌출된 3D 효과가 적용됩니다.

07 텍스트에 재질 효과를 적용합니다. 셋업창 하단의 [Preset] - [Materials] - [Physical] 탭에서 Chrome 재질을 선택하여 Preview 패널의 3D TEXT에 드래그합니다. Chrome 재질이 3D 텍스트에 적용된 것을 확인할 수 있습니다.

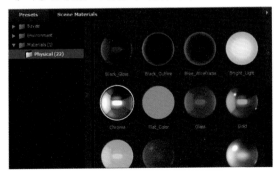

08 3D TEXT 레이어에 두께감을 더해봅시다. Scene 패널의 [Extusion Model]-[Chrome] 재질을 클릭하고, 하단에 활성화되는 Edit 패널에서 [Bevel]-[Extrude] : 2.0, [Expand Edges] : -0.50으로 조정합니다. 텍스트이 엣지 부분은 줄어들고 두께는 두꺼워진 것을 확인할 수 있습니다.

09 Preview 패널 하단의 [Environment]를 클릭하여 체크박스를 활성화합니다. 활성화하면 환경 맵이 표시되며 적용한 Chrome 재질의 주변 반사 효과를 확인할 수 있습니다.

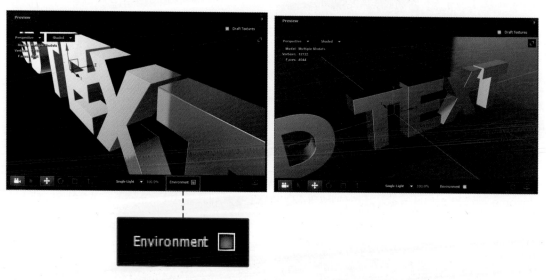

10 셋업창 상단의 [Environment] 버튼을 클릭하여 현재 적용된 3D TEXT의 환경 맵을 확인합니다. 다른 환경 맵의 느낌으로 연출하기 위해 [Texture Channel]의 [Basic_2K_03.jpg] 탭을 클릭한 뒤 [Video Copilot] – [Materials] – [Environment] 경로의 다른 환경 맵인 'Studio'를 불러옵니다. 다른 느낌의 환경 맵이 적용된 것을 확인할 수 있습니다. 우측 상단의 [OK]를 눌러 설정을 완료합니다.

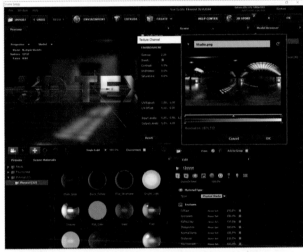

만들어봅시다

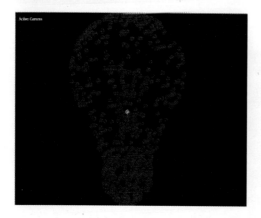

01 메뉴 바에서 [Composition]–[New Composition]을 클릭합니다. [Composition Name] : 3D Replicator, [Width] : 1920px, [Height] : 1080px, [Duration] : 0;00;05;00으로 설정한 후 [OK]를 클릭하여 컴포지션을 만듭니다.

02 메뉴 바에서 [Layer]-[New]-[Solid]를 클릭하여 솔리드 레이어를 만듭니다. [Soild Name] : E3D, [Width] : 1920px, [Height] 1080px으로 설정한 후 [OK]를 클릭합니다.

03 3D 효과를 위한 Element 플러그인을 적용합니다. 메뉴 바에서 [Effect & Presets]-[Video Copilot]-[Element]를 선택하여 E3D 솔리드 레이어에 적용합니다.

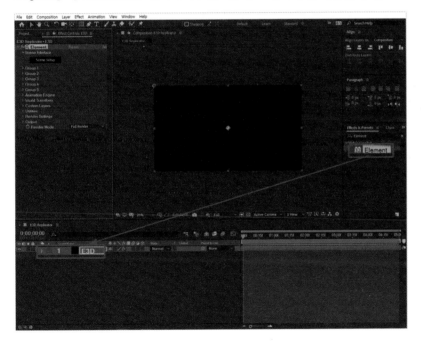

04 E3D 솔리드 레이어의 [Element]-[Scene Interface]-[Scene Setup]을 클릭합니다. 활성화된 셋업창 우측의 [Model Browser]-[Models]-[Primitives] : Sphere_HD를 선택합니다. Preview 패널에 구체가 표시되는 것을 확인할 수 있습니다.

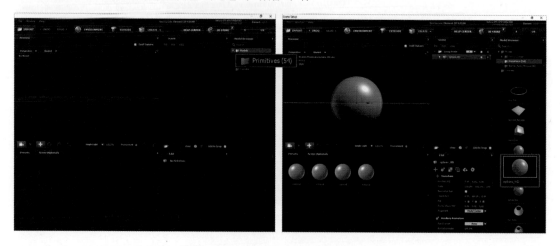

05 구체에 재질 효과를 적용합니다. 셋업창 하단의 [Preset]-[Materials]-[Physical] : Paint_Red 재질을 선택하여 Preview 패널의 Sphere_HD에 드래그합니다. Paint_Red 재질이 구체에 적용된 것을 확인할 수 있습니다. [OK]를 클릭하여 컴포지션으로 돌아옵니다.

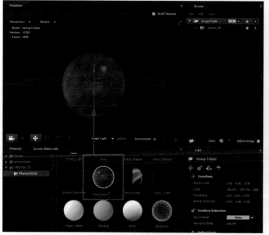
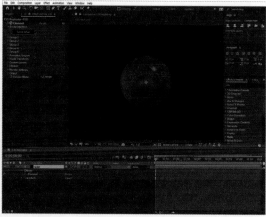

06 원활한 Particle Replicator 기능 사용을 위하여 구체의 크기를 조절합니다. [Element]-[Group 1]-[Particle Look]-[1.Particle Size] : 1.50으로 변경합니다.

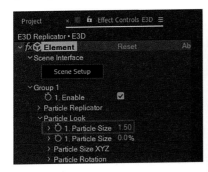

07 Particle Replicator의 여러 기능들을 확인해봅시다. [Group 1]-[Particle Replicator]-[1.Replicator Shape] : Point, [1.Particle Count] : 72, [Replicator Effects]-[Scatter]-[1. Scatter] : 30.0으로 조정합니다. 점의 형태를 가지고 여러 개의 입자가 퍼지는 모습을 확인할 수 있습니다. [1.Particle Count]를 700으로 변경하면 보다 많은 점이 뭉쳐있는 것을 확인할 수 있습니다.

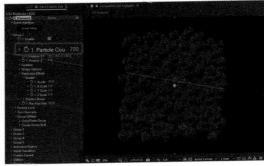

08 [Layer]-[New]-[Camera]를 선택하여 카메라를 생성합니다. ㉑를 눌러 시점을 움직이면서 Particle Replicator의 형태를 체크할 수 있습니다.

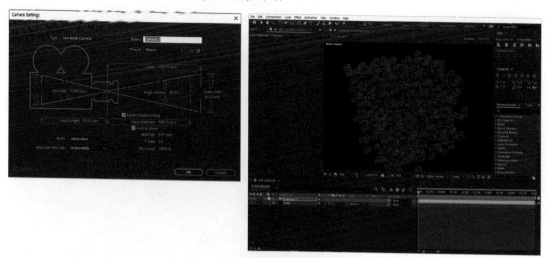

09 [Group]-[Replicator Effects]-[Scatter]-[1. Scatter] : 0.0, [Particle Replicator]-[1. Shape Scale] : 20.00, [1. Replicator Shape] : 3D Grid로 변경합니다. 입자가 입체적인 그리드 형태로 변경됩니다.

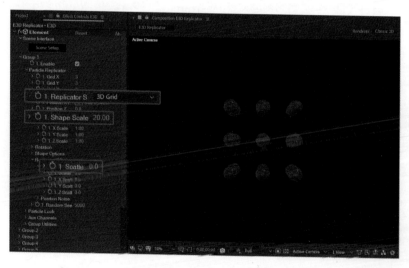

10 [Group]-[Particle Replicator]-[1. Shape Scale] : 30.00, [1. Grid XYZ] : 10으로 변경하면 XYZ 축이 10줄의 입체 그리드 형태가 됩니다.

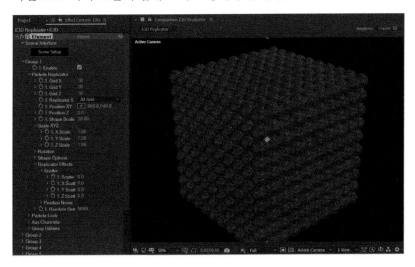

11 [Particle Replicator]-[1. Shape Scale] : 20으로 다시 변경하고 [1. Replicator Shape] : Plane으로 변경합니다. 입자가 평평한 판 형태로 밀집됩니다. 추가로 [Particle Replicator]-[Shape Options]-[1. Layers] : 3으로 변경하면 평평한 판이 3개 층이 됩니다.

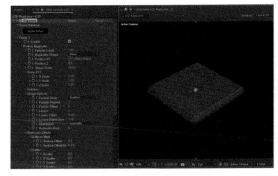
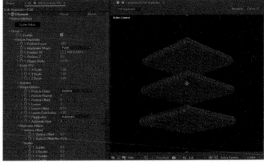

12 [Particle Replicator] – [1.Replicator Shape] : Sphere로 변경하고 [Shape options] – [1. Layers] : 1로 변경하면 원형의 형태로 입자가 밀집합니다. 이어서 [Particle Replicator] – [Shape Options] – [1. Distribution] : Set Rows로 변경하면 '행'을 뜻하는 Rows의 개수에 맞춰 원형의 입자 군집이 라인 형태로 분포합니다. 마지막으로 [Replicator Effects] – [Position Noise] – [1. Noise Amount] : 100.0으로 변경하면 원형 군집 형태가 구불구불 왜곡된 모습이 됩니다.

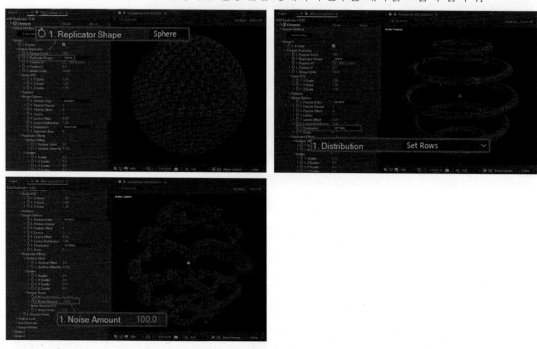

13 [Replicator Effects] – [Position Noise] – [1. Noise Amount] : 0으로 변경하고 [Particle Replicator] – [1.Replicator Shape] : Ring으로 변경해 입자를 링의 형태로 변경할 수도 있습니다.

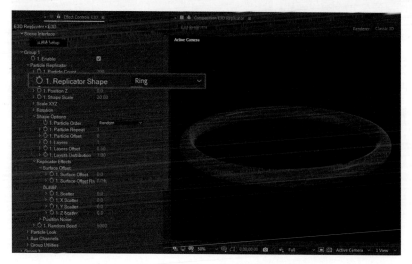

14 Particle Replicator의 소스로 활용할 레이어를 만들어봅시다. 메뉴 바에서 [Layer]–[New]–[Solid]를 클릭하여 솔리드 레이어를 만듭니다. [Soild Name] : Layer Source, [Width] : 1920px, [Height] : 1080px으로 설정한 후 [OK]를 클릭합니다.

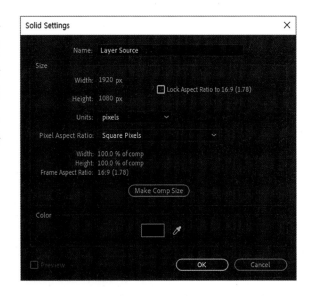

15 상단 [Tool Bar]에서 Pen Tool을 클릭하여 Layer Source 솔리드 레이어에 임의의 패스 형태를 만듭니다.

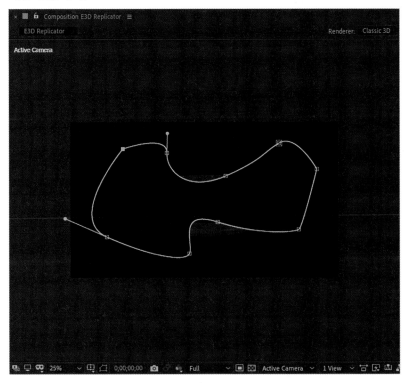

16 Layer Source 솔리드 레이어를 우클릭하여 [Pre-compose]를 선택합니다. 컴포지션 이름은 Layer Source Comp 1으로 설정하고 [Move all attributes into the composition] 항목을 체크한 뒤 [OK]를 클릭합니다. 그렇게 생성한 컴포지션을 좌측에 있는 Video 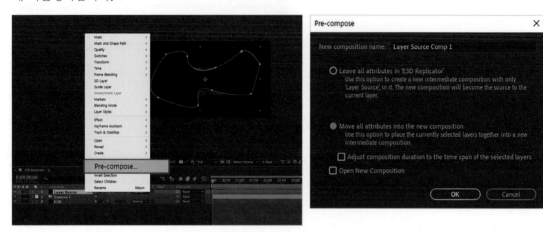 버튼을 눌러 보이지 않게 비활성화합니다.

17 E3D 레이어를 선택하고 [Particle Replicator]-[1.Replicator Shape] : Layer로 형태를 변경하고 [Particle Replicator]-[Shape Options]-[1. Custom Layer]를 프리 컴포즈한 Layer Source Comp 1 컴포지션으로 지정합니다. [Shape Options]-[1. Distribution]을 다시 Automatic으로 설정하면 Pen Tool로 그린 패스 형태대로 입자가 형성된 것을 확인할 수 있습니다.

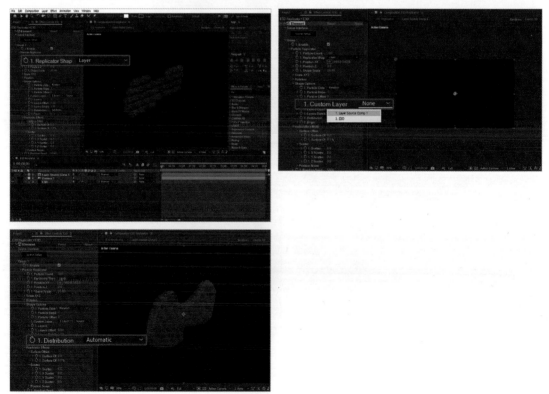

18 추가적으로 [Particle Replicator]-[Replicator Effects]-[Position Noise]-[1. Noise Amount] : 50.0으로 변경하면 군집의 형태가 왜곡&변형되는 것을 확인할 수 있습니다.

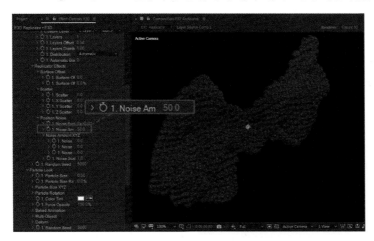

19 [Particle Replicator]-[1.Replicator Shape] : Layer Grid로 형태를 변경합니다. 이어서 [Particle Replicator]-[1. Grid X,Y]의 값을 각각 10으로 입력합니다. 간격이 있는 그리드가 형성된 것을 확인할 수 있습니다.

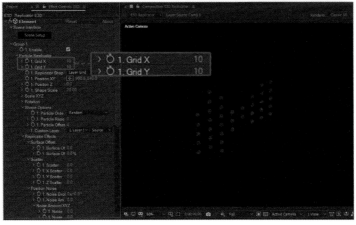

20 [Particle Replicator]-[1.Replicator Shape] : 3D Object로 변경합니다. 현재까지는 컴포지션상에 아무런 변화가 없습니다. [Scene Setup]을 클릭해 셋업창을 불러옵니다. 화면 우측의 [Model Browser]-[Starter_Pack_Physical] : Bulb 모델링을 선택하여 좌측 [Scene] 패널에 드래그합니다.

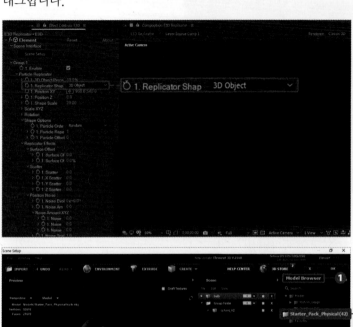

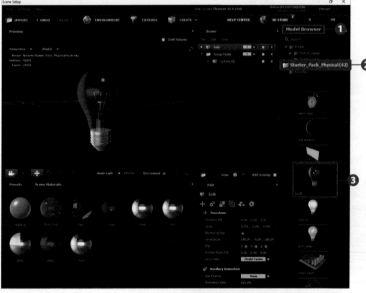

21 3D Object의 파티클 소스로 사용할 레이어는 Atom Particle█으로 설정하고 대체 오브젝트로 사용할 Blub는 Replicator Array█로 설정합니다. 아래 이미지처럼 Group Folder(Sphere_HD) 우측의 ▼를 클릭하여 █로 변경하고, Blub 우측의 ▼를 클릭하여 █로 설정합니다. [OK]를 클릭하여 컴포지션으로 돌아옵니다.

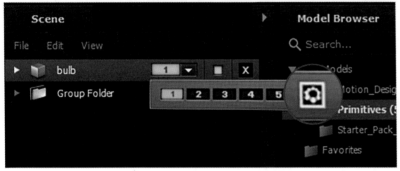

22 대체 오브젝트로 사용할 Blub 모델링 형태로 입자가 형성됐습니다. [Particle Replicator]－
[1. Shape Scale] : 200.0, [Replicator Effects]－[Position Noise]－[1. Noise Amount] : 0.0,
[Particle Look]－[1. Particle Size] : 0.30으로 변경합니다.

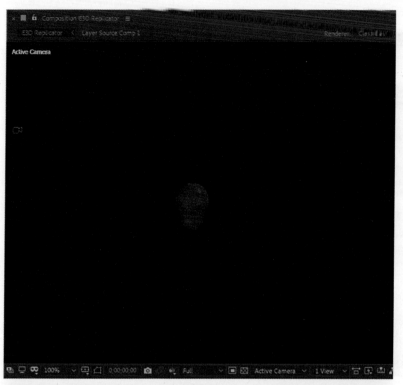

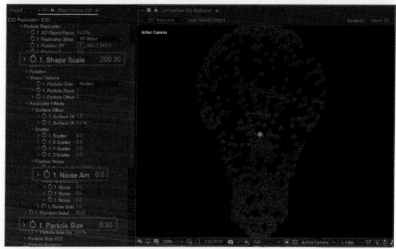

02 3D 도형의 모션 제작

Lesson 기본 제공 도형과 기본 3D 레이어를 카메라 애니메이션과 조합하여 다양한 형태의 도형 애니 메이션을 만들 수 있습니다.

Step 1 3D 도형 생성하기

만들어봅시다

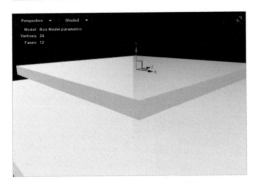

01 메뉴 바에서 [Composition] - [New Composition]을 클릭합니다. [Composition Name] : 3D Shape, [Width] : 1920px, [Height] : 1080px, [Duration] : 0;00;07;00으로 설정한 후 [OK]를 클릭 하여 컴포지션을 만듭니다.

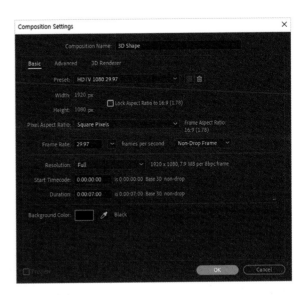

02 메뉴 바에서 [Layer]-[New]-[Soild]를 클릭합니다. [Soild Name] : E3D, [Width] : 1920px, [Height] : 1080px, [Color] : 000000으로 설정한 후 [OK]를 클릭하여 솔리드 레이어를 만듭니다.

03 생성한 E3D 솔리드 레이어에 입체 표현을 위한 Element 3D 플러그인 효과를 추가합니다. 메뉴 바에서 [Effect & Preset]-[Video Copilot]-[Element]를 선택하여 3D Shape 컴포지션의 E3D 솔리드 레이어에 드래그해 적용합니다.

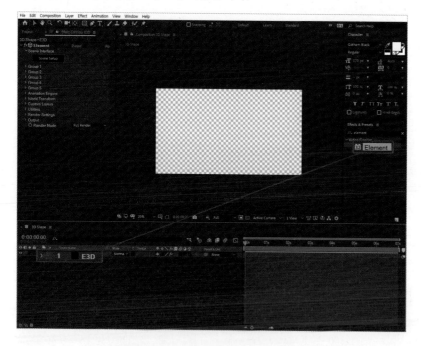

에 [Element] – [Scene Interface] – [Scene Setup]를 클릭합니다.

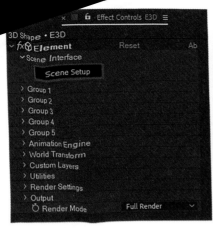

05 [Scene Setup] 상단의 [Create]를 클릭하고 첫 번째 아이콘인 Box 모양을 선택합니다. [Scene] 메뉴에 Box model이라는 이름으로 생성된 것을 확인할 수 있으며 [Preview]에서 그 모습을 미리 볼 수 있습니다.

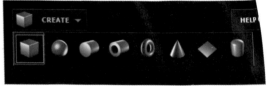
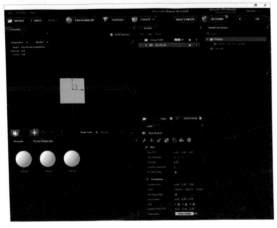

06 [Edit] – [Box Model] –[Size XYZ] 값을 각각 3.00, 3.00, 0.10으로 설정
를 만듭니다. 이어서 [Transform] – [Orientation] : 90.0, 0.0, 0.0으로 설정하여 판을

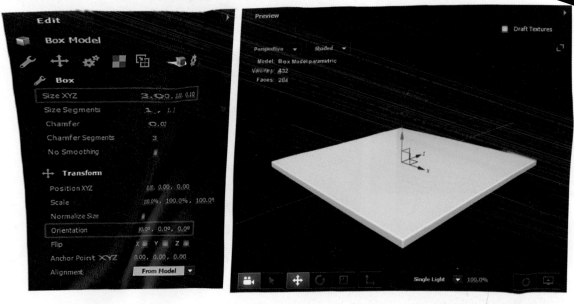

07 오_[Scene] – [Box Model]을 우클릭하여 [Duplicate Model]을 선택해 복제합니다. 복제한 [Box Model]을 선택하고 [Edit] – [Box Model] – [Size XYZ] : 2.00, 2.00, 0.10, [Position XYZ] : 0.00, 0.25, 0.00으로 설정하여 첫 번째 모델보다 작은 크기로 위에 위치하도록 설정합니다.

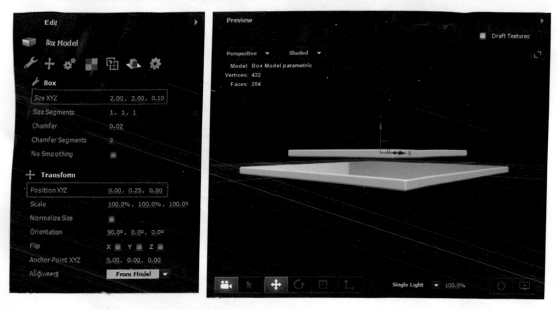

08 Scene에 있는 두 개의 Box Model에 다음 설정을 모두 적용합니다. [Edit]-[Box Model]-[Box]-[Chamfer] : 0.00, [Chamfer Segment] : 20으로 설정해 둥근 모서리의 각을 날카롭게 만듭니다.

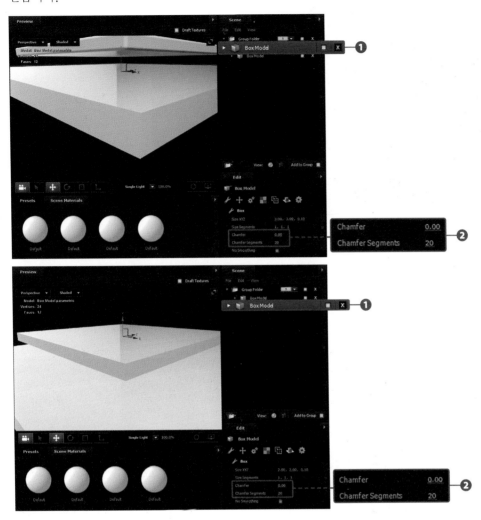

Step 2 3D 도형에 색 추가하기

만들어봅시다

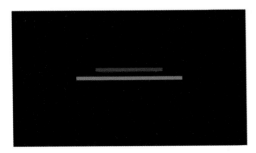

01 하단 메뉴인 [Scene Materials]에서 우클릭하고 [New Material]을 선택하여 새로운 재질인 Default를 만듭니다. 새로 생성한 Default 재질 아이콘을 우클릭하여 [Rename] : Color 01로 이름을 변경합니다.

02 갓 생성한 Color 01에 색을 적용해봅시다. Color 01을 선택하고 [Edit]-[Basic Settings]-[Difuse Color] : 5200A5으로 설정합니다. 반사되는 빛의 색은 [Edit]-[Basic Settings]-[Reflectivity]-[Color] : B563E2, [Intensity] : 28.0%로 설정합니다. Color 01을 도형으로 드래그하면 짙은 보라색 컬러가 상단 도형에 적용된 것을 확인할 수 있습니다.

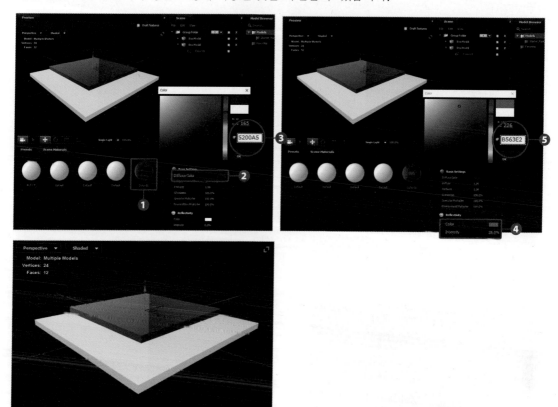

03 하단 메뉴인 [Scene Materials]에서 우클릭하고 [New Material]을 선택하여 새로운 재질인 Default를 만듭니다. 새로 생성한 Default 재질 아이콘을 우클릭하여 [Rename] : Color 02로 이름을 변경합니다.

04 갓 생성한 Color 02에 색을 적용해봅시다. Color 02를 선택하고 [Edit] - [Basic Settings] - [Difuse Color] : C67DFF으로 설정합니다. 반사되는 빛의 색은 [Edit] - [Basic Settings] - [Reflectivity] - [Color] : F0D4FF, [Intensity] : 28.0%로 설정합니다. Color 02를 도형으로 드래그하면 연한 보라색 컬러가 하단 도형에 적용된 것을 확인할 수 있습니다.

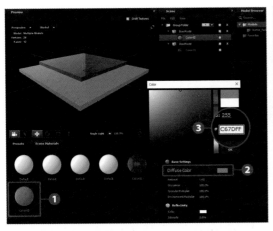

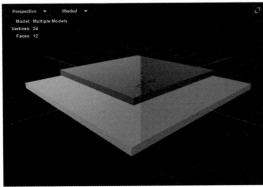

05 Scene Setup 우측의 [OK]를 클릭하여 도형에 색 적용을 확정 짓습니다. 3D Shape 컴포지션에 2개의 도형이 정면 시점 형태로 보이는 것을 확인할 수 있습니다.

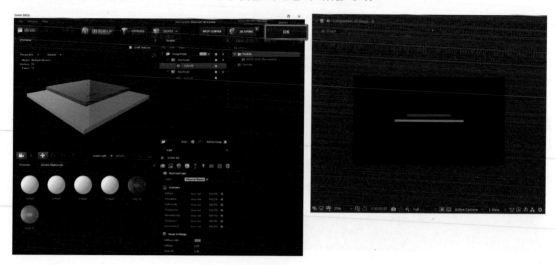

06 도형의 형태, 시점, 배치를 위해 카메라를 추가해봅시다. 3D Shape 컴포지션 타임라인 패널에서 우클릭하여 [New]-[Camera]를 선택합니다. [Type] : Two-Node Camera, [Name] : Camera 1, [Preset] : 50mm, [Enable Depth of Field] 기능을 체크하고 [OK]를 클릭합니다.

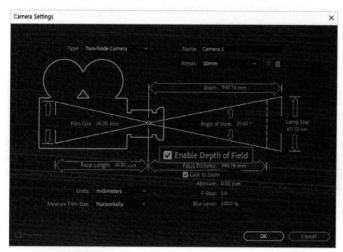

만들어봅시다

01 부가적인 역할을 할 새로운 도형을 추가해봅시다. 3D Shape 컴포지션 타임라인 패널에서 우클릭하여 [New]-[Solid]를 선택합니다. [Soild Name] : Mask Stroke, [Width] : 1920px, [Height] : 1080px, [Color] : 5900D2으로 설정한 후 [OK]를 클릭합니다.

02 변화를 확인하기 위해 화면의 시점을 변경할 수 있는 컴포지션 패널 하단의 [3D View Popup] 탭을 선택하여 [Active Camera]를 [Top]으로 변경합니다. 이어서 새로운 마스크 영역을 생성하기 위해 Mask Stroke 솔리드 레이어에 우클릭하여 [Mask] – [New Mask]를 선택합니다.

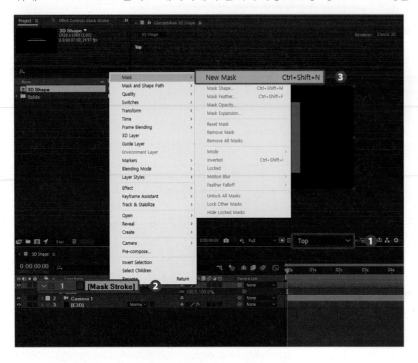

03 생성한 마스크 영역 전체를 더블클릭하고 3D Shape 형태에 맞춰 드래그하여 마스크 영역을 조절합니다.

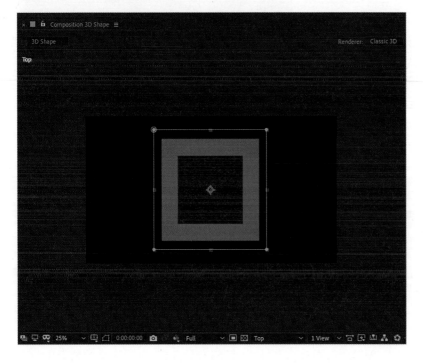

04 마스크를 복제합니다. [Mask Stroke]-[Mask 1]을 클릭하고 Ctrl+D를 눌러 [Mask 2]를 생성합니다. 이어서 갓 생성한 [Mask 2]를 선택하고 우측에 있는 모드를 Add에서 Subtract로 변경합니다. 해당 영역만큼 감하여 마스크 영역이 표시되는 것을 확인할 수 있습니다. 다시 원래의 시점으로 돌아가기 위해 컴포지션 패널 하단의 [3D View Popup] 탭을 선택하여 [Top]을 [Active Camera]로 변경합니다.

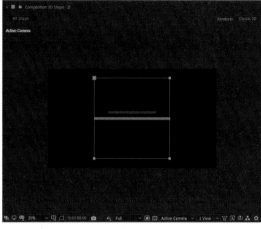

Tip

[Camera 1]-[Transform] 우측의 Reset을 눌러 도형을 정면 상태로 되돌릴 수 있습니다.

05 Mask 2를 선택하고 [Mask Expansion] : -20.0 pixels로 설정합니다. 20픽셀만큼의 마스크 영역에 색이 표시되는 것을 확인할 수 있습니다.

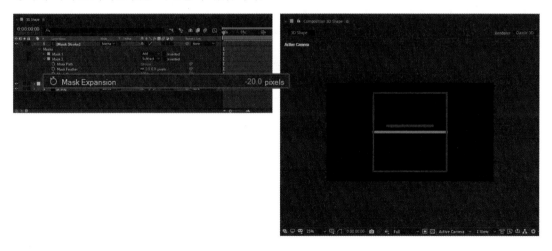

06 Mask Stroke 솔리드 레이어를 선택하고 우측 3D Layer를 클릭하여 삼차원의 레이어 Z 축을 활성화합니다. [Mask Stroke] - [Transform] - [X Rotation] : 0*+90.0으로 설정합니다. 먼저 만들었던 3D 오브젝트와의 통일성을 위해 각도와 위치를 동일하게 맞춰줍니다.

Tip

[Camera 1] - [Transform] 우측의 Reset을 눌러 도형의 정면 상태로 되돌릴 수 있습니다.

07 Mask Stroke 솔리드 레이어를 선택하고 활성화된 3D Layer의 Z 축을 잡고 하단 도형의 아래 방향으로 드래그하여 위치를 조정합니다.

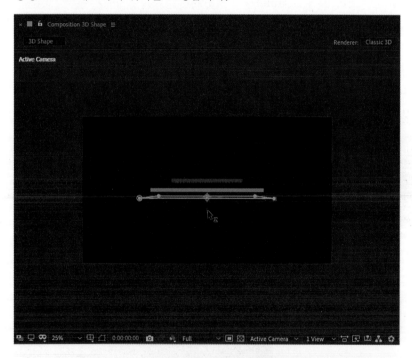

08 메뉴 바에서 [Layer]-[New]-[Soild]를 선택합니다. [Soild Name] : BG, [Width] : 1920px, [Height] : 1080px, [Color] : F1F1F1로 설정한 후 [OK]를 클릭하여 솔리드 레이어를 만든 뒤 최하단으로 이동시킵니다.

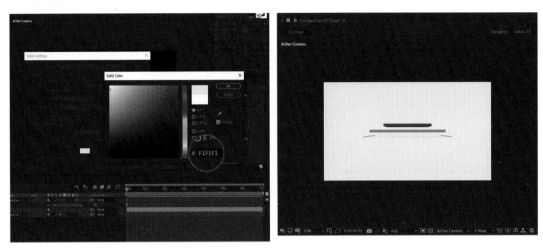

09 Camera 1을 선택하고 상단 [Tool Bar]에서 Orbit Around Cursor Tool ▣을 선택한 후 드래그하여 아래 이미지처럼 구도를 설정합니다. [Camera 1]-[Transform]-[Position] : -555.1, -793.3, -1742.9

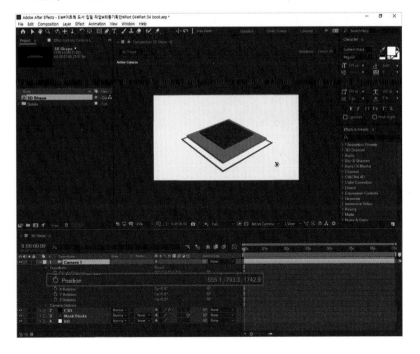

만들어봅시다

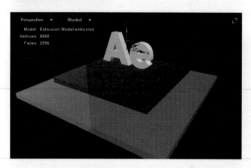

01 E3D 레이어를 선택하고 [Element] - [Render Settings] - [Ambient Occlusion]의 Enable AO 체크박스를 클릭하여 활성화합니다. [Ambient Occlusion] - [SSAO] - [SSAO Intensity] : 24.0, [SSAO Radius] : 3.0, [SSAO Distribution] : 10.0으로 설정합니다. 상단 도형과 하단 도형 사이에 그림자가 생긴 것을 확인할 수 있습니다.

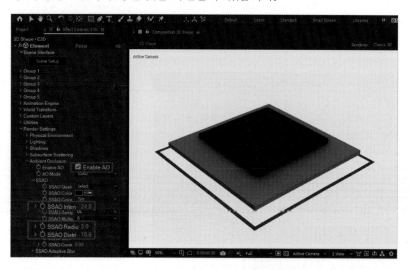

02 하단 도형 아래에 그림자 효과를 추가해봅시다. [Element]-[Scene Setup]-[Create]-[Plane]를 선택합니다. 생성한 Plane Model을 선택하고 [Edit]-[Transform]-[Scale] : 700.0%, 700.0%, 700.0%으로 설정합니다. 이어서 Plane Model을 우클릭하여 [Rename] : Shadow로 이름을 변경합니다.

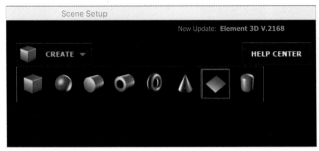
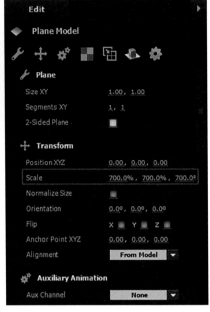

03 그림자 재질을 적용해봅시다. Shadow를 선택하고 [Presets]-[Materials]-[Physical]-[Matte_Shadow]를 Shadow 레이어에 드래그하여 적용합니다. [Scene Setup] 창에서 Shadow의 형태를 볼 수는 없지만 [OK]를 클릭하여 컴포지션으로 돌아가며 도형 하단부에 매핑 효과가 적용된 것을 볼 수 있습니다.

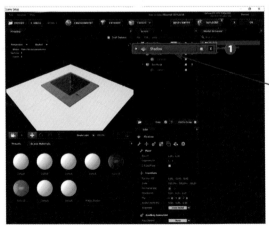

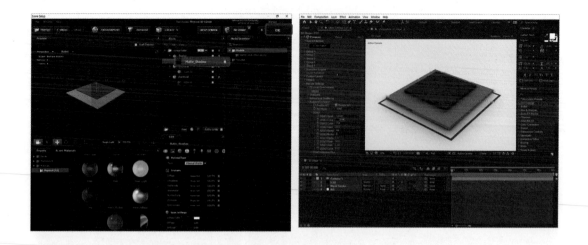

04 만든 도형 위에 텍스트를 추가해봅시다. 3D Shape 컴포지션 타임라인 패널에 우클릭하여 [New] – [Text] : Ae라는 텍스트를 입력합니다.

05 Ae 텍스트 레이어 좌측의 Video ⊙ 단추를 눌러 보이지 않게 비활성화하고 컴포지션 최하단으로 이동시킵니다. E3D 솔리드 레이어를 선택하고 [Element] - [Custom Layers] - [Custom Text and Masks] - [Path Layer 1]의 None을 Ae 텍스트 레이어로 지정합니다.

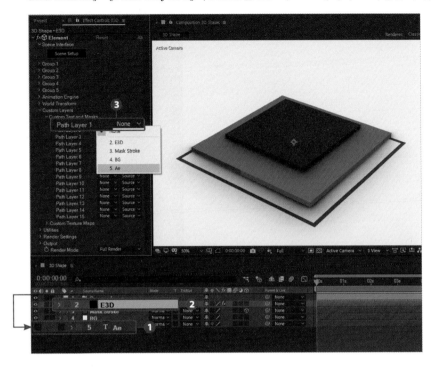

06 지정한 텍스트 레이어를 입체 형태로 만들어봅시다. E3D 레이어를 선택하고 Scene Setup으로 이동합니다. 상단의 [Extrude]를 클릭하여 생성된 Extrusion Model을 선택하고 [Edit] - [Transform] - [Position XYZ] : 0.00, 0.74, 0.00을 입력하면 텍스트 'AE'가 입체 형태로 도형 위에 위치한 것을 확인할 수 있습니다.

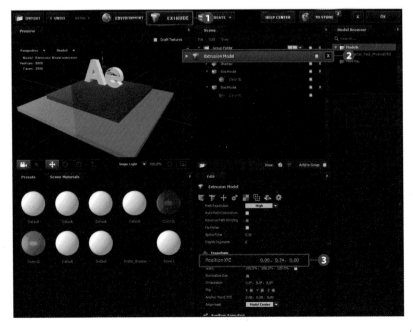

07 입체 도형의 개별적인 모션 작업을 위해 각각에 애니메이션 채널을 지정해줍니다. [Scene] - [Extrusion Model] 레이어를 선택하고 [Edit] - [Auxiliary Animation] - [Aux Channel] : Channel 1로 지정합니다.

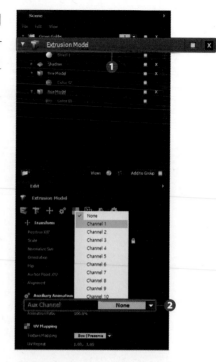

08 이어서 다른 모델에도 채널을 지정해줍니다. Color 01을 지닌 [Box Model] 레이어를 선택하고 [Edit] - [Auxiliary Animation] - [Aux Channel] : Channel 2로 지정합니다. [OK]를 클릭하여 컴포지션으로 돌아갑니다.

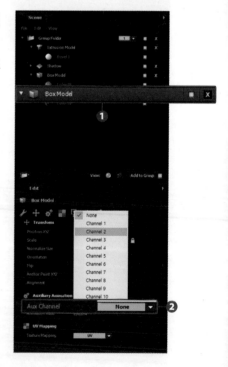

애니메이션 및 마무리

01 도형 애니메이션 작업을 진행해봅시다. 타임라인 패널에 우클릭하여 [New]-[Null Object]로 레이어를 만들고 이름을 Null2로 변경한 뒤 3D Layer█를 체크하여 활성화합니다. 이어서 Camera 1이 Null 2 레이어의 움직임을 따르도록 Null 2 레이어에 Parent pick whip█을 적용합니다.

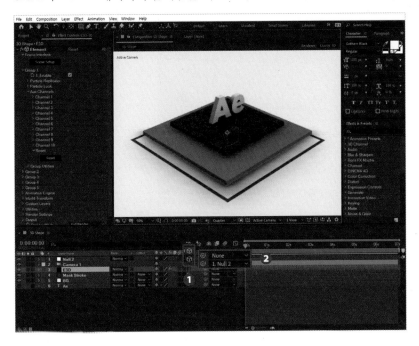

02 카메라로 줌인 애니메이션을 진행해봅시다. 0;00;00;00 구간으로 이동하여 [Camera 1]-[Transform]-[Position] : -400.0, -648.0, -742.0을 입력하고 키프레임을 적용합니다.

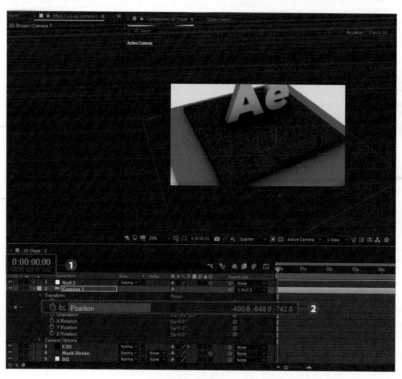

03 3D Shape 컴포지션 타임라인 패널의 0;00;02;00 구간으로 이동하여 [Camera 1]-[Transform]-[Position] : -845.0, -800.0, -1850.0을 입력하고 키프레임을 적용합니다. 적용한 2개의 키프레임을 전체 선택하고 우클릭하여 [Keyframe Assistant]-[Easy Ease] 효과를 적용합니다.

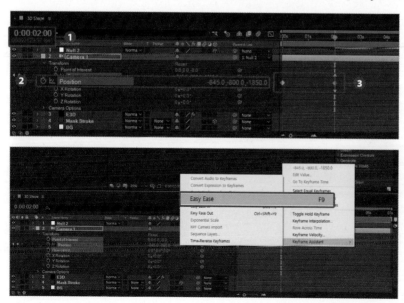

04 전체적으로 화면이 회전하는 애니메이션을 만들어봅시다. 0;00;01;00 구간으로 이동하여 [Null 2] – [Transform] – [Y Rotation]의 키프레임을 적용하고 이어서 0;00;06;29 구간으로 이동하여 [Y Rotation] : 0*–40.0을 입력합니다.

05 앞에서 채널 지정한 입체 도형과 텍스트에 애니메이션을 적용해보겠습니다. 텍스트에 지정한 Channel 1을 먼저 진행합니다. 0;00;01;00 구간으로 이동하여 [E3D] – [Element] – [Group 1] – [Aux Channels] – [Channel 1] – [Position] – [1. CH1. Position Y] : –1.40을 입력하고 키프레임을 적용합니다. 이어서 0;00;02;20 구간으로 이동하여 [1. CH1. Position Y] : 0.00을 입력합니다. 'Ae' 텍스트가 화면 위에서 아래로 떨어지는 애니메이션을 확인할 수 있습니다.

06 이어서 입체 도형에 지정한 Channel 2를 진행합니다. 0;00;00;00 구간으로 이동하여 [E3D] – [Element] – [Group 1] – [Aux Channels] – [Channel 2] – [Rotation] – [1. CH2. Rotation Z] : 1*0.0을 입력하고 키프레임을 적용합니다. 다시 0;00;02;20 구간으로 이동하여 [1. CH2. Rotation Z] : 0*0.0을 입력합니다. 상단 입체 도형이 360도 회전하는 애니메이션을 확인할 수 있습니다.

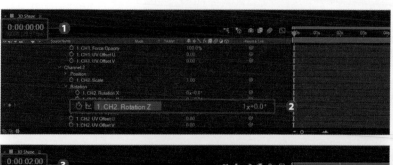

07 입체 도형과 텍스트의 키프레임 4개를 모두 선택한 후 키프레임에 우클릭하여 [Keyframe Assistant] – Easy Ease]를 적용합니다.

08 마지막으로 Mask Stroke 솔리드 레이어에 애니메이션을 적용합니다. 0;00;00;20 구간으로 이동하여 [Mask Stroke] – [Transform] – [Scale] : 0.0, 0.0, 0.0%로 입력하고 키프레임을 적용합니다. 이어서 0;00;02;00 구간으로 이동하여 [Scale] : 140.0, 140.0, 140.0%로 입력합니다. 키프레임을 모두 선택한 뒤 우클릭하여 [Keyframe Assistant] – [Easy Ease]를 적용합니다.

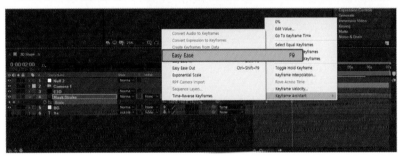

09 입체 도형과 텍스트에 라이팅 효과를 적용해봅시다. [E3D]-[Element]-[Render Set-tings]-[Lighting]-[Add Lighting]-[Stylized]를 선택합니다. 밝은 색감의 라이팅 효과가 적용된 것을 확인할 수 있습니다. 이제 완성된 애니메이션을 확인해보세요.

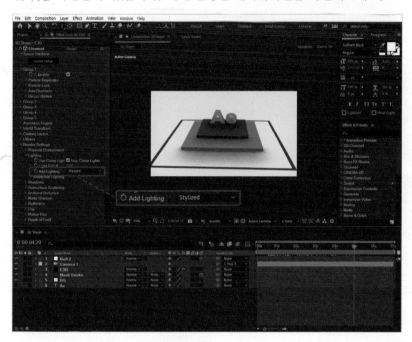

03

코인 파티클 애니메이션 제작 부록 확인

Lesson   Elemend 3D의 3D 오브젝트를 여러 개로 복제하는 기능인 Particle Replicator를 활용해 임의로 떨어지는 동전 파티클 애니메이션을 만들 수 있습니다.

Step 1 배경 및 동전 모양 만들기

만들어봅시다

01 메뉴 바에서 [Composition]-[New Composition]을 클릭합니다. [Composition Name] : Coin Particle, [Width] : 1920px, [Height] : 1080px, [Duration] : 0;00;10;00으로 설정한 후 [OK]를 클릭하여 컴포지션을 만듭니다.

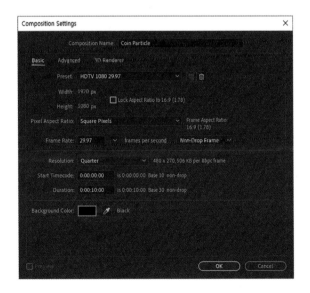

02 메뉴 바에서 [Layer]−[New]−[Soild]를 클릭합니다. [Soild Name] : BG, [Width] : 1920px, [Height] : 1080px, [Color] : 임의의 색상으로 설정한 후 [OK]를 클릭합니다.

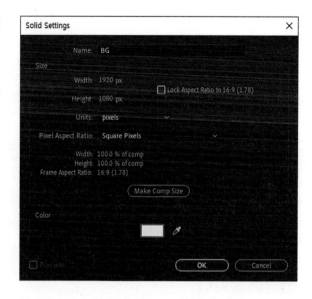

03 갓 생성한 BG 솔리드 레이어 배경에 그라데이션 효과를 추가해봅시다. [Effect & Presets]−[Generate]−[Gradient Ramp]를 적용합니다. [Start Color] : 273042, [End of Ramp]−[End Color] : 0D0E10로 설정한 후 [OK]를 클릭합니다.

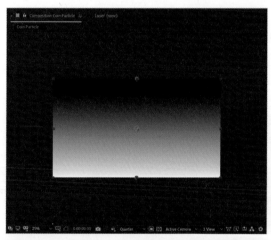

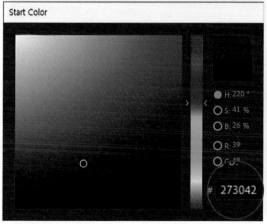

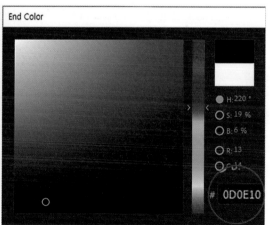

04 [Gradient Ramp]−[Ramp Shape] : Radial Ramp로 변경합니다. 투톤의 원형 그라데이션이 배경으로 적용된 것을 확인할 수 있습니다.

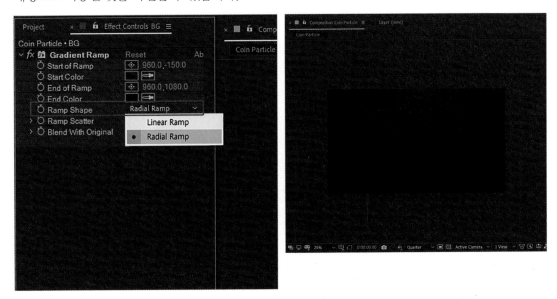

05 코인 형태를 만들기 위한 솔리드 레이어를 만듭니다. 메뉴 바에서 [Layer]−[New]−[Soild]를 클릭합니다. [Soild Name] : Coin 3D, [Width] : 1920px, [Height] : 1080px, [Color] : 임의의 색상으로 설정한 후 [OK]를 클릭합니다.

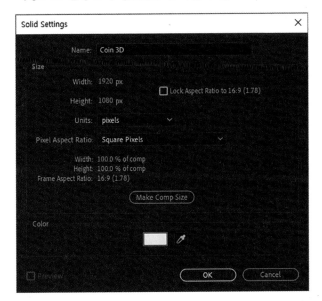

10 코인에 재질을 적용해봅시다. [Presets]-[Physical] : Gold를 Cylinder Model 레이어에 드래그하여 적용합니다. 이어서 [Edit]-[Cylinder Model]-[Transform]-[Orientation] : 0.0, 90.0, 270.0으로 설정합니다. 코인이 세워집니다.

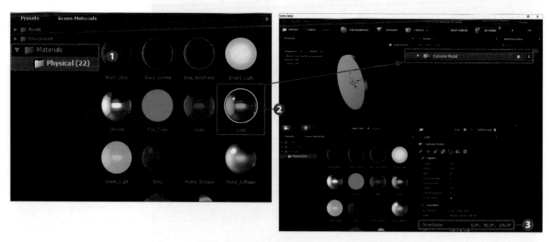

11 Cylinder Model에 적용한 Gold 재질의 색상을 변경해봅시다. [Scene]-[Group Folder]-[Cylinder Model]-[Gold] 레이어를 선택하고 [Edit]-[Gold]-[Reflectivity]-[Color] : FFA32C으로 설정하여 보다 주황색에 가까운 컬러로 변경합니다. [Scene Setup]-[OK]를 클릭하고 Coin Particle 컴포지션으로 돌아갑니다.

만들어봅시다

01 Cylinder Model을 파티클 군집 형태로 복제 및 배치해봅시다. Coin 3D 레이어를 선택하고 [Element]-[Group 1]-[Particle Replicator]-[1. Particle Coint] : 150으로 설정하고 [Replicator Shape] : Sphere, [1. Position Z] : 6400.0, [1. Shape Scale] : 20.0, [1. Scale XYZ] : 10.00, 8.00, 12.00으로 설정합니다. 원형의 군집을 유지하면서 균일한 간격으로 생성된 입자를 확인할 수 있습니다.

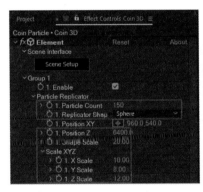

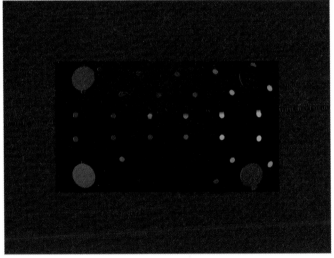

02 군집 내 동전 형태에 개별적으로 회전값을 적용해봅시다. Coin 3D 레이어를 선택하고 [Element]-[Group 1]-[Particle Look]-[1. Particle Size] : 15.00, [Particle Size Random] : 20.0%, [Particle Rotation]-[1. Rotation Random] : 0*+60.0, [Rotation Random XYZ]-[1. Z Rotation] : 0*+150.0으로 설정합니다. 원형 군집을 유지하면서 개별적인 동전의 회전값이 적용된 것을 확인할 수 있습니다.

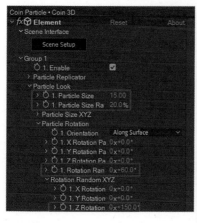
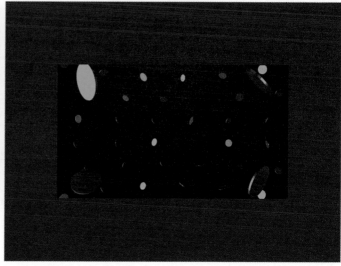

03 동전 형태의 군집에 보다 임의적인 위치값과 회전값을 적용해봅시다. Coin 3D 레이어를 선택하고 [Element]-[Group 1]-[Particle Look]-[Multi-Object]-[1. Enable Multi-Object] : ON, [Rotation]-[1.Rotation Random Multi] : 0*+90.0, [Scatter Multi] : 25.00, [Scatter XYZ] : 50.00, 54.00, 150.00으로 설정합니다. 원형 군집과 입자들이 임의적 위치와 회전값을 얻은 것을 확인할 수 있습니다.

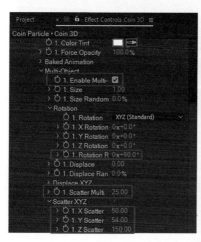

04 동전 군집에 개별 애니메이션을 적용해봅시다. 0;00;00;00 구간으로 이동하여 Coin 3D 솔리드 레이어를 선택하고 [Element]-[Group 1]-[Particle Replicator]-[1. Position XY] : 960.0, -9000.0으로 입력하고 키프레임을 클릭합니다. 이어서 0;00;09;29 구간으로 이동하여 [1. Position XY] : 960.0, 5000.0으로 입력합니다. 동전이 위에서 아래로 떨어지는 애니메이션을 확인할 수 있습니다.

05 동전 개별 입자들에 애니메이션을 적용해봅시다. 0;00;00;00 구간으로 이동하여 Coin 3D 솔리드 레이어를 선택하고 [Element]-[Group 1]-[Particle Look] -[Multi-Object]-[Rotation]-[1. Rotation Random Multi] : 0*+90.0으로 입력하고 키프레임을 클릭합니다. 이어서 0;00;09;29 구간으로 이동하여 [1. Rotation Random Multi] : 8*+0.0으로 입력합니다. 동전 형태의 개별 입자들이 제자리에서 임의로 회전하는 애니메이션을 확인할 수 있습니다.

Tip

8*+0.0? 8에 해당하는 설정의 의미가 무엇인가요?

대상의 회전 수를 의미합니다. 우측의 값이 360도가 되면 1씩 표기가 됩니다. [1. Rotation Random Multi]의 경우 적용한 키프레임 구간 동안 8바퀴를 각각의 물체들이 임의로 회전하게 됩니다.

만들어봅시다

01 화면 중앙에 입체 텍스트를 추가해봅시다. 메뉴 바에서 [Layer] – [New] – [Soild]를 클릭합니다. [Soild Name] : 3D Text, [Width] : 1920px, [Height] : 1080px, [Color] : 임의의 색상으로 설정한 후 [OK]를 클릭하여 솔리드 레이어를 만듭니다.

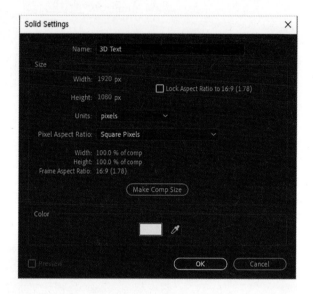

02 갓 생성한 3D Text 솔리드 레이어에 입체 표현을 더하기 위해 Element 3D 플러그인 효과를 적용합니다. 3D Text 솔리드 레이어를 선택한 채로 [Effects & Presets] – [Video Copilot] – [Element]를 더블클릭합니다.

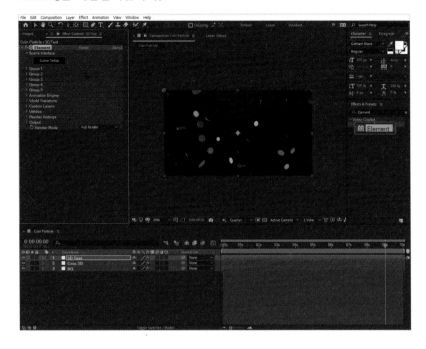

03 돌출을 적용할 텍스트를 추가합니다. 타임라인 패널에 우클릭하여 [New] – [Text]를 클릭하고 [Character] 탭에서 폰트는 Cooper Black – Regular, 폰트 크기는 200px으로 설정합니다. 대문자로 'COIN PARTICLE'을 입력하고 화면 중앙에 배치합니다.

04 COIN PARTICLE 텍스트 레이어를 BG 솔리드 레이어의 하단으로 이동시키고 레이어 좌측의
Video █를 눌러 보이지 않게 비활성화합니다.

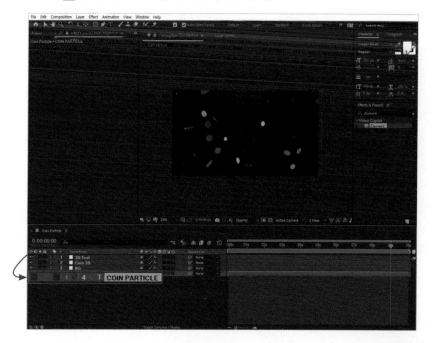

05 [3D Text] – [Element] – [Custom Layer] – [Cus-
tom Text and Masks] – [Path Layer 1] : COIN PAR-
TICLE 텍스트 레이어로 지정합니다.

06 [Element] – [Scene Setup]을 클릭한 후 상단의 [Extrude] 메뉴를 클릭합니다. Scene에 Extrusion model이 나타난 것을 확인할 수 있는데, Path 1 Layer로 지정한 COIN PARTICLE 텍스트 레이어입니다.

07 Extrusion Model에 재질을 적용해봅시다. [Presets] – [Physical] : Gold 재질을 선택하고 [Scene] – [Group Folder] – [Extrusion Model]에 드래그하여 적용합니다. [Scene Setup] – [OK]를 클릭해 Coin Particle 컴포지션으로 돌아갑니다.

08 3D Text 솔리드 레이어를 이전에 생성한 Coin 3D 솔리드 레이어 아래에 위치시켜 동전 파티클 군집이 텍스트에 걸쳐 보이도록 합니다.

09 3D Text 솔리드 레이어에 개별 애니메이션을 적용해봅시다. 0;00;00;00 구간으로 이동하여 3D Text 솔리드 레이어를 선택하고 [Element] – [Group 1] – [Particle Look] – [Multi – Object] – [1. Enable Multi – Object] : ON, [Rotation] – [1. Rotation Random Multi] : 0*+270.0으로 입력하고 키프레임을 클릭합니다.

10 0;00;07;00 구간으로 이동하여 [1. Rotation Random Multi] : 0*+0.0으로 입력합니다. 텍스트가 개별적으로 제자리에서 임의로 회전하는 애니메이션을 확인할 수 있습니다.

11 3D Text 솔리드 레이어에 애니메이션을 추가로 적용해봅시다. 0;00;00;00 구간으로 이동하여 3D Text 솔리드 레이어를 선택하고 [Element] – [Group 1] – [Particle Look] – [Multi – Object] – [1. Displace] : 1.00을 입력하고 키프레임을 클릭합니다. 이어서 0;00;07;00 구간으로 이동하여 [1. Displace] : 0.00을 입력합니다. 3D Text의 텍스트 간격이 벌어진 상태에서 점점 모이는 애니메이션을 확인할 수 있습니다.

12 애니메이션을 적용한 [1. Rotation Random Multi]와 [1. Displace]의 키프레임 4개를 모두 선택하고 키프레임에 우클릭하여 [Keyframe Assistant] – [Easy Ease]를 적용합니다.

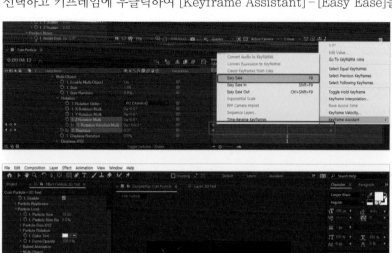

01 동전 파티클과 텍스트의 심도 효과 및 애니메이션을 위한 카메라를 추가합니다. Coin Particle 컴포지션 타임라인 패널에 우클릭하여 [New]-[Camera]를 선택합니다. [Type] : Two-Node Camera, [Name] : Camera 1, [Preset] : 50mm, [Enable Depth of Field] 메뉴를 체크하고 [OK]를 클릭합니다.

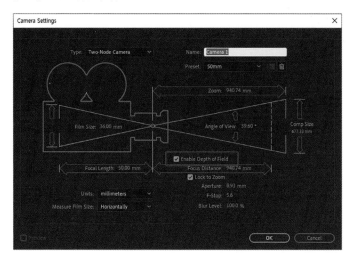

02 타임라인 패널에 우클릭하고 [New]-[Null Object]를 선택하여 생성된 Null 1 레이어에 3D Layer를 체크하여 활성화합니다. 기존 Camera 1이 Null 1 레이어 움직임에 따르도록 Camera 1 레이어를 Null 1 레이어에 Parent pick whip 적용하여 종속시킵니다.

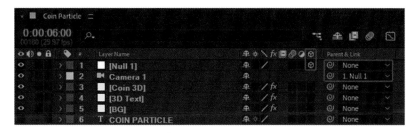

03 카메라 줌인 애니메이션을 진행해봅시다. 0;00;00;00 구간으로 이동하여 [Null 1]-[Trans-form]-[Position] : 960.0, -540.0, -2500.0을 입력하고 키프레임을 적용합니다.

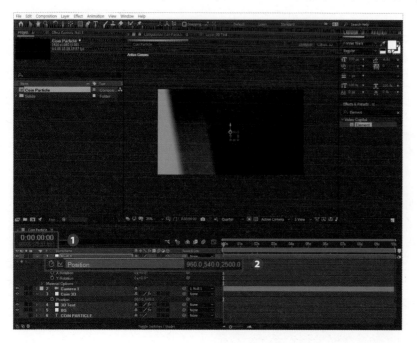

04 0;00;09;29 구간으로 이동하여 [Null 1]-[Transform]-[Position] : 960.0, 540.0, 0.0을 입력합니다. Z 축 방향의 줌인 애니메이션을 확인할 수 있습니다.

05 [Null 1] – [Transform] – [Position]에 적용한 2개의 키프레임을 모두 선택하고 타임라인 패널 상단의 Graph Editor를 클릭합니다. 그래프에 표시된 점을 클릭하고 드래그하여 낙차 폭이 큰 그래프 형태를 만듭니다. 줌인 애니메이션의 시작부분에 빠른 애니메이션이 진행되다 중반부부터 급격히 감속하는 것을 확인할 수 있습니다.

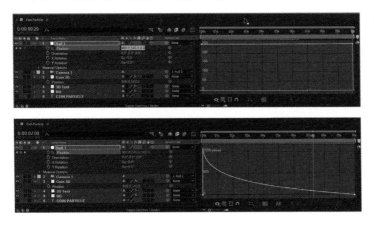

06 동전 파티클 군집 피사체의 심도를 조절합니다. [Camera 1] – [Camera Options] – [Aperture] : 120.0으로 입력합니다. Focus Distance 위치를 기준으로 가까운 곳은 선명하고 먼 곳은 흐릿한 심도 차이를 확인할 수 있습니다.

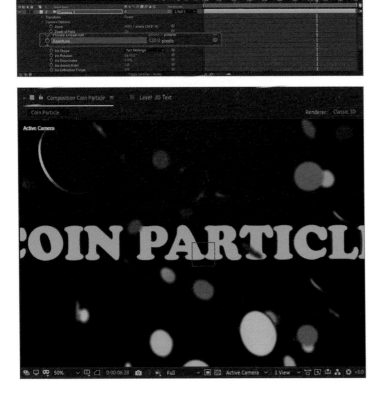

04 3D 로고 애니메이션 제작 부록 확인

Lesson 텍스트나 마스크 패스를 3D로 돌출시키는 기능인 Custom Text and Masks 기능을 활용해
본격적인 3D 로고 애니메이션을 만들 수 있습니다.

Step 1 돌출 효과를 적용할 도형과 텍스트 만들기

만들어봅시다

01 메뉴 바에서 [Composition]-[New Composition]을 클릭합니다. [Composition Name] : 3D Logo, [Width] : 1920px, [Height] : 1080px, [Duration] : 0;00;05;00으로 설정한 후 [OK]를 클릭하여 컴포지션을 만듭니다.

02 효과를 적용할 텍스트를 생성합니다. 타임라인 패널에 우클릭하여 [New] – [Text]를 선택한 뒤 [Character] 탭에서 폰트는 Cooper Black – Regular, 폰트 크기는 300px, 텍스트 내용은 'BOOK'을 입력합니다. 다시 [New] – [Text]를 선택한 뒤 폰트 크기 100px, 'element 3d'를 입력하여 화면 중앙에 배치합니다.

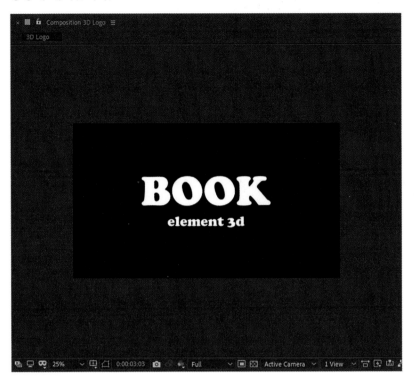

03 메뉴 바에서 [Layer] – [New] – [Soild]를 선택합니다. [Soild Name] : Path, [Width] : 1920px, [Height] : 1080px, [Color] : 임의의 색상으로 설정한 후 [OK]를 클릭하여 솔리드 레이어를 만듭니다.

04 상단 [Tool Bar]의 도형 아이콘을 길게 클릭한 뒤 [Ellipse Tool◯]을 선택합니다. 클릭한 상태에서 마우스를 드래그하여 아래 이미지와 같은 길다란 원형을 만듭니다. 생성된 Path 레이어를 텍스트 레이어 아래로 위치시킵니다.

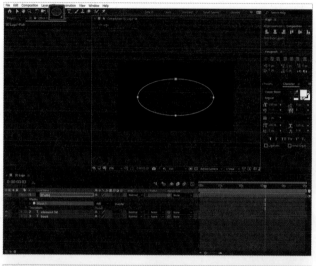

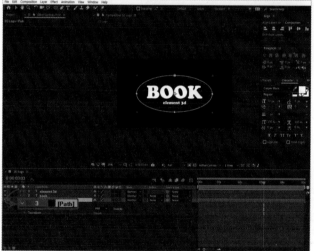

05 텍스트 레이어와 Path 레이어를 선택하고 좌측의 Video◉ 버튼을 눌러 보이지 않게 비활성화합니다.

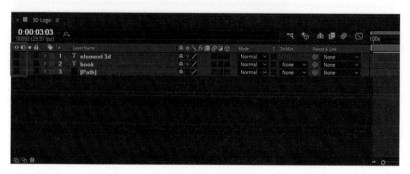

만들어봅시다

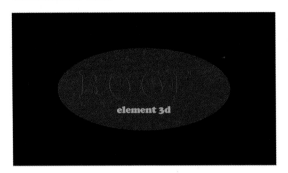

01 메뉴 바에서 [Layer]-[New]-[Soild] 를 선택합니다. [Soild Name] : E3D, [Width] : 1920px, [Height] : 1080px, [Color] : 임의의 색상으로 설정한 후 [OK] 를 클릭합니다. 생성한 레이어에 입체 표현 을 더하기 위해 [Effect]-[Video Copi-lot]-[Element]로 플러그인 효과를 추가합 니다.

02 [Element]-[Custom Layer]-[Custom Text and Masks] -[Path Layer 1] : BOOK, [Path Layer 2] : element 3d, [Path Layer 3] : Path로 지정합니다.

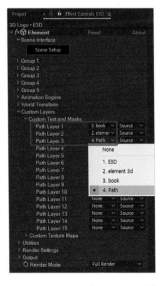

03 [Scene Setup]을 눌러 설정 창으로 진입한 뒤 3개의 레이어에 입체 모양을 적용할 것이므로 [Extrude]를 세 번 클릭합니다. [Scene]에 3개의 Extrusion Model 레이어가 생성됩니다.

04 Extrusion Model 레이어의 구분을 위해 이름을 변경합니다. 첫 번째 Extrusion Model 레이어를 우클릭하여 [Rename] : BOOK, 두 번째 레이어를 우클릭하여 [Rename] : Element 3d, 세 번째 레이어를 우클릭하여 [Rename] : Path로 변경합니다.

05 입체 텍스트와 도형이 개별적으로 인식되도록 각각에 커스텀 패스를 지정해줍니다. [Path] 레이어를 선택하고 [Edit] – [Extrusion] – [Custom Path] : Custom Path 3을 지정합니다. Path Layer 3으로 지정한 Path 도형이 입체 도형으로 [Preview]에 나타나는 것을 확인할 수 있습니다.

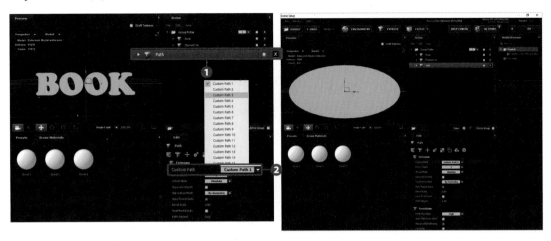

06 이어서 [Element 3d] 레이어를 선택하고 [Edit] – [Extrusion] – [Custom Path] : Custom Path 2로 지정합니다. Path 레이어 우측의 MUTE TOGGLE을 클릭하여 보이지 않게 하면 Path Layer 2로 지정한 element 3d 텍스트가 입체 형태로 [Preview]에 나타난 것을 확인할 수 있습니다.

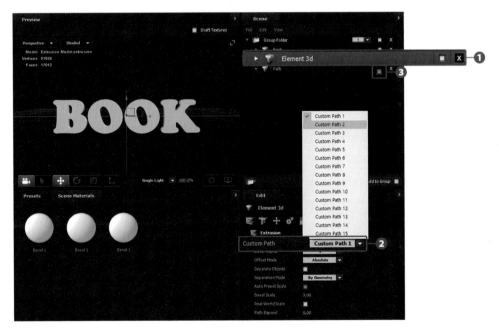

07 BOOK과 Element 3d 레이어를 [Preview] 창에서 조작하여 정렬 및 배치합니다.

08 텍스트에 재질을 적용해봅시다. BOOK 레이어를 클릭하고 [Presets] – [Bevels] – [Physical] : Gold_Rim을 선택한 뒤 BOOK 레이어에 드래그하여 적용합니다. [BOOK] 레이어에 블랙과 골드 두 가지 컬러의 재질이 적용됩니다.

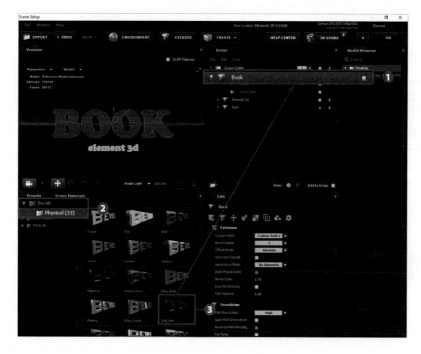

09 Path 레이어 우측의 MUTE TOGGLE를 다시 클릭하고 Path 레이어의 세부 속성인 Bevel 1을 선택합니다. [Edit]-[Bevel 1]-[Bevel]-[Extrude] : 0.50을 적용하여 두께를 절반으로 줄입니다. 이어서 Path 레이어를 선택한 뒤 Preview에서 Z 축으로 드래그하여 BOOK 텍스트 레이어가 돌출되도록 합니다.

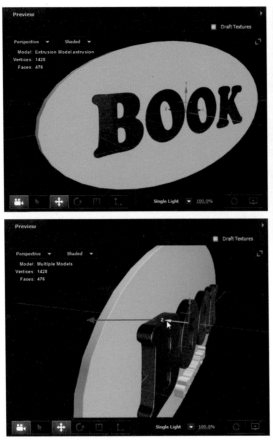

10 Path 레이어를 선택하고 [Edit]-[Extrusion]-[Bevel Copies] : 2로 변경하여 Bevel을 2개로 만듭니다.

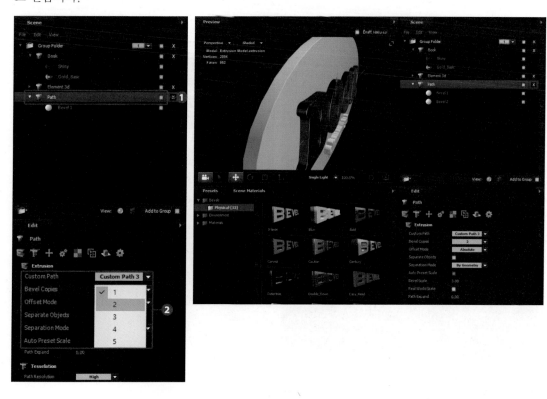

11 [Path]-[Bevel 2] 레이어를 선택하고 [Edit]-[Bevel 2]-[Bevel]-[Extrude] : 0.30, [Expand Edges] : 0.50을 적용하여 2개의 Bevel 레이어에 층을 만듭니다.

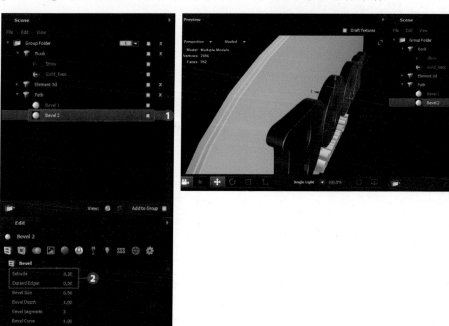

12 Path 레이어에 재질을 적용해봅시다. [Scene Materials] : Shiny 재질을 선택하고 [Scene] - [Path] - [Bevel 1] 레이어에 드래그하여 적용합니다. Path 레이어의 Bevel 1 부분에 재질 효과가 적용됩니다.

13 이어서 [Scene Materials] : Gold_Basic 재질을 선택하고 [Scene] - [Path] - [Bevel 2] 레이어에 드래그하여 적용합니다. Path 레이어의 Bevel 2 부분에 재질 효과가 적용됩니다.

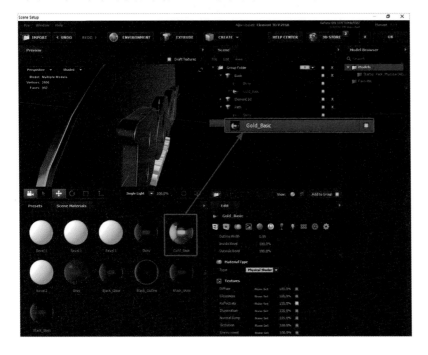

14 Element 3d 레이어에도 같은 방법으로 Gold_Basic 재질을 적용해봅시다.

15 Path 레이어의 외곽선을 부드럽게 만들어봅시다. [Path] 레이어를 선택하고 [Edit] – [Tesse-lation] – [Path Resolution] : Ultra로 변경합니다. BOOK과 Element 3d 레이어에도 동일한 방식을 사용해 적용합니다.

16 BOOK 레이어와 Element 3d 레이어를 모두 선택하고 Y 축으로 드래그하여 원형 안에서 중앙 정렬을 맞춥니다. [OK]를 클릭해 컴포지션으로 돌아갑니다. 입체 형태와 재질이 컴포지션상에서도 적용된 것을 확인할 수 있습니다.

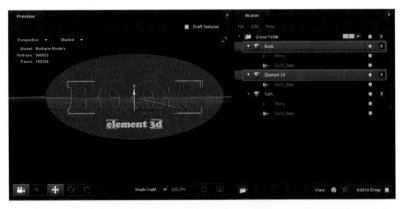

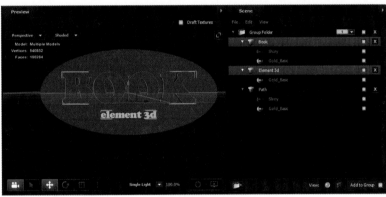

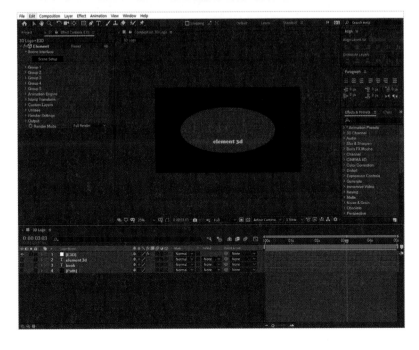

만들어봅시다

01 3D Logo 타임라인 패널에 우클릭하여 [New] – [Solid]를 선택합니다. [Soild Name] : BG, [Width] : 1920px, [Height] : 1080px으로 설정하여 배경이 될 솔리드 레이어를 만듭니다.

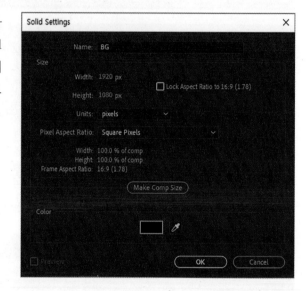

02 갓 생성한 BG 솔리드 레이어에 그라데이션 배경표현을 위한 효과를 추가해봅시다. 메뉴 바에서 [Effect] – [Generate] – [Gradient Ramp]를 적용하고 [Start Color] : 2A2A2A, [End Color] : 000000으로 설정한 후 [OK]를 클릭합니다.

03 [Gradient Ramp] – [Ramp Shape] : Radial Ramp로 변경하고 BG 레이어를 E3D 레이어 아래에 위치시킵니다. 원형의 투톤 그라데이션이 배경으로 적용됩니다.

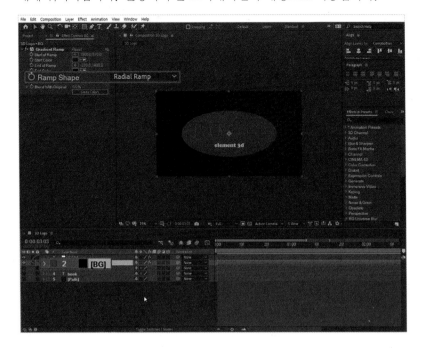

04 로고의 구도와 배치를 위한 카메라를 추가합니다. 3D Logo 컴포지션 타임라인 패널에 우클릭하여 [New] – [Camera]를 선택합니다. [Type] : Two-Node Camera, [Name] : Camera 1, [Preset] : 50mm, [Enable Depth of Field] 기능을 체크하고 [OK]를 클릭합니다.

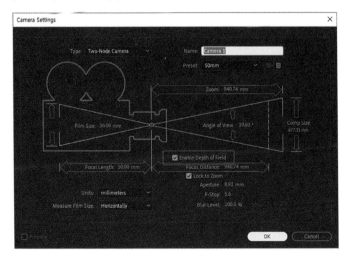

05 갓 생성한 Camera 1을 선택하고 상단 Tool Bar에서 Orbit Around Cursor Tool을 선택한 후 드래그하여 아래 이미지처럼 구도를 설정합니다. [Camera 1] – [Transform] – [Position] : –769.2, 1603.3, –1729.2

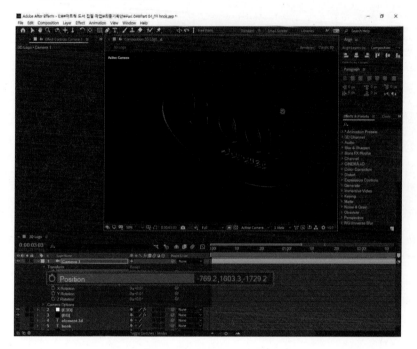

06 이어서 상단 Tool Bar에서 Dolly Towards Cursor Tool을 선택한 후 아래 이미지처럼 구도를 설정합니다. [Camera 1] – [Transform] – [Position] : 45.2, 1102.5, –914.8.

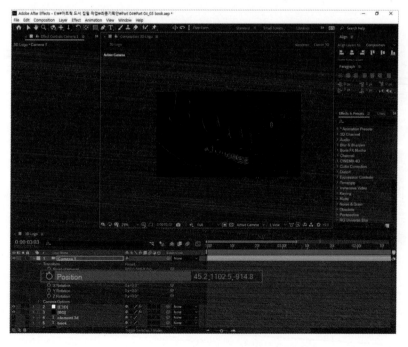

07 이어서 Pan Under Cursor Tool ✛ 을 선택한 후 아래 이미지처럼 구도를 설정합니다. [Camera 1] – [Transform] – [Point of Interest] : 843.3, 530.3, 110.7, [Position] : −71.5, 1092.8, −804.0.

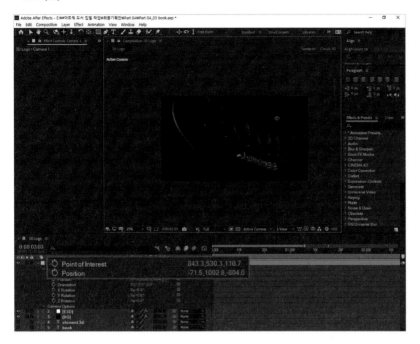

08 Pan Under Cursor Tool ✛ 로 지속적으로 구도와 배치를 조정하여 아래 구도로 구성해봅시다. [Camera 1] – [Transform] – [Point of Interest] : 852.4, 504.1, 73.6, [Position] : 75.9, 954.9, −486.4, [Z Rotation] : 0*36.0.

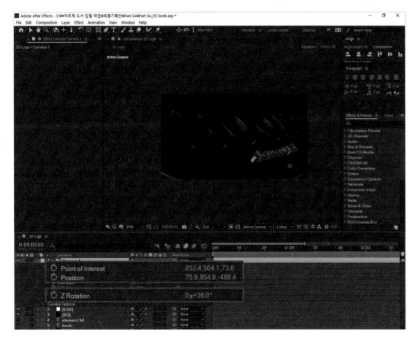

만들어봅시다

01 E3D 레이어에서 Scene Setup으로 이동한 뒤 Element 3D의 하위 속성인 Gold_Basic을 선택하고 [Edit]-[Bevel]-[Extrude] : 0.40으로 조정하여 돌출값을 줄입니다. 이어서 Z 축을 안쪽으로 드래그하여 'element 3d' 텍스트를 아래 이미지처럼 밀어 넣습니다.

02 도형과 텍스트 사이 반사되는 빛과 음영의 형태를 변경합니다. Book 레이어를 클릭하고 하단의 [Edit] – [Reflect Mode] – [Mode] : Spherical로 변경합니다.

03 Element 3D 레이어도 동일하게 [Reflect Mode] – [Mode] : Spherical로 변경합니다. 이어서 텍스트 레이어의 배경 역할을 하는 도형인 Path 레이어도 [Reflect Mode] – [Mode] : Mirror Surface로 변경합니다.

04 입체 도형과 텍스트 레이어 사이의 자연스러운 반사광 효과를 위해 Path 레이어에 다른 재질을 적용해보겠습니다. [Presets]-[Materials]-[Physical]에서 Grey를 선택하고 Path 레이어의 Shiny 레이어로 드래그하여 Grey로 대체합니다.

05 [OK]를 눌러 3D Logo 컴포지션으로 돌아옵니다. 타임라인 패널에서 Camera 1 레이어를 이용하여 심도를 조절해봅시다. [Camera 1]-[Camera Options]-[Focus Distance] : 800.0 pixels, [Aperture] : 120.0 pixels로 설정합니다. 컴포지션 화면 전면부의 B 주변을 제외한 부분이 아웃포커싱되는 것을 확인할 수 있습니다.

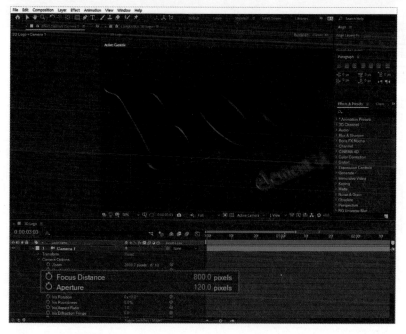

06 3D Logo의 현실적인 표현을 위하여 도형과 텍스트 사이에 그림자 음영 효과를 적용해봅시다. E3D 솔리드 레이어를 선택하고 [Element]-[Render Settings]-[Ambient Occlusion]-[Enable AO]의 체크박스를 활성화합니다. [SSAO Intensity] : 6.0, [SSAO Samples] : 64로 설정합니다.

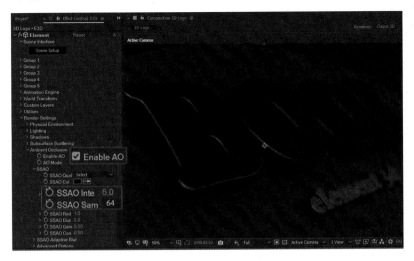

07 3D Logo의 형태와 빛 강조를 위하여 도형과 텍스트 사이의 노출과 감마값을 적용해봅시다. E3D 솔리드 레이어를 선택하고 [Element]-[Render Settings]-[Physical Environment]-[Exposure] : 2.00, [Gamma] : 2.00으로 설정하고 [Rotata Environmnet]-[Y Rotation] : 0*+60.0으로 설정합니다.

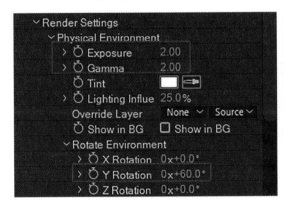

만들어봅시다

01 메뉴 바에서 [Layer] - [New] - [Soild]를 선택합니다. [Soild Name] : Light, [Width] : 1920px, [Height] : 1080px, [Color] : F5D69A로 설정한 후 [OK]를 클릭하여 솔리드 레이어를 만듭니다.

02 3D 로고를 강조할 광원 효과를 만들어봅시다. Light 솔리드 레이어를 선택한 상태에서 상단 [Tool Bar]의 도형 아이콘을 길게 클릭하여 [Ellipse Tool ◯]로 변경하고 드래그하여 원형 패스를 생성한 뒤 아래 이미지처럼 크기와 위치를 조절하여 배치합니다.

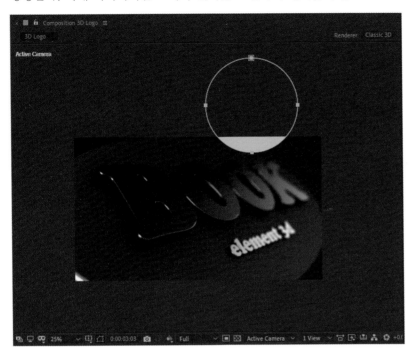

03 [Light] – [Masks] – [Mask 1] – [Mask Feather] : 800.0, 800.0 pixels, [Mask Opacity] : 60%로 설정합니다. 이어서 Light 솔리드 레이어를 우클릭하여 [Blending Mode] : Add로 변경합니다. 부드럽게 변하여 광원처럼 보이게 됩니다.

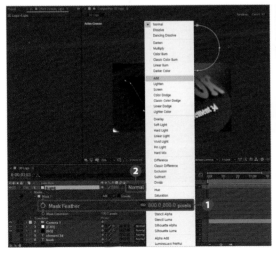

04 [Edit]-[Duplicate]로 Light 솔리드 레이어를 복제한 후 레이어의 테두리를 더블클릭하여 아래 이미지처럼 사각형 박스가 나타나게 만듭니다. 그 상태로 화면 중앙 우측으로 드래그하여 이동한 후 아래 이미지처럼 크기를 줄입니다.

05 복제한 Light 솔리드 레이어를 선택하고 [Masks]-[Mask 1]-[Mask Feather] : 500.0, 500.0 pixels, [Mask Opacity] : 40%, [Mask Expansion] : 70.0 pixels로 설정합니다. 2개의 광원 효과가 로고 우측 주변에 생성된 것을 확인할 수 있습니다.

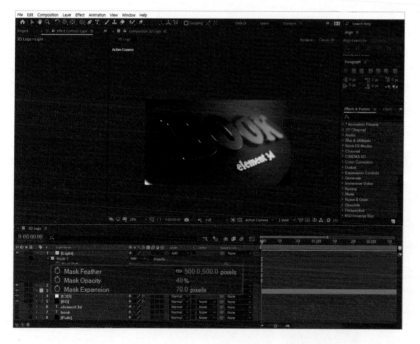

06 3D 로고에 전체 애니메이션을 적용해봅시다. Camera 1을 선택하고 상단 Tool Bar에서 Orbit Around Cursor Tool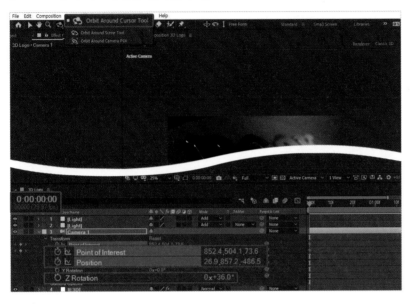을 선택한 후 드래그하여 아래 이미지처럼 구도를 설정합니다. 0;00;00;00 구간으로 이동하여 [Camera 1]-[Transform]-[Point of Interest] : 852.4, 504.1, 73.6, [Position] : 26.9, 857.2, -486.5, [Z Rotation] : 0*+36.0으로 설정하고 [Point of Interest]와 [Position]의 키프레임을 클릭합니다.

07 0;00;04;29 구간으로 이동하여 [Camera 1]-[Transform]-[Position] : 260.8, 903.5, -707.6으로 설정합니다. 로고 형태 전체가 애니메이션되는 것을 확인할 수 있습니다.

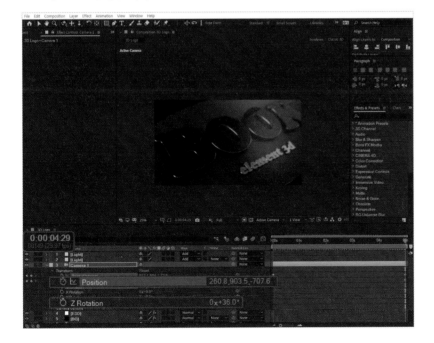

5

Part

실전! 타이틀
애니메이션
계작하기

Ae

01

텍스트와 푸티지를 합성한 모션 포스터 아트웍 제작 부록 확인

Lesson 합성은 모션 그래픽의 필수 항목입니다. 서로 다른 형태와 속성을 지닌 소스를 통일된 느낌의 아트웍으로 만들 수 있습니다. 이번 파트에서는 여러 개의 푸티지와 이미지 소스가 하나의 아트웍으로 연관성을 갖도록 중첩하고 배치합니다. 이미지 보정에 필요한 여러 효과와 마스크 작업 등으로 합성하는 과정을 거치며 이중적인 형태의 모션 포스터 아트웍을 제작합니다.

Step 1 텍스트와 푸티지 배치 및 합성하기

만들어봅시다

01 메뉴 바에서 [Composition]-[New Composition]을 클릭합니다. [Composition Name] : Compose Motion Poster, [Width] : 1920px, [Height] : 1080px, [Duration] : 0;00;07;00으로 설정한 후 [OK]를 클릭하여 컴포지션을 만듭니다.

02 메뉴 바에서 [Layer]-[New]-[Soild]를 클릭합니다. [Soild Name] : BG, [Width] : 1920px, [Height] : 1080px, [Color] : FFFFFF으로 설정한 후 [OK]를 클릭하여 솔리드 레이어를 만듭니다.

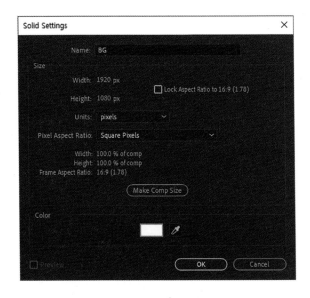

03 아트웍의 기준이 될 메인 텍스트를 추가합니다. 타임라인 패널에 우클릭하여 [New]-[Text]를 클릭합니다. 이어서 [Character] 탭에서 폰트는 Didot-Regular, 폰트 크기는 100px으로 설정하고 'P'를 입력한 뒤 화면 중앙에 배치합니다.

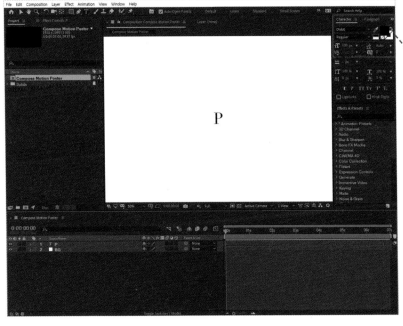

04 생성한 P 텍스트 레이어의 [Transform]-[Scale] 값을 1000.0, 1000.0%로 조정합니다.

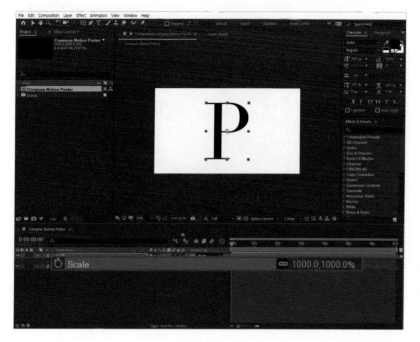

05 생성한 P 텍스트 레이어에 그라데이션 표현을 추가해봅시다. 메뉴 바에서 [Effect]-[Gener-ate]-[Gradient Ramp]를 클릭합니다. [Start Color] : 151515, [End Color] : 163665로 설정하고 [OK]를 클릭합니다.

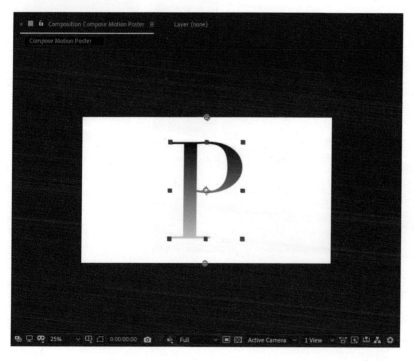

Start Color

H: 0 °
S: 0 %
B: 8 %
R: 21
G: 21
151515

End Color

H: 216 °
S: 78 %
B: 40 %
R: 22
G: 54
163665

06 [Gradient Ramp] – [Start of Ramp] : 960.0,0.0, [End of Ramp] : 960.0,1080.0, [Ramp Shape] : Radial Ramp로 변경합니다. 원형의 투톤 그라데이션이 적용된 것을 확인할 수 있습니다.

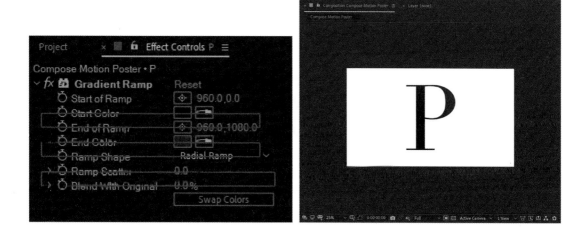

07 Compose Motion Poster 컴포지션의 소스가 될 메인 푸티지를 불러옵니다. 프로젝트 패널에 우클릭하여 [Import] – [File]을 선택하고 소스로 제공되는 Silhouette_Man footage 파일을 선택한 뒤 하단의 [Import As]를 Footage로 변경한 다음 [OK]를 클릭합니다.

Import As 설정의 3가지 옵션을 알아보겠습니다.

- Footage : 하나의 푸티지 또는 다중 레이어 상태의 파일을 합친 상태로 불러 올 수 있습니다. 다중 레이어 중 하나의 특정 레이어를 선택하여 불러 올 수도 있습니다.
- Composition : 포토샵 혹은 외부의 레이어를 불러오는 방법 중 하나입니다. Composition 옵션을 선택하면 각각의 레이어 사이즈를 불러오는 이미지 레이어 사이즈와 동일하게 불러올 수 있습니다.
- Composition – Retain Layer Sizes : 포토샵 혹은 외부의 레이어를 불러오지만 Coposition 옵션과는 다르게 각각의 레이어는 이미지 정보가 있는 영역만 크롭하여 불러옵니다.

08 메인 푸티지의 알파값을 추출하기 위해 메뉴 바에서 [Effect]-[Keying]-[Extract]를 클릭하거나 [Effects & Preset]-[Extract]를 검색하여 해당 푸티지 레이어로 드래그 또는 더블클릭하여 적용합니다. [Extract]-[White Point] : 132.0으로 설정합니다. 푸티지의 배경 부분이 제거된 것을 확인할 수 있습니다.

Tip

Extract의 White Point 값을 높일수록 화이트에 가까운 영역이 제거됩니다. 메인 푸티지의 배경이 밝은색이므로 White Point 기능을 사용하였으며 132.0의 수치가 가장 적절하다고 판단하여 사용했습니다.

09 [Silhouette_man Footage.mov] - [Transform] - [Position] : 817.0, 536.0, [Scale] : 67.0, 67.0%로 설정하여 알파벳의 위치와 크기에 맞게 푸티지를 조정합니다.

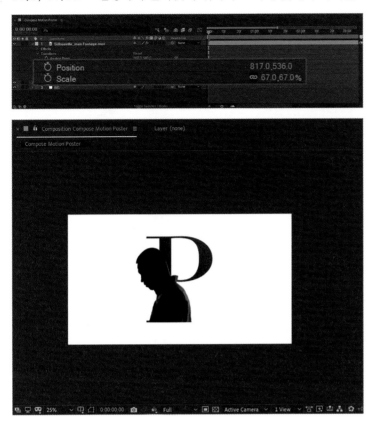

10 메뉴 바에서 [Effect & Presets] - [Matte] - [Simple Choker]를 선택하여 푸티지 레이어에 적용합니다. [Simple Choker] - [Choke Matte] : 2.00으로 설정합니다. 푸티지 외곽선이 일부 제거된 것을 확인할 수 있습니다.

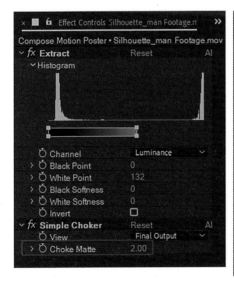

11 인물의 등을 부드럽게 표현해 다른 소스들과 자연스럽게 만들어봅시다. Silhouette_man Footage 레이어를 선택한 상태로 상단 [Tool Bar]-[Pen Tool 🖊️]을 클릭하여 아래 이미지처럼 마스크 패스 형태를 만듭니다. 이어서 [Silhouette_man Footage]-[Masks]-[Mask 1]-[Mask Feather] : 50.0, 50.0 pixels로 설정합니다.

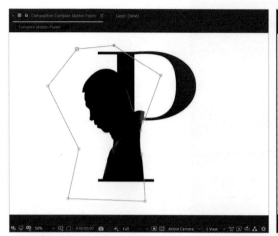

만들어봅시다

01 P와 메인 푸티지의 서브 소스가 될 푸티지를 불러옵니다. 프로젝트 패널에 우클릭하여 [Import]-[File]을 선택해 소스로 제공되는 Leaf footage 파일을 불러온 뒤 타임라인 패널에 Silhouette_man Footage 레이어 아래로 위치시킵니다.

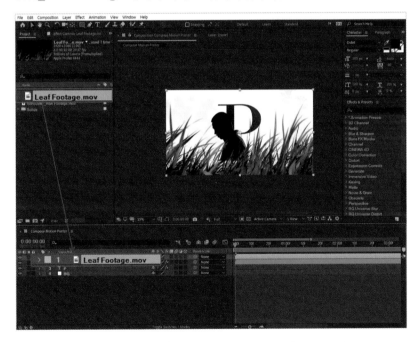

02 타임라인 패널에서 [Leaf Footage.mov]-[Transform]-[Position] : 978.0, 725.0, [Scale] : 18.0, 18.0%, [Rotation] : 0*+90으로 설정하여 아래 이미지처럼 푸티지의 크기와 위치, 회전값을 조정합니다.

03 [Effects & Presets]-[Generate]-[Fill]을 클릭하여 Leaf Footage에 적용합니다. [Fill]-[Color] : 060F10으로 설정하여 메인 푸티지의 실루엣 컬러에 맞춥니다.

04 Leaf Footage 레이어를 선택한 상태에서 [Edit]-[Duplicate]를 클릭하여 레이어를 복제합니다. 복제한 레이어를 선택하고 [Transform]-[Position] : 932.0, 491.0, [Scale] : 15.0, 23.0%, [Rotation] : 0*+88로 설정하여 알파벳의 위치에 맞게 푸티지의 크기와 위치, 회전값을 조정합니다.

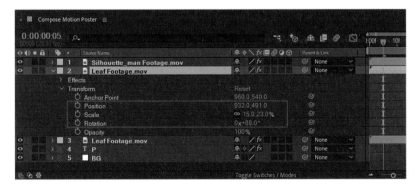

05 이어서 상단 [Tool Bar]−[Pen Tool🖊️]을 클릭하고 아래 이미지처럼 마스크 패스 형태를 만듭니다. [Masks]−[Mask 1]−[Mask Feather] : 70.0, 70.0으로 설정하여 부드럽게 만듭니다.

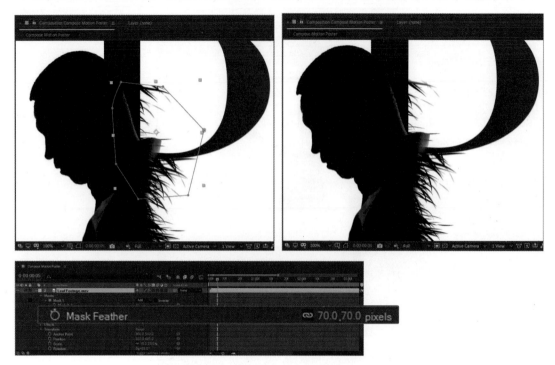

06 다시 Leaf Footage 레이어를 복제합니다. [Transform]−[Position] : 880.0, 293.0, [Rotation] : 0*+56으로 설정한 뒤 Pen Tool을 선택하고 만들어져 있는 마스크 패스를 아래 이미지처럼 메인 푸티지의 외곽 형태에 맞게 변경합니다.

07 동영상인 메인 푸티지의 움직임에 맞춰 서브 푸티지에 애니메이션을 적용합니다. 0;00;00;00 구간으로 이동하여 가장 최근에 수정한 Leaf Footage 레이어를 선택하고 [Transform]-[Position], [Rotation] 2개의 키프레임을 클릭합니다. 다시 0;00;06;29 구간으로 이동하여 [Position] : 970.0, 358.0, [Rotation] : 0*+90으로 변경합니다.

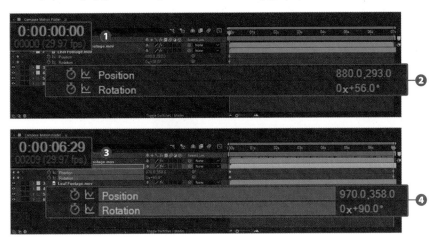

08 이어서 적용한 키프레임을 모두 선택하고 키프레임에 우클릭하여 [Keyframe Assistant]-[Easy Ease]를 선택한 뒤 타임라인 패널 상단의 Graph Editor■를 클릭합니다. 완만한 그래프가 0;00;02;15 구간에서 급격한 속도 변화를 갖도록 조정합니다. 각 색상을 클릭하여 나타나는 노란 조절 바를 이용합니다.

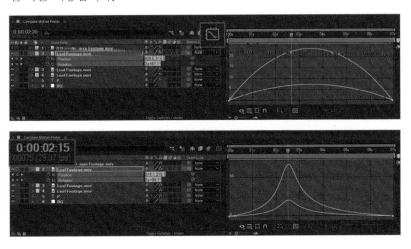

09 P와 메인 푸티지의 서브 소스가 될 또 다른 푸티지를 불러옵니다. 프로젝트 패널에 우클릭하여 [Import] – [File]을 선택하고 소스로 제공되는 Tree footage 파일을 선택한 뒤 하단의 [Import As]를 Footage로 변경한 다음 [OK]를 클릭합니다. 이어서 타임라인 패널에 최상단으로 이동시킵니다.

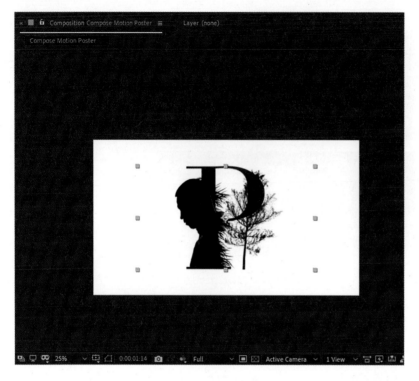

10 Tree Footage.mov 레이어를 선택하고 [Transform] – [Position] : 662.0, 252.0, [Scale] : 15.0, 15.0%, [Rotation] : 0*+13으로 설정하여 메인 푸티지 위치에 맞게 크기와 위치, 회전값을 조정합니다.

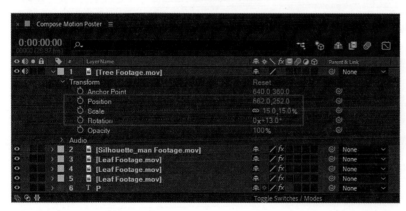

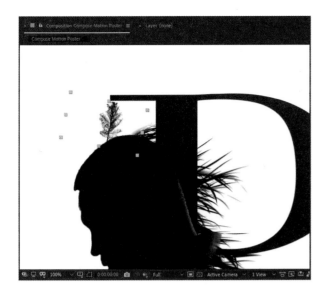

11　Tree Footage 레이어를 선택하고 [Edit] – [Duplicate]로 레이어를 복제합니다. 복제한 레이어는 [Transform] – [Position] : 633.0, 291.0, [Scale] : 10.0, 10.0%, [Rotation] : 0*–5로 설정하여 메인 푸티지의 외곽 형태에 맞게 위치, 크기, 회전값을 조정합니다.

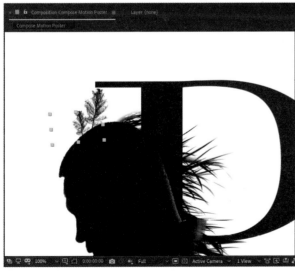

12 서브 푸티지에 애니메이션을 적용합니다. 0;00;00;00 구간으로 이동한 뒤 비교적 큰 나무의 Tree Footage의 [Transform] – [Position], [Rotation] 키프레임을 클릭합니다. 다시 0;00;06;29 구간으로 이동하여 [Position] : 766.0, 205.0, [Rotation] : 0*+0.0으로 변경합니다.

13 이어서 키프레임을 모두 선택한 뒤 키프레임에 우클릭하여 [Keyframe Assistant] – [Easy Ease]를 선택하고 타임라인 패널 상단의 Graph Editor를 클릭합니다. 그래프가 0;00;02;00 구간에서 급격한 속도 변화를 갖도록 조정합니다. 각 색상을 클릭하여 나타나는 노란 조절 바를 이용합니다.

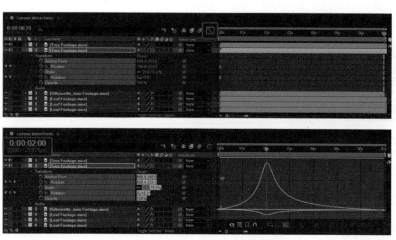

14 이번에는 비교적 작은 나무에 애니메이션을 적용합니다. 0;00;00;00 구간으로 이동한 뒤 비교적 작은 나무인 Tree Footage의 [Transform] – [Position], [Rotation] 키프레임을 클릭합니다. 다시 0;00;04;20 구간으로 이동하여 [Position] : 733.0, 233.0, [Rotation] : 0*–18으로 변경합니다.

15 이어서 키프레임을 모두 선택한 뒤 키프레임에 우클릭하여 [Keyframe Assistant] – [Easy Ease]를 선택하고 타임라인 패널 상단의 Graph Editor▣를 클릭합니다. 그래프가 0;00;02;00 구간에서 급격한 속도 변화를 갖도록 조정합니다. 각 색상을 클릭하여 나타나는 노란 조절 바를 이용합니다.

16 P와 메인 푸티시의 서브 소스가 될 다른 형태의 추가 푸티지를 불러옵니다. 프로젝드 패널에 우
클릭하여 [Import]ㅡ[File]을 선택하고 소스로 제공되는 Tree footage 02 파일을 선택한 뒤 하단의
[Import As]를 Footage로 변경한 다음 [OK]를 클릭합니다. 이어서 타임라인 패널의 최상단으로 이
동시킵니다.

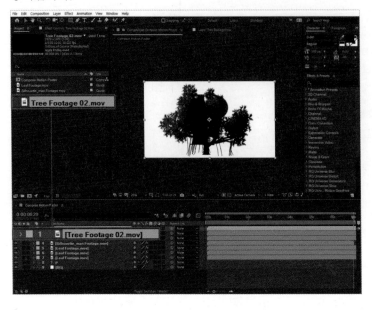

17 [Tree Footage 02]ㅡ[Transform]ㅡ[Position] : 824.0, 268.0, [Scale] : 15.0, 15.0%,
[Rotation] : 0*+35로 설정하여 메인 푸티지 위치에 맞게 크기와 위치, 회전값을 조정합니다.

18 Tree Footage 02 레이어를 클릭하고 [Edit] – [Duplicate]로 레이어를 복제합니다. 복제한 레이어는 [Transform] – [Position] : 960.0, 475.0, [Scale] : 15.0, 15.0%, [Rotation] : 0*+70.0 으로 설정하여 메인 푸티지의 외곽 형태에 맞게 위치와 크기, 회전값을 조정합니다.

19 서브 푸티지에 애니메이션을 적용합니다. 0;00;00;00 구간으로 이동한 뒤 맨 처음 작업한 Tree Footage 02의 [Transform] – [Position], [Rotation] 키프레임을 클릭합니다. 다시 0;00;06;29 구간으로 이동하여 [Position] : 900.0, 210.0, [Rotation] : 0*+33.0으로 변경합니다.

20 이어서 키프레임을 모두 선택한 뒤 키프레임에 우클릭하여 [Keyframe Assistant]-[Easy Ease]를 선택하고 타임라인 패널 상단의 Graph Editor📰를 클릭합니다. 그래프가 0;00;02;00 구간에서 급격한 속도 변화를 갖도록 조정합니다. 각 색상을 클릭하여 나타나는 노란 조절 바를 이용합니다.

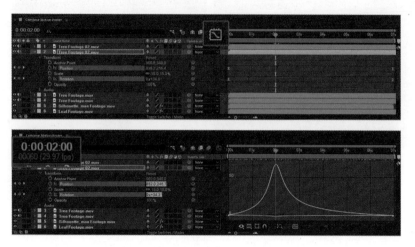

21 서브 푸티지에 애니메이션을 적용합니다. 0;00;00;00 구간으로 이동한 뒤 또 다른 Tree Footage 02의 [Transform]-[Position], [Rotation] 키프레임을 클릭합니다. 다시 0;00;06;29 구간으로 이동하여 [Position] : 960.0, 460.0, [Rotation] : 0*+81.0으로 변경합니다.

22 이어서 키프레임을 모두 선택한 뒤 키프레임에 우클릭하여 [Keyframe Assistant]-[Easy Ease]를 선택하고 타임라인 패널 상단의 Graph Editor █ 를 클릭합니다. 그래프가 0;00;02;00 구간에서 급격한 속도 변화를 갖도록 조정합니다. 각 색상을 클릭하여 나타나는 노란 조절 바를 이용합니다.

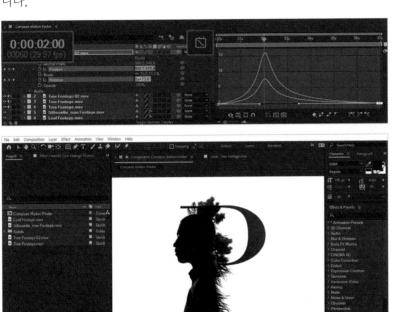

만들어봅시다

01 P에 애니메이션하기 위한 매트 푸티지를 불러옵니다. 프로젝트 패널에 우클릭하여 [Import]-[File]을 선택하고 소스로 제공되는 Matte Footage 파일을 선택한 뒤 하단의 [Import As]를 Footage로 변경한 다음 [OK]를 클릭합니다.

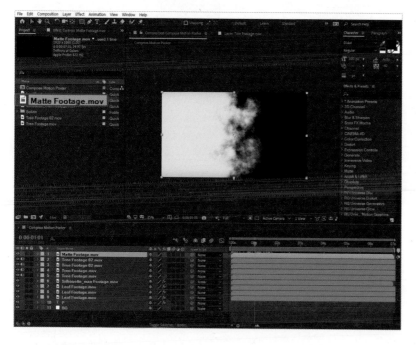

02 불러온 Matte Footage를 P 텍스트 레이어 위로 이동시킨 다음 P 텍스트 레이어 우측의 [Track Matte] – [Luma Matte "Matte Footage.mov"]를 선택합니다. 매트 푸티지의 애니메이션 효과가 P 텍스트 레이어에 적용된 것을 확인할 수 있습니다.

03 BG 솔리드 레이어를 제외한 레이어를 모두 선택하고 우클릭하여 [Pre-compose]를 선택합니다. [New composition name] : P Shape으로 설정하고 [OK]를 클릭합니다. 메인 푸티지를 중심으로 한 아트워크 합성 소스들을 그룹화한 것입니다.

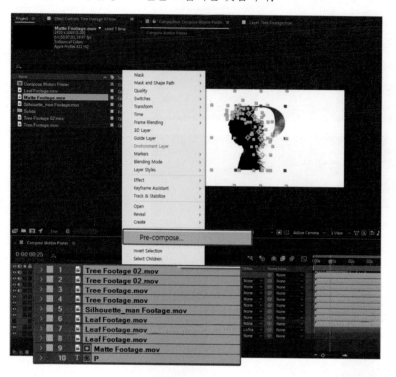

04 배경 부분의 구름 효과를 위한 소스 푸티지를 불러옵니다. 프로젝트 패널에 우클릭하여 [Import]-[File]을 선택하고 소스로 제공되는 Cloud Footage 파일을 선택한 뒤 하단의 [Import As]를 Footage로 변경한 다음 [OK]를 클릭합니다. BG 솔리드 레이어 상단으로 이동시킵니다.

05 메뉴 바에서 [Effects & Presets]-[Generate]-[Gradient Ramp]을 클릭하여 BG 솔리드 레이어로 드래그하여 적용합니다. [Gradient Ramp]-[Start Color] : D9D9D9, [End Color] : BDC3C9로 설정합니다. 배경에 그라데이션이 적용됩니다.

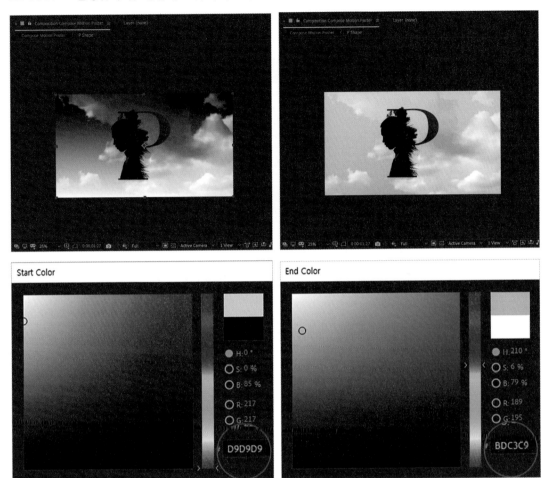

06 아트웍 하단에 2개의 텍스트를 추가합니다. 타임라인 패널에 우클릭하여 [New]-[Text]를 선택하고 메인 텍스트로 OUT NATURE, 서브 텍스트로 rotect를 입력합니다. [Character] 탭에서 rotect의 폰트는 Times New Roman-Regular, 폰트 크기는 100px로 설정하고, 대문자 OUR NATURE의 폰트는 Times New Roman-Regular, 폰트크기는 95px, ███ 는 -30으로 설정한 뒤 메인 텍스트 P 형태에 맞춰 화면 하단에 정렬합니다.

07 BG 소래드 레이어를 제외하고 컴포지션 내의 레이어를 모두 선택한 뒤 타임라인 패널 상단 3D Layer ███ 를 클릭하여 Z축을 활성화합니다.

08 배경의 주변 요소 역할을 할 푸티지를 불러옵니다. 프로젝트 패널에 우클릭하여 [Import]-[File]을 선택하고 소스로 제공되는 Bird Footage, Bird Footage 02 파일을 선택한 뒤 하단의 [Import As]를 Footage로 변경한 다음 [OK]를 클릭합니다.

09 Bird Footage를 타임라인 최상단으로 이동한 뒤 3D Layer를 활성화하고 [Transform]-[Position] : 1400.0, 180.0, 0.0, [Scale] : 80.0, 90.0, 100.0, [Z Rotation] : 0°-10으로 실싱하여 메인 푸티지에 배경 요소로 활용합니다.

10 Bird Footage 레이어를 클릭하고 [Edit]-[Duplicate]로 레이어를 복제합니다. 복제한 레이어는 [Transform]-[Position] : 960.0, 540.0, -2000.0, [Scale] : -100.0, 100.0, 100.0, [Z Rotation] : 0*-10.0으로 설정하여 Bird Footage가 앞쪽에도 나타나도록 위치, 크기, 회전값을 조정합니다.

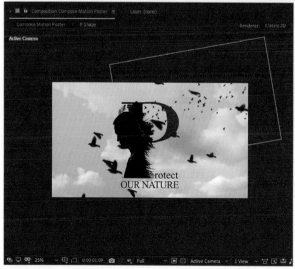

11 임포트한 프로젝트 패널의 Bird Footage 02를 타임라인 패널에 최상단으로 드래그합니다. [Transform]-[Position] : 960.0, 540.0, -1000.0, [Scale] : 35.0,35.0,35.0%, [Z Rotation] : 0*+26.0으로 설정합니다.

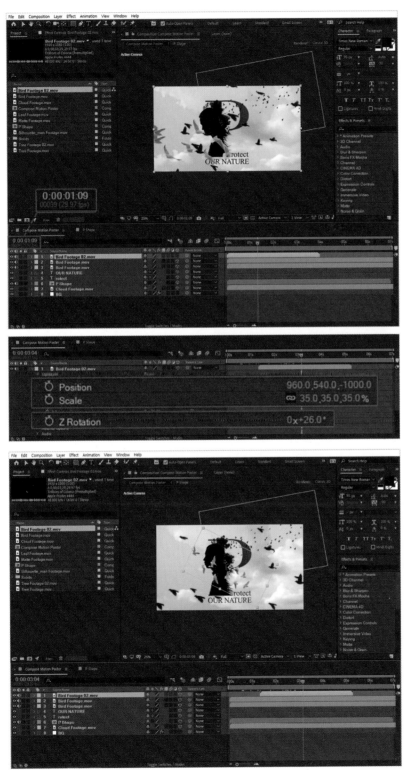

만들어봅시다

01 합성한 아트웍의 심도 효과와 애니메이션을 위해 카메라를 추가합니다. 타임라인 패널에 우클릭하여 [New]-[Camera]를 선택합니다. [Type] : Two-Node Camera, [Name] : Camera 1, [Preset] : 50mm, [Enable Depth of Field] 기능을 체크하고 [OK]를 클릭합니다. 이어서 [Camera 1]-[Camera Option]-[Aperture] : 200.0 pixels로 설정하여 심도를 추가합니다.

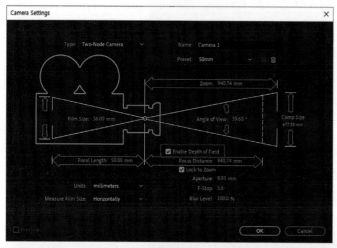

02 타임라인 패널에 우클릭하여 [New]-[Null Object]를 선택하고 생성된 Null 1 레이어에 3D Layer🔲를 체크하여 활성화합니다. 이어서 Camera 1이 널 레이어의 움직임에 따라갈 수 있도록 Null 1 레이어에 Parent pick whip🔘을 적용합니다.

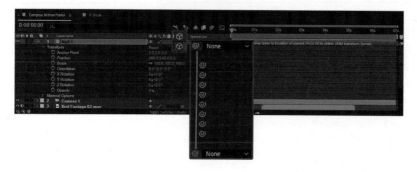

03 줌인 애니메이션을 추가해봅시다. 0;00;00;00 구간으로 이동한 뒤 [Null 1]-[Transform]-[Position] : 960.0, 540.0, 2800.0으로 설정하고 키프레임을 클릭합니다. 다시 0;00;02;20 구간으로 이동하여 [Null 1]-[Transform]-[Position] : 960.0, 540.0, 0.0으로 변경합니다.

04 이어서 키프레임을 모두 선택한 뒤 키프레임에 우클릭하여 [Keyframe Assistant]-[Easy Ease]를 선택하고 타임라인 패널 상단의 Graph Editor▣를 클릭합니다. 아래 이미지처럼 그래프를 변경합니다.

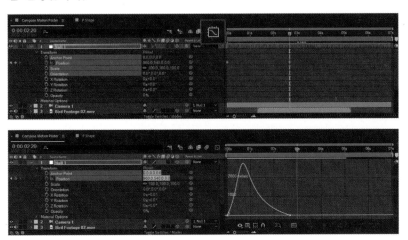

05 타임라인 패널에서 우클릭하여 [New]–[Null Object]를 선택하고 생성된 Null 2 레이어에 3D Layer를 체크하여 활성화합니다. 이어서 Null 1이 Null 2 레이어 움직임에 따라갈 수 있도록 Null 2 레이어에 Parent pick whip을 적용합니다.

06 줌인 후 서서히 움직이는 달리 줌 애니메이션을 적용합니다. 0;00;01;20 구간으로 이동합니다. [Null 2]–[Transform]–[Position] : 960.0, 540.0, 0.0으로 설정하고 키프레임을 클릭합니다. 다시 0;00;06;29 구간으로 이동하여 [Position] : 960.0, 540.0, –500.0으로 변경합니다.

07 줌인 후 생기는 Cloud Footage의 공백을 채우기 위해 레이어의 크기를 조정합니다. [Cloud Footage]–[Transform]–[Scale] : 120.0, 120.0, 120.0으로 설정하여 여백을 채웁니다.

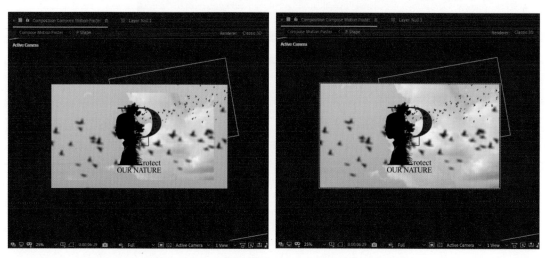

08 Bird Footage 레이어에 디졸브 효과를 추가합니다. 0;00;04;00 구간으로 이동한 뒤 맨 처음 작업한 6번 Bird Footage 레이어를 선택하고 [Transform] - [Opacity] : 100%로 설정한 뒤 키프 레임을 클릭합니다. 다시 0;00;05;10 구간으로 이동하여 [Opacity] : 0%로 설정합니다. 5번 Bird Footage 레이어에도 동일한 과정을 반복합니다. 0;00;02;00 구간에서 [Opacity] : 100%로 설정하고 키프레임을 클릭한 뒤 0;00;03;20 구간으로 이동해 [Opacity] : 0%로 설정합니다.

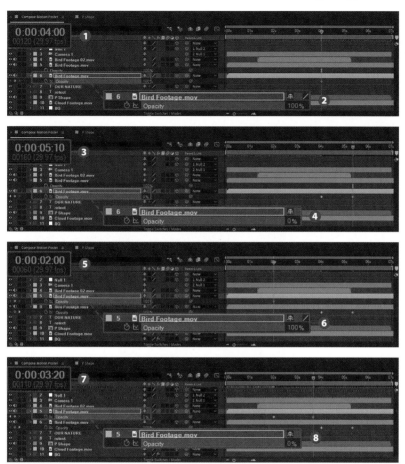

만들어봅시다

01 광원 효과를 만들기 위해 [Layer]-
[New]-[Soild]를 선택합니다. [Soild
Name] : Flare 01, [Width] : 1920px,
[Height] : 1080px, [Color] : AFEEFF로
설정한 후 [OK]를 클릭하여 솔리드 레이어
를 만듭니다.

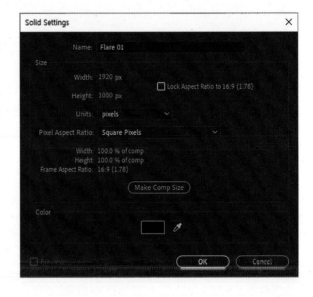

02 Flare 01 솔리드 레이어를 선택하고 상단 [Tool Bar] – [Ellipse Tool █]을 선택한 뒤 화면 중앙에 원형의 마스크 패스를 만듭니다. 이어서 [Masks] – [Mask 1] – [Mask Feather] : 250.0, 250.0 pixels로 설정하여 부드럽게 만듭니다.

03 Flare 01 솔리드 레이어에 디졸브 효과를 추가합니다. Flare 01 솔리드 레이어를 우클릭하여 [Blending Mode] : Add로 변경합니다. 0;00;00;20 구간으로 이동하여 [Transform] [Opacity] : 0%로 설정하고 키프레임을 클릭합니다. 이어서 0;00;01;20 구간으로 이동하여 [Opacity] : 100% 로 설정합니다.

04 Flare 01 솔리드 레이어를 선택하고 [Edit]-[Duplicate]로 레이어를 복제합니다. 0;00;01;00 구간에서 복제한 레이어를 [Transform]-[Position] : 1200.0, 850.0, [Masks]-[Mask 1]-[Mask Feather] : 350.0, 350.0으로 설정합니다.

05 이와 같은 과정을 반복해 여러 개의 광원을 만듭니다. 색상을 변경해 더 극적인 효과를 낼 수 있습니다. Flare 01 솔리드 레이어를 선택하고 [Edit]-[Duplicate]로 복제합니다. 복제한 레이어의 이름을 [Flare 02]로 변경한 뒤 [Solid Settings Ctrl+Shift+Y]-[Color] : FFCEB2로 설정합니다. 이어서 0;00;02;10 구간으로 이동한 뒤 [Transform]-[Position] : 743.0, 570.0, [Masks]-[Mask 1]-[Mask Feather] : 300.0, 300.0으로 설정합니다.

06 [Bird Footage 02]-[Position] : 1340.0, 540, -1000.0으로 설정하여 줌인 애니메이션 시 해당 푸티지가 앞에서 먼저 지나가도록 위치를 조정합니다. 완성된 애니메이션을 키보드 우측 숫자 키의 0을 눌러 재생해보세요.

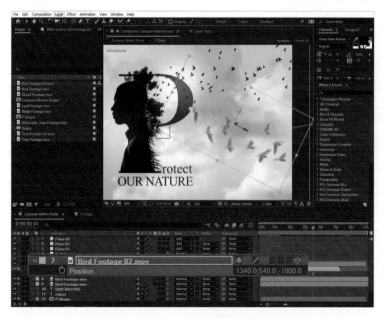

02 옵티컬 플레어를 활용한 시네마틱 광원 효과 제작 부록 확인

Lesson Video Copilot사에서 개발한 광원 효과 플러그인입니다. 기본 왜곡 효과인 Turbulent Displace 기능과 결합하여 광원/빛이라는 용도를 넘어서서 추상적인 배경 효과 등의 아트웍 요소로 사용할 수도 있습니다. 홈페이지에서 구매하여 사용하는 유료 플러그인입니다.

Step 1 빛 왜곡 효과 만들기

만들어봅시다

01 메뉴 바에서 [Composition] – [New Composition]을 클릭합니다. [Composition Name] : Cinematic BG, [Width] : 1920px, [Height] : 1080px, [Duration] : 0;00;08;00으로 설정한 후 [OK]를 클릭하여 컴포지션을 만듭니다.

02 [Layer] – [New] – [Soild]를 클릭합니다. [Soild Name] : Flare, [Width] : 1920px, [Height] : 1080px, [Color] : 000000으로 설정한 후 [OK]를 클릭합니다.

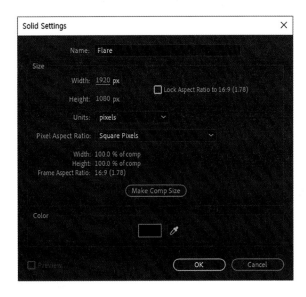

03 생성한 Flare 솔리드 레이어에 광원 효과를 추가합니다. [Effect] – [Video Copilot] – [Optical Flare]를 클릭하고 Flare 솔리드 레이어에 드래그하여 적용합니다.

04 [Optical Flare] – [Flare Setup] – [Options]를 클릭하여 별도의 셋업창을 실행합니다. 하단의 Stack에서 3번째 Glow를 제외한 광원 효과를 삭제하고 [OK]를 클릭합니다.

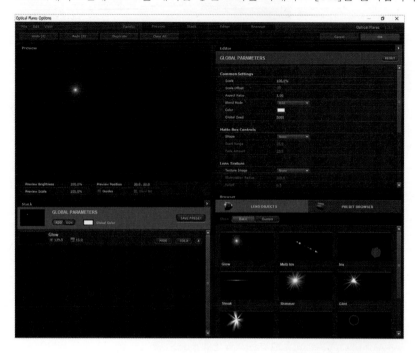

05 적용한 Optical Flare 효과의 광원 위치를 설정합니다. [Optical Flare] – [Flare Setup] – [Positon XY] : 320.0, 180.0으로 설정합니다.

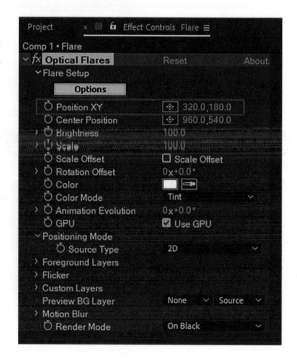

06 Optical Flare 효과의 스케일 애니메이션을 적용합니다. 0;00;00;00 구간으로 이동하여 Flare 솔리드 레이어를 선택하고 [Effects] – [Optical Flare] – [Scale] : 0.0으로 설정한 뒤 키프레임을 클릭합니다. 다시 0;00;01;00 구간으로 이동하여 [Scale] : 100.0으로 설정합니다.

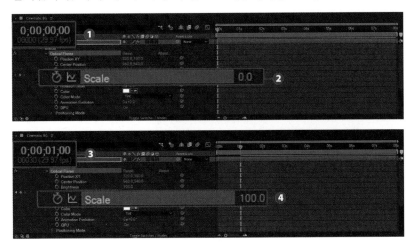

07 Optical Flare 광원에 왜곡 효과를 적용합니다. [Effects & Presets] – [Distort] – [Turbulent Displace]를 Flare 솔리드 레이어에 드래그하여 적용합니다. [Turbulent Displace] – [Amount] : 300.0, [Complexity] : 10.0으로 설정하고 Alt 를 누른 채로 [Evolution]의 스탑워치 를 클릭하여 타임라인에 입력창이 활성화되면 표현식 Time*30을 입력합니다. 재생하면 광원의 왜곡 효과가 임의로 적용된 것을 확인할 수 있습니다.

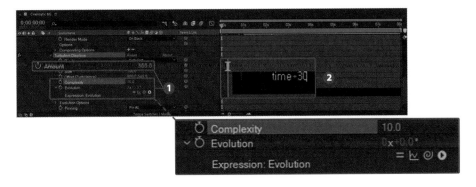

08 Flare 솔리드 레이어를 클릭하고 [Edit]-[Duplicate]로 레이어를 복제합니다. 복제한 레이어는 우클릭하여 [Rename] : Flare 02로 이름을 변경합니다.

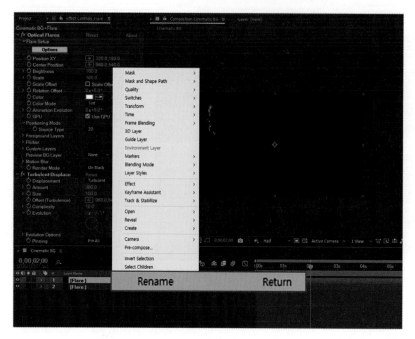

09 [Flare 02]-[Optical Flare]-[Position XY] : 1700.0, 140.0, [Render Mode] : On Transparent로 변경하여 광원을 제외한 배경 영역을 투명하게 합니다. 이어서 [Flare 02]-[Turbulent Displace]-[Amount] : 420.0, [Size] : 300.0으로 변경합니다. 2개의 Flare 솔리드 레이어 광원이 배경에 적용된 것을 확인할 수 있습니다.

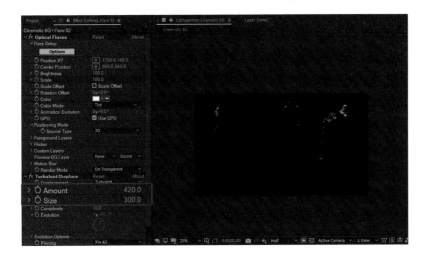

10 동일한 과정을 4번 더 반복하기 위해 레이어가 총 6개가 되도록 Flare 02 솔리드 레이어를 복제합니다.

[Flare 03]-[Optical Flare]-[Position XY] : 1250.0, 950.0, [Turbulent Displace]-[Amount] : 320.0,
[Size] : 220.0

[Flare 04]-[Optical Flare]-[Position XY] : 1900.0, 950.0, [Turbulent Displace]-[Amount] : 150.0,
[Size] : 290.0

[Flare 05]-[Optical Flare]-[Position XY] : 150.0, 1030.0, [Turbulent Displace]-[Amount] : 250.0,
[Size] : 180.0

[Flare 06]-[Optical Flare]-[Position XY] : 960.0, 540.0, [Flicker]-[Speed] : 30.0, [Amount] : 40.0,
[Turbulent Displace]-[Amount] : 50.0, [Size] : 100.0

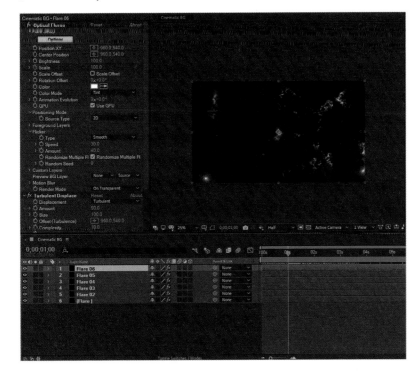

만들어봅시다

01 타이틀 텍스트 2개를 추가합니다. 타임라인 패널에 우클릭하여 [New] - [Text]를 선택하고 'CINEMATIC'과 'BACKGROUND'를 입력합니다. [Character] 탭에서 CINEMATIC의 폰트는 Gotham Black - Regular, 폰트 크기는 200px, 컬러는 222222로 설정하고 BACKGROUND 폰트는 Gotham Light - Regular, 폰트 크기는 80px, 컬러는 222222로 설정한 뒤 화면 중앙에 위치시킵니다.

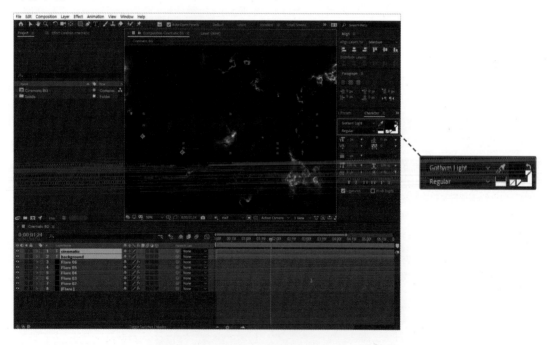

02 생성한 텍스트 레이어에 애니메이션을 적용합니다. Cinematic 텍스트 레이어의 하위 속성인 [Text]-[Animate] : Enable Per-character 3D를 선택하여 Z 축을 활성화합니다. 이어서 위치 값을 적용하기 위해 [Text]-[Animate] : Position을 선택합니다.

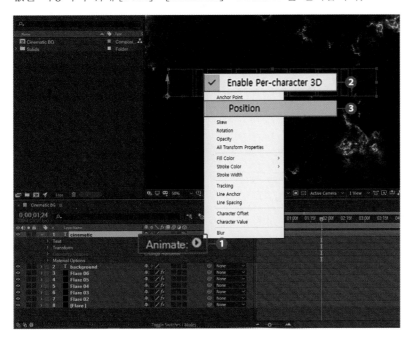

03 활성화된 Animator 1 메뉴의 하위 속성을 이용하여 애니메이션을 구성합니다. [Position] : 0.0,0.0,-3000.0, [Range Selector 1]-[Advanced]-[Shape] : Ramp up, [Ease Low] : 100%, [Randomize Order] : On으로 설정합니다. 텍스트가 개별적으로 Z 축 포지션으로 적용된 것을 확인할 수 있습니다.

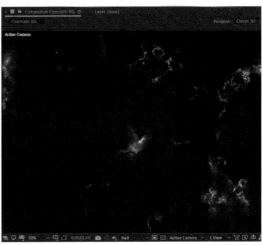

04 3D 텍스트 레이어에 빛 효과를 적용해봅시다. 타임라인 패널에 우클릭하여 [New]-[Light]를 선택하고 [Light Type] : Spot, [Intensity] : 300%, [Falloff] : Inverse Square Clamped, [Casts Shadows] : On으로 설정한 뒤 [OK]를 누릅니다.

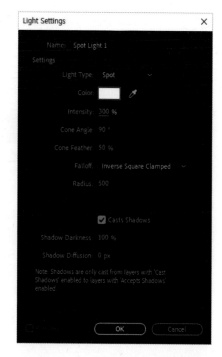

Light Settings 용어 소개

Light Type 빛의 종류로 Parallel, Spot, Point, Ambient가 있다.

ㄴ Parallel : 먼 광원에서 일정 방향으로 동일한 밝기의 빛을 비춘다.

ㄴ Spot : 특정 지점에서 일정 방향으로 원뿔 형태의 빛을 비춘다.

ㄴ Point : 특정 지점을 중심으로 방사형으로 빛을 비춘다. 백열전구와 유사하다.

ㄴ Ambient : 장면 전체에 빛을 비춘다.

Falloff Parallel/Spot/Point로 설정했을 때 사용 가능하며 거리에 따른 빛의 세기를 설정한다.

ㄴ None : 거리와 상관 없이 빛의 세기가 줄어들지 않는다.

ㄴ Smooth : 광원부터 Falloff Distance까지 빛의 세기가 부드러워진다.

ㄴ Inverse Square Clamped : 역자승법칙이 적용되어 거리에 비례해 감소하는 자연적인 빛의 세기.

Radius 빛의 세기가 감소하지 않는 반경

Falloff Distance 빛으로부터 Falloff 끝 지점까지의 거리. 넘어서면 빛이 서서히 사라진다.

Cast Shadow Ambient를 제외한 모든 조명에 그림자를 표시할 것인지를 결정한다. 그림자를 떨어뜨리는 레이어의 Cast Shadow와 그림자가 드리우는 레이어의 Accepts Shadow가 활성화 되어 있어야만 한다.

Shadow Darkness 그림자의 어두운 정도를 설정한다.

05 생성한 Spot Light 1 레이어의 위치값을 조정합니다. [Transform]-[Point of Interest] : 1080.0, 500.0, −350.0, [Position] : 1100.0, 400.0,−1600.0으로 설정합니다. 화면 중앙을 중심으로 빛 효과가 3D 텍스트 레이어에 적용되는 것을 확인할 수 있습니다. 조금 이상해 보이지만, 다음 단계로 넘어갑니다.

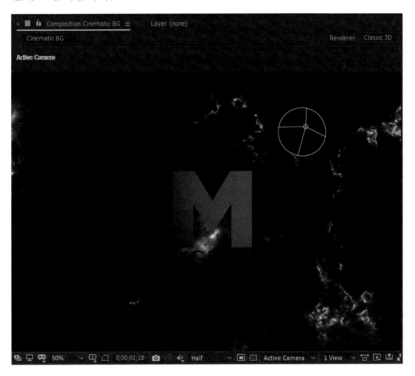

06 CINEMATIC 텍스트 레이어에 애니메이션을 적용합니다. 0;00;01;15 구간으로 이동하여 [Text]-[Animator 1]-[Range Selector 1]-[Offset] : −100%로 적용한 뒤 키프레임을 클릭하고 다시 0;00;03;15 구간으로 이동하여 [Offset] : 100%로 변경합니다. 화면 밖에서 안으로 이동하는 텍스트 애니메이션을 확인할 수 있습니다.

07 CINEMATIC 텍스트 애니메이션에 추가로 회전값을 적용합니다. [Text]-[Animator 1]-
[Add]-[Property] : Rotation을 선택합니다. 하단에 활성화된 Y Rotation 값을 0*-100.0으로
설정합니다. Property 기능을 이용하면 기존의 애니메이션을 유지하면서도 키프레임을 추가할 필요
없이 회전 효과를 적용할 수 있습니다.

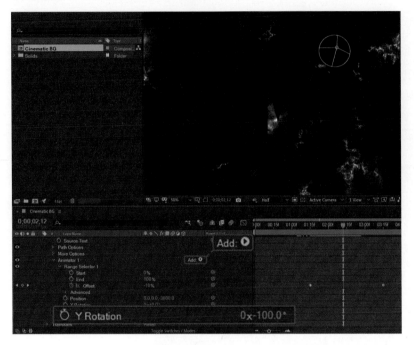

08 BACKGROUND 텍스트의 간격을 늘려봅시다. [Text]-[Animate] : Tracking를 선택하여 속
성을 활성화합니다. 하단에 활성화된 [Tracking Amount] : 55로 설정합니다. CINEMATIC 텍스
트 간격에 맞춰 간격이 조정된 것을 확인할 수 있습니다.

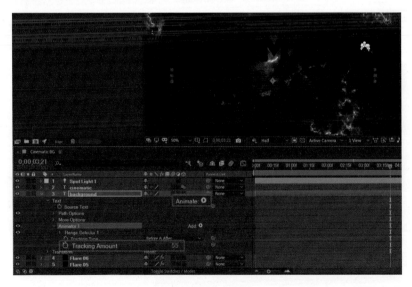

09 BACKGROUND 텍스트의 가독성과 질감에 추가적인 효과를 적용합니다. BACKGROUND 텍스트 레이어에 우클릭하여 [Layer Styles]-[Bevel and Emboss]를 선택합니다. [Bevel Emboss]-[Size] : 1.0, [Soften] : 3.0, [Highlight Opacity] : 55%로 설정합니다.

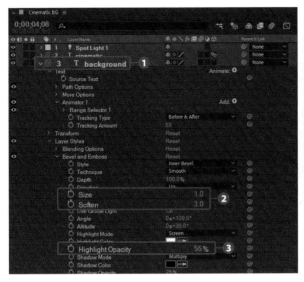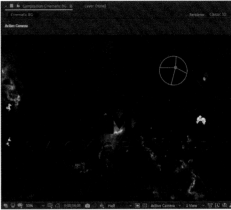

10 BACKGROUND 텍스트가 CINEMATIC 텍스트 애니메이션에 맞춰 나타나도록 투명도 효과를 적용합니다. [Text]-[Animate] : Offset를 선택하고 0;00;02;10 구간으로 이동하여 [Animator 2]-[Range Selector 1]-[Offset] : -100%로 직용하고 키프레임을 클릭합니다. 이어서 0;00;04;00 구간으로 이동하여 [Offset] : 100%로 변경합니다.

만들어봅시다

01 [Layer] – [New] – [Soild]를 선택합니다. [Soild Name] : Vignetting, [Width] : 1920px, [Height] : 1080px, [Color] : 000000으로 설정한 후 [OK]를 클릭합니다.

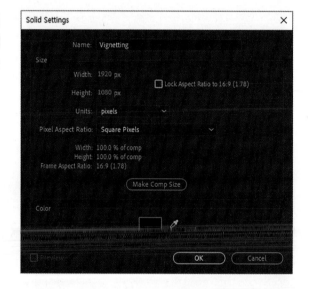

02 Vignetting 솔리드 레이어를 선택하고 상단 [Tool Bar]의 도형 아이콘을 길게 클릭한 뒤 [El-lipse Tool■]을 선택하고 아이콘을 더블클릭합니다. 화면 해상도에 맞게 원형 마스크 영역이 생성된 것을 확인할 수 있습니다.

03 [Vignetting]-[Masks]-[Mask 1] : Subtract, [Mask Feather] : 400.0, 400.0 pixels, [Mask Expansion] : 100.0 pixels로 설정합니다. 화면 해상도에 맞는 부드러운 효과가 적용된 것을 확인할 수 있습니다.

04 전체적인 배경 톤을 무채색의 모노톤으로 조절합니다. 타임라인 패널에 우클릭하여 [New]- [Adjustment Layer]를 선택합니다. [Effect & Presets]-[Color Correction]-[Tint]를 [Adjustment Layer 1] 조정 레이어에 드래그하여 적용합니다. 무채색의 배경이 적용된 것을 확인할 수 있습니다.

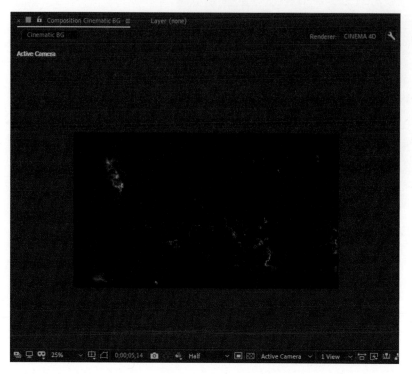

05 텍스트가 잘 보이도록 Flare 06 솔리드 레이어에 적용된 광원 효과를 조정합니다. [Optical Flare]-[Flare Setup]-[Options]를 클릭합니다. [Stack]-[Glow]-[Brightness ※] : 200.0, [Scale ▦] : 30.0으로 변경합니다.

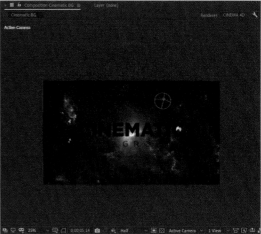

06 텍스트 앞 부분에 광원이 맺히도록 해봅시다. Flare 06 솔리드 레이어를 클릭하고 [Edit]-[Duplicate]로 레이어를 복제합니다. 복제한 레이어는 컴포지션 내 최상단에 위치시키고 [Optical Flare]-[Position XY] : 960.0, 550.0, [Color] : FAD1D1로 설정합니다. 이어서 레이어를 우클릭하여 [Blending Mode]-[Add]로 변경합니다. 광원 왜곡 효과가 텍스트 앞 부분에 자연스럽게 적용된 것을 확인할 수 있습니다.

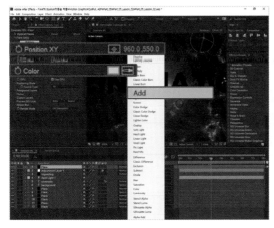
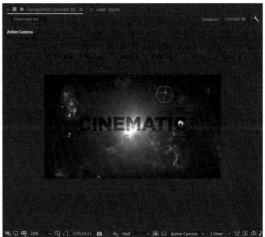

07 텍스트 뒷 부분에 맺힐 후광 효과 애니메이션을 위해 Flare 07 솔리드 레이어를 클릭하고 [Edit]-[Duplicate]로 레이어를 복제합니다. 복제한 Flare 08 레이어는 [Optical Flare]-[Brightness] : 80.0, [Color] : FFFFFF, [Turbulent Displace]-[Amount] : 400.0, [Size] : 180.0으로 변경합니다.

08 [Effects & Presets]-[Blur & Sharpen]-[CC Radial Fast Blur]를 드래그하여 Flare 08 솔리드 레이어에 적용한 후 [CC Radial Fast Blur]-[Amount] : 100.0으로 설정합니다. 원형 형태로 블러가 적용되면서 빛이 맴도는 형태의 광원 애니메이션이 텍스트 레이어 후면에 있는 것처럼 보이는 것을 확인할 수 있습니다.

03 텍스트와 푸티지를 합성한 모션 포스터 아트웍 제작 2 부록 확인

Lesson 마스크와 잔상 효과, 기존의 텍스트와 이미지 등의 여러 가지 소스를 활용해 합성 기반의 모션 포스터 아트웍을 만들 수 있습니다.

Step 1 이미지 배치 및 합성하기

만들어봅시다

01 [Composition]-[New Composition]을 클릭합니다. [Composition Name] : Composite Motion Poster_02, [Width] : 1080px, [Height] : 1080px, [Duration] : 0;00;10;00으로 설정한 후 [OK]를 클릭하여 정방형 해상도의 컴포지션을 만듭니다.

02 [Layer]−[New]−[Soild]를 선택합니다. [Soild Name] : BG, [Width] : 1080px, [Height] : 1080px, [Color] : FFFFFF로 설정한 후 [OK]를 클릭합니다.

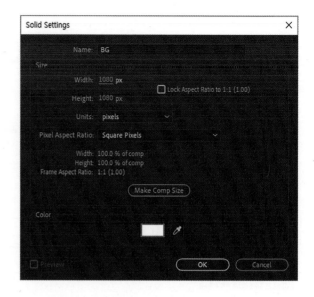

03 생성한 BG 솔리드 레이어에 그라데이션 효과를 추가합니다. [Effect & Presets]−[Generate]−[Gradient Ramp]를 더블클릭합니다. [Start Color] : 32393D, [End Color] : 000000로 설정한 후, [OK]를 클릭합니다.

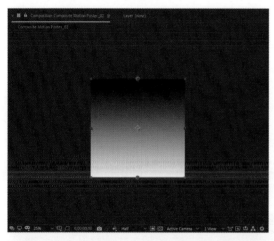

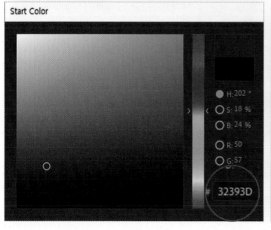

04 [Gradient Ramp]-[Start of Ramp] : 1100.0, 0.0, [End of Ramp] : 540.0, 1400.0, [Ramp Shape] : Radial Ramp로 변경합니다. 원형의 투톤 그라데이션이 배경으로 적용됩니다.

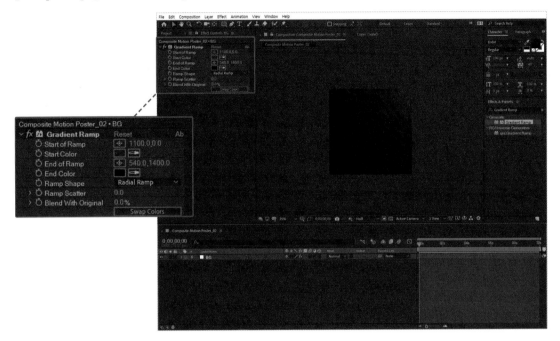

05 Composite Motion Poster_02 컴포지션의 메인 이미지 소스를 불러옵니다. 프로젝트 패널에 우클릭하여 [Import]-[File]을 선택하고 소스로 제공되는 Dancer 파일을 선택 후 하단의 [Import As]를 Footage로 변경한 다음 [Import]를 클릭합니다. 추가 설정은 아래 이미지를 따른 후 타임라인 패널 최상단으로 이동시킵니다.

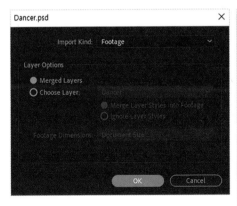

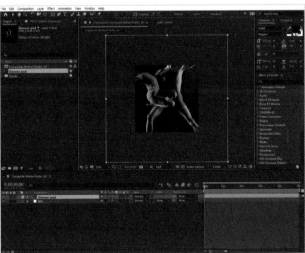

06 [Dancer]-[Transform]-[Scale] : 48.0, 48.0%로 설정하여 화면에 맞게 이미지의 크기를 조정하고 [Effects & Presets]-[Color Correction]-[Tint]를 Dancer로 드래그하여 적용합니다. [Tint]-[Amount to Tint] : 100.0%로 설정히어 배경 톤에 맞춰 이미지를 흑백으로 소성합니다.

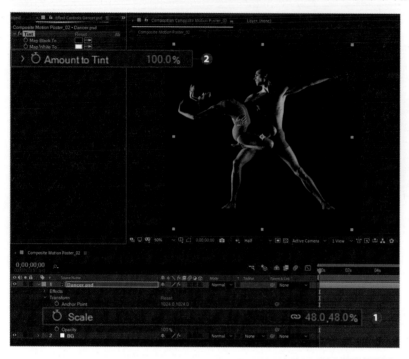

07 [Effects & Presets]-[Blur & Sharpen]-[Sharpen]을 Dancer에 적용한 후 [Sharpen Amount] : 100으로 설정하여 이미지를 보다 또렷하게 조정합니다.

08 타임라인 패널에 우클릭하여 [New]-[Adjustment Layer]로 조정 레이어를 만듭니다. Adjustment Layer 1를 선택한 상태로 상단 [Tool Bar]의 펜 모양을 길게 눌러 [Pen Tool🖊]을 선택하고 아래 이미지처럼 마스크 패스 형태를 만듭니다.

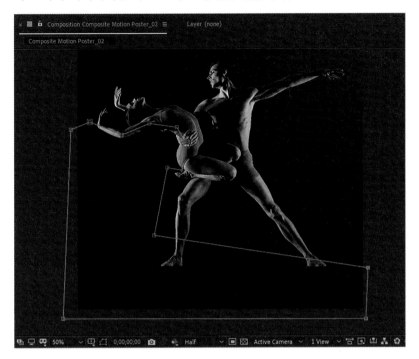

09 [Effects & Presets]-[Blur & Sharpen]-[Fast Box Blur]을 Adjustment Layer 1로 드래그하여 적용합니다. [Blur Radius] : 150.0, [Blur Dimensions] : Vertical로 설정하여 수직방향으로 잔상 효과를 적용합니다. 이어서 [Adjustment Layer 1 레이어]-[Masks]-[Mask 1]-[Mask Feather] : 50.0, 50.0 pixels로 설정하여 부드럽게 만듭니다.

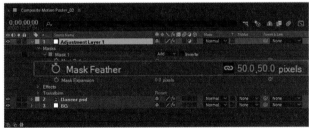

10 [Effects & Presets]-[Blur & Sharpen]-[Sharpen]을 Adjustment Layer 1로 드래그하여 적용합니다. [Sharpen Amount] : 120으로 설정하여 잔상 효과 이미지를 또렷하게 조정합니다.

11 컴포지션 패널에 우클릭하여 [New]-[Adjustment Layer]로 조정 레이어를 추가합니다. 생성한 Adjustment Layer 2를 클릭한 상태로 [Pen Tool🖊]을 클릭하고 아래 이미지처럼 마스크 패스 형태를 만듭니다.

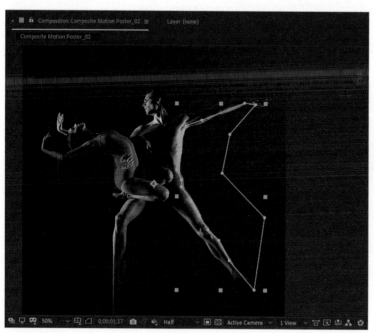

12 [Masks]-[Mask 1]-[Mask Feather] : 200.0, 200.0 pixels로 설정하여 부드럽게 만든 뒤, Adjustment Layer 2 레이어에도 [Fast Box Blur]와 [Sharpen]을 적용합니다. [Fast Box Blur]-[Blur Radius] : 200.0, [Blur Dimensions] : Horizontal, [Sharpen]-[Sharpen Amount] : 300으로 설정하여 수평방향으로 잔상 효과를 적용합니다.

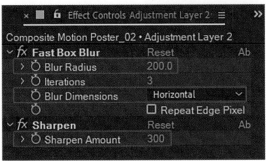

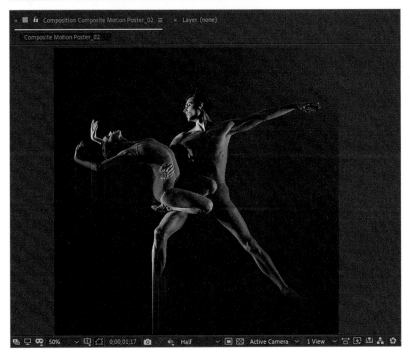

13 컴포지션에서 BG 솔리드 레이어를 제외한 모든 레이어를 선택하고 우클릭하여 [Pre-compose]를 선택합니다. [New composition name] : Dancer로 설정하고 [OK]를 클릭합니다. 메인 이미지 소스를 중심으로한 아트웍 합성 소스들이 그룹화됩니다.

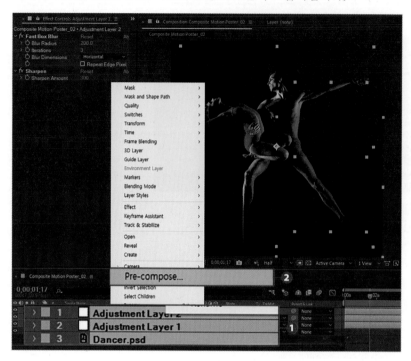

14 [Dancer]-[Transform]-[Rotation] : 0*+90.0으로 설정하여 메인 이미지의 회전값을 조정합니다.

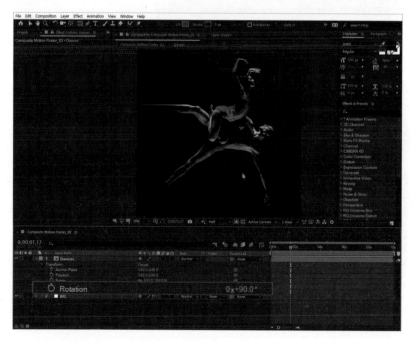

만들어봅시다

01 [Composition]-[New Composition]을 선택합니다. [Composition Name] : Matte Transition, [Width] : 1080px, [Height] : 1080px, [Duration] 0;00;10;00 으로 설정한 후 [OK]를 클릭하여 정방형 해상도의 컴포지션을 만듭니다.

02 [Layer] - [New] - [Soild]를 선택합니다. [Soild Name] : Matte Solid, [Width] : 1080px, [Height] : 1080px, [Color] : FFFFFF으로 설정한 후 [OK]를 클릭합니다.

03 화면 전환 애니메이션을 위한 소스를 만들어봅시다. Matte Solid 솔리드 레이어를 클릭한 상태로 상단 [Tool Bar]의 [Pen Tool]을 선택한 뒤 아래 이미지처럼 마스크 패스 형태를 만듭니다. 형태를 만들고 나면 이미지처럼 색이 변경됩니다.

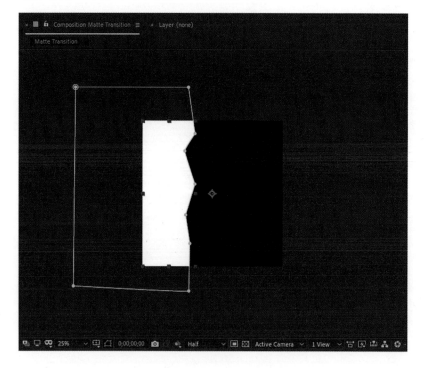

04 [Effect & Presets]-[Distort]-[Turbulent Displace]를 Matte Solid 솔리드 레이어에 드래그하여 적용합니다. [Amount] : 160.0, [Size] : 100.0, [Complexity] : 10.0으로 설정합니다. Matte Solid 솔리드 레이어의 마스크 패스 라인에 왜곡 효과가 흩뿌려지듯 적용된 것을 확인할 수 있습니다.

05 이어서 [Masks]-[Mask 1]-[Mask Feather] : 300.0, 300.0 pixels로 설정하여 거친 외곽 마스크 부분을 부드럽게 만듭니다.

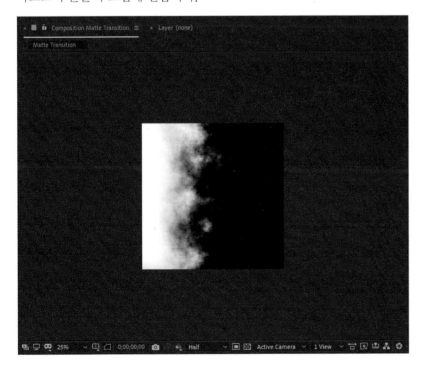

06 화면 전환 애니메이션을 만들어봅시다. Mask 1을 선택하고 아무 점을 더블클릭하여 이동 가능한 상태로 변경하고 아래 이미지처럼 마스크 영역을 화면 밖으로 이동시킵니다. Matte Transition 컴포지션에서 타임라인 0;00;00;00 구간으로 이동하여 [Matte Solid]–[Masks]–[Mask 1]–[Mask Path]의 키프레임을 클릭합니다. 이어서 0;00;02;00 구간으로 이동한 뒤 화면을 가득 채우도록 아래 이미지처럼 마스크 패스를 드래그하여 늘립니다.

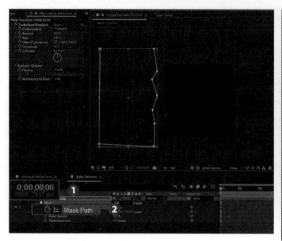 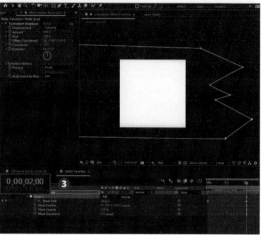

07 프로젝트 패널에서 방금 제작한 Matte Transition 컴포지션 레이어를 Composite Motion Poster_02 컴포지션 패널의 Dancer 컴포지션 위로 이동시킵니다. 이어서 Dancer 컴포지션 레이어 오른쪽의 [Track Matte] : [Luma Matte "Matte Transition"]를 선택합니다. 0을 눌러 Matte Transition 컴포지션의 애니메이션 효과가 Dancer 컴포지션에 적용된 것을 확인할 수 있습니다.

Tip

Track Matte가 보이지 않을 때는 패널 좌하단의 를 클릭하세요.

08 댄서들이 연기에 맞추어 서서히 움직이는 애니메이션을 추가해봅시다. Composite Motion Poster_02 타임라인 패널의 0;00;00;00 구간으로 이동합니다. [Dancer] - [Transform] - [Position] : 540.0, 540.0으로 설정하고 키프레임을 클릭합니다. 이어서 0;00;09;29 구간으로 이동하여 [Dancer] - [Transform] - [Position] : 620.0, 540.0으로 변경합니다.

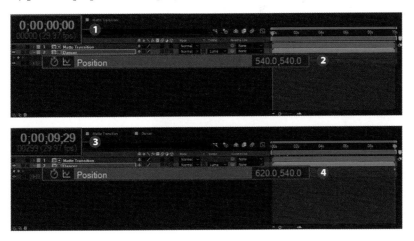

09 주변 요소 역할을 할 푸티지 이미지를 불러옵니다. 프로젝트 패널에 우클릭하여 [Import] - [File]을 선택하고 소스로 제공되는 Atmosphere Footage 01_Alpha, Atmosphere Footage 02_Alpha 파일을 선택한 뒤 하단의 [Import As] : Footage로 변경한 다음 [Import]를 클릭합니다.

10 임포트한 Atmosphere Footage 01_Alpha 푸티지를 Composite Motion Poster 컴포지션의
BG 솔리드 레이어 위로 이동시킨 후 [Transform] – [Rotation] : 0*+90.0으로 설정합니다.

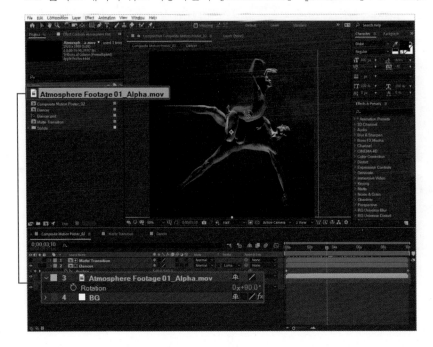

11 Matte Transition 컴포지션을 선택한 상태로 [Edit] – [Duplicate]로 레이어를 복제한 뒤 At-
mosphere Footage 01_Alpha 푸티지 위에 위치시킵니다. Atmosphere Footage 01_Alpha 푸티
지 오른쪽의 [Track Matte] – [Luma Matte "Matte Transition"]을 선택합니다. Matte Transi-
tion 컴포지션의 애니메이션 효과가 푸티지에도 적용된 것을 확인할 수 있습니다.

12 임포트한 Atmosphere Footage 02_Alpha 푸티지를 Dancer 컴포지션 아래에 위치시킨 후
[Transform] – [Position] : 640.0, 850.0, [Rotation] : 0*+90.0, [Opacity] : 90%로 설정합니다.

13 최상단의 Matte Transition 컴포지션을 선택한 상태로 [Edit]-[Duplicate]로 레이어를 복제한 뒤 Atmosphere Footage 02_Alpha 푸티지 위에 위치시킵니다. Atmosphere Footage 02_Alpha 푸티지 오른쪽의 [Track Matte]-[Luma Matte "Matte Transition"]를 선택합니다.

14 Atmosphere Footage 02_Alpha 푸티지에 그라데이션 색 효과를 추가해봅시다. [Effect & Presets]-[Generate]-[Gradient Ramp]를 드래그하여 적용합니다. [Start Color] : 00DCCD, [End Color] : 0072B2로 설정한 후 [OK]를 클릭합니다.

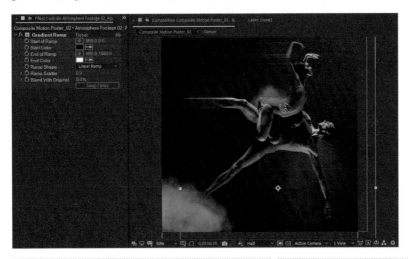

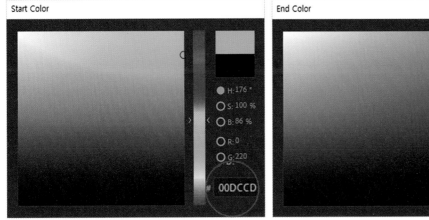

15 이어서 [Start of Ramp] : 900.0, 450.0, [End of Ramp] : 900.0,270.0, [Ramp Shape] : Linear Ramp로 설정합니다. 투톤 그라데이션이 배경으로 적용되는 것을 확인할 수 있습니다.

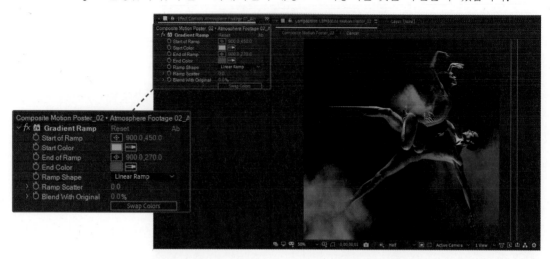

만들어봅시다

01 아트웍에 메인 텍스트를 입력합니다. 컴포지션 패널에 우클릭하여 [New]-[Text]를 선택합니다. [Character] 탭에서 폰트는 Times New Roman-Regular, 폰트 크기는 275px, 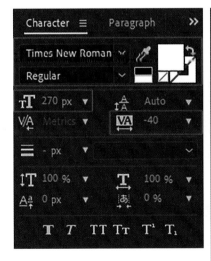는 -40, [Color] : FFFFFF으로 설정하고 'Hope,'를 입력합니다. 이어서 [Transform]-[Position] : 0.0, 450.0으로 설정합니다. 텍스트가 화면을 벗어난다면 [Paragraph]-[Left align text▤]을 적용합니다.

02 이번에는 서브 텍스트를 입력합니다. 컴포지션 패널에 우클릭하여 [New]–[Text]를 선택합니다. [Character] 탭에서 폰트는 Times New Roman – Regular, 폰트 크기는 155px, 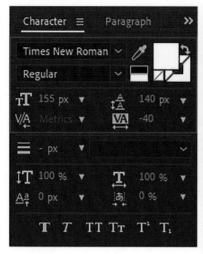는 140px, 는 −40, [Color] : FFFFFF으로 설정하고 'never lets people pursue it.'을 입력합니다. 이어서 [Transform]–[Position] : 0.0, 660.0으로 설정합니다.

03 프로젝트 패널의 Atmosphere Footage 01_Alpha 푸티지를 'Hope,' 텍스트 레이어 위로 이동시킨 뒤 [Transform]–[Position] : 625.0, 634.0, [Scale] : 80.0, 80.0%, [Rotation] : 0*+180.0으로 설정하여 'Hope,' 텍스트 레이어에 어울리는 애니메이션의 위치, 크기, 회전값으로 만듭니다.

04 이어서 'Hope,' 텍스트 레이어에 [Effect & Presets] – [Generate] – [Gradient Ramp]를 드래그하여 적용합니다. [Start of Ramp] : 900.0, 450.0, [Start Color] : 00DCCD, [End of Ramp] : 900.0, 270.0, [End Color] : 0072B2로 설정한 후 [Track Matte] – [Luma Matte "Atmosphere Footage 01_Alpha"]를 선택합니다.

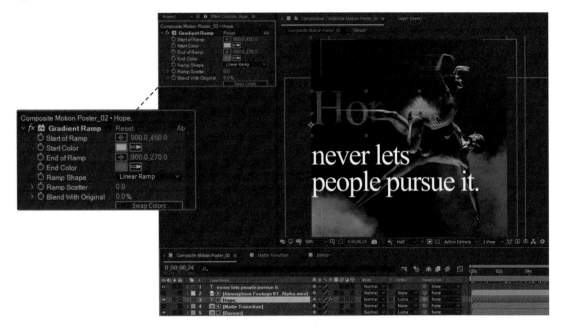

05 Atmosphere Footage 01_Alpha.mov 푸티지 레이어를 선택하고 [Edit] – [Duplicate]로 레이어를 복제한 뒤 'never lets people pursue it.' 텍스트 레이어 위로 이동시킵니다. 'never lets people pursue it.' 텍스트 레이어 우측의 [Track Matte] – [Luma Matte "Atmosphere Footage 01_Alpha.mov"]를 선택합니다.

06 Atmosphere 푸티지를 따라 서서히 나타나는 텍스트가 흐릿해 보이므로, 서서히 나타난다는 특징은 살리면서 가독성을 높이기 위해 텍스트를 복제해 애니메이션을 추가해봅시다. 'never lets people pursue it.' 텍스트 레이어를 선택하고 [Edit]-[Duplicate]로 레이어를 복제합니다. [Effects & Presets]-[Generate]-[Gradient Ramp]를 드래그하여 적용합니다. [Start of Ramp] : 635.0, 355.0, [Start Color] : 9D9D9D, [End of Ramp] : 330.0, 875.0, [End Color] : F6F6F6, [Ramp Shape] : Radial Ramp로 설정합니다.

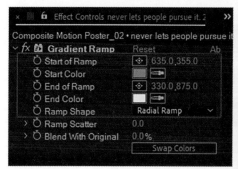

07 'never lets people pursue it. 2' 텍스트 레이어의 하위 속성인 [Text]-[Animate] : Opac-ity를 활성화해 애니메이션을 만듭니다. 0;00;02;15 구간으로 이동하여 [Animator 1]-[Opacity] : 0%, [Range Selector 1]-[Offset] : -100%로 설정하고 키프레임 클릭, [Advanced]-[Shape] : Ramp up, [Ease Low] : 100%로 설정합니다. 이어서 0;00;05;15 구간으로 이동하여 [Offset] : 100%로 변경합니다. 순차적으로 투명도가 적용되는 애니메이션을 확인할 수 있습니다.

08 [Animator 1]을 이용하여 애니메이션 효과를 추가로 적용해봅시다. Animator 1 우측의 Add
를 클릭하여 [Property] – [Blur]를 선택하고 [Blur] : 100.0, 100.0으로 설정합니다. 텍스트 애니메
이션에 블러 효과가 추가됩니다.

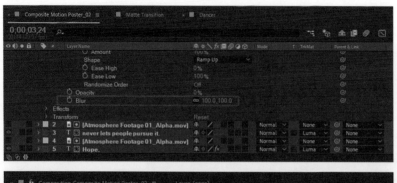

09 'Hope,' 텍스트 레이어를 선택하고 [Edit] – [Duplicate]로 레이어를 복제한 뒤 'Hope, 2'로 이
름을 변경합니다.

10 Matte 소스 역할을 할 레이어도 추가로 복제합니다. Matte Trasition 컴포지션 레이어를 선택하고 [Edit] – [Duplicate]로 레이어를 복제한 뒤 'Hope.2' 텍스트 레이어 위로 이동시킵니다. Matte 효과를 적용할 'Hope, 2' 텍스트 레이어의 크기에 Matte Trasition 컴포지션의 크기와 위치값을 맞춥니다. [Matte Transition] – [Transform] – [Position] : 300.0, 395.0, [Scale] : 55.0, 55.0%로 설정합니다.

11 'Hope, 2' 텍스트 레이어 우측의 [Track Matte]를 보면 Luma Matte "Matte Transition"이 이미 적용돼 있는 것을 볼 수 있습니다. Duplicate 기능을 사용해 복제하면, 기존 레이어에 적용된 효과까지 그대로 유지됩니다. 따라서 바로 위에 위치한 레이어도 자동적으로 매트합니다. 버전에 따라 직접 루마 매트를 적용해야할 수도 있습니다. 이어서 순차적인 애니메이션을 위해 Matte 효과를 적용한 'Hope, 2' 텍스트 레이어와 Matte Transition 컴포지션 레이어를 동시 선택하고 0;00;05;00 구간으로 이동합니다.

Tip

Ctrl+C, Ctrl+V는 새롭게 복사해 붙여넣는 개념이므로 이러한 매트 효과까지 적용되지는 않습니다.

12 [Layer]-[New]-[Adjustment Layer]를 선택하여 조정 레이어를 만듭니다. [Adjustment Layer 3]을 선택한 상태로 [Pen Tool▟]을 선택합니다. 이어서 아래 이미지처럼 'never lets people pursue it.' 텍스트 레이어 하단 영역으로 마스크 패스를 조절합니다.

13 [Effects & Presets]-[Blur & Sharpen]-[Fast Box Blur]을 Adjustment Layer 3에 적용합니다. [Blur Radius] : 35.0, [Blur Dimensions] : Vertical로 설정하여 수직방향으로 잔상 효과를 적용합니다. 이어서 [Effects & Presets]-[Blur & Sharpen]-[Sharpen]을 Adjustment Layer 3에 적용합니다. [Sharpen Amount] : 60으로 설정하여 적용한 잔상 효과를 보다 또렷하게 보이도록 조정합니다.

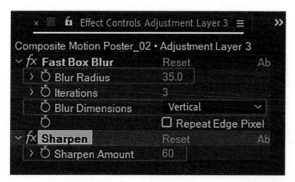

14 [Adjustment Layer 3]−[Masks]−[Mask 1]−[Mask Feather] : 30.0, 30.0 poxels로 설정하여 마스크 영역을 부드럽게 만듭니다. 'never lets people pursue it.' 텍스트 레이어 하단 부분에 수직의 잔상 효과가 적용된 것을 확인할 수 있습니다.

04 라인 효과와 그라데이션 재질 표현을 이용한 레트로 타이틀 제작 _{부록 확인}

Lesson   내장된 기본 시뮬레이션 효과로 공간을 이동하는 느낌의 라인 효과를 만들 수 있습니다. 더하여 그라데이션 효과를 이용해 타이틀이 돋보이는 레트로한 타이틀 아트웍을 제작해보겠습니다.

Step 1   뻗어나가는 라인 효과 만들기

만들어봅시다

01 [Composition]-[New Composition] 을 선택합니다. [Composition Name] : Retro Title, [Width] : 1920px, [Height] : 1080px, [Duration] : 0;00;07;00으로 설정한 후 [OK]를 클릭하여 컴포지션을 만 듭니다.

02 [Layer] – [New] – [Soild]를 클릭합니다. [Soild Name] : Burst, [Width] : 1920px, [Height] : 1080px, [Color] : FFFFFF으로 설정한 후 [OK]를 클릭합니다.

03 생성한 Burst 솔리드 레이어에 시뮬레이션 효과를 추가합니다. [Effect & Presets] – [Simulation] – [CC Star Burst]를 클릭하고 Burst 솔리드 레이어에 드래그하여 적용합니다. 많은 수의 입자들이 애니메이션 되는 것을 확인할 수 있습니다.

04 [CC Star Burst] – [Scatter] : 128.0, [Speed] : 1.25, [Grid Spacing] : 20, [Size] : 20.0으로 변경합니다.

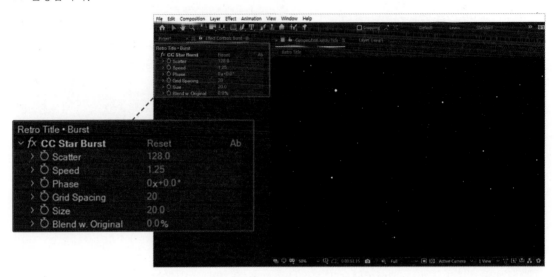

05 입자의 잔상 표현을 위한 효과를 추가합니다. [Effect & Presets] – [Generate] – [CC Light Burst 2.5]를 클릭하고 Burst 솔리드 레이어에 드래그하여 적용합니다. [CC Light Burst 2.5] – [Ray Length] : 95.0으로 설정합니다. 입자가 길어지며 라인 형태의 잔상 효과를 얻습니다.

06 다소 흐릿하게 보이는 잔상 효과를 또렷하게 표현하기 위하여 효과를 추가합니다. [Effect & Presets] – [Matte] – [Matte Choker]를 클릭하고 Burst 솔리드 레이어에 드래그하여 적용합니다. [Matte Choker] – [Geometric Softness 1] : 10.0, [Choke 1] : −125로 설정합니다. 입자의 라인 잔상 효과가 또렷하게 변합니다.

07 추가적인 효과 적용을 위해 타임라인 패널에 우클릭하여 [New] – [Adjustment Layer]를 선택합니다. 생성한 Adjustment Layer 레이어를 우클릭하여 [Rename] : CC로 변경합니다.

08 특정 공간을 왜곡시키는 효과를 추가합니다. [Effect & Presets]-[Distort]-[CC Flo Motion]을 클릭히고 CC 레이어에 드래그하여 적용합니다. [Finer Controls] 체크, [Knot 1]과 [Knot 2] : 960.0, 540.0, [Amount 1] : −5.0, [Amount 2] : 300.0으로 설정합니다. 전보다 화면 중앙을 향한 라인 효과로 변경됩니다.

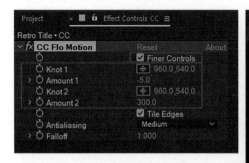
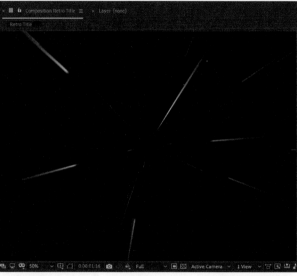

09 [Effect & Presets]-[Blur & Sharpen]-[Channel Blur]를 클릭하고 CC 레이어에 드래그하여 적용합니다. [Red Blurriness] : 100.0, [Green Blurriness] : 100.0, [Blue Blurriness] : 10.0, [Repeat Edge Pixels] 체크합니다. 라인에 색이 적용된 것을 확인할 수 있습니다.

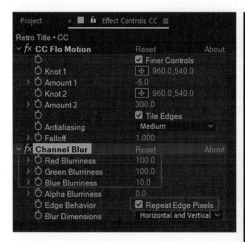

색을 입히는 다양한 방법

Fill, Tritone, Gradient Ramp, 4-color gradient 등의 효과는 깔끔한 단색의 레이어나 단순한 색 조정에는 좋지만, 세부적인 효과가 들어간 레이어에는 자칫하면 효과를 색으로 덮게 됩니다. 이번 예제에 사용한 Channel Blur 효과는 레드/그린/블루/알파 등의 색 영역을 별도로 적용 가능하여 다양한 표현이 가능하다는 장점이 있습니다. 기본적으로 블러이기 때문에 정보를 덮지 않는 선에서 다양한 색 변화와 은은한 블러 효과를 적용할 수 있습니다. 복잡한 형태일 때 더욱 큰 효과를 발휘합니다.

10 [Effect & Presets] – [Stylize] – [Glow]를 클릭하고 CC 레이어에 드래그하여 적용합니다. [Glow] – [Glow Threshold] : 25.0%, [Glow Radius] : 40.0으로 설정합니다. 글로우 효과가 적용된 것을 확인할 수 있습니다.

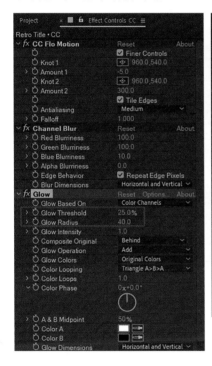

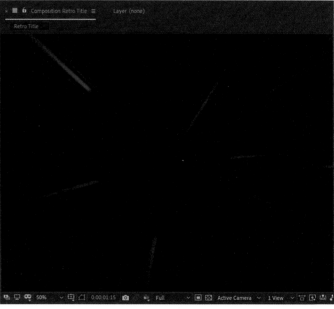

만들어봅시다

01 [Composition]-[New Composition]을 클릭합니다. [Composition Name] : Retro Text, [Width] : 1920px, [Height] : 1080px, [Duration] : 0;00;07;00으로 실징한 후 [OK]를 클릭하여 컴포지션을 만 듭니다.

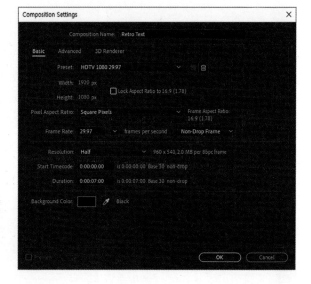

02 화면 중앙에 타이틀 텍스트를 입력합니다. Retro Text 컴포지션 패널에 우클릭하여 [New] − [Text]를 선택합니다. [Character] 탭에서 폰트는 Cooper Std − Black, 폰트 크기는 200px, Faux Bold **T**, Faux Italic **T** 설정을 하고 'RETRO TEXT'를 입력합니다.

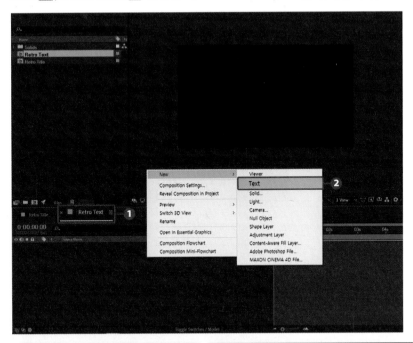

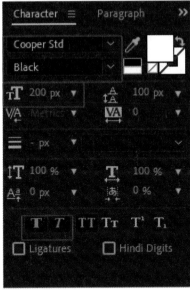

03 [Composition]-[New Composition]을 클릭합니다. [Composition Name] : Text Image, [Width] : 1920px, [Height] : 1080px, [Duration] : 0;00;07;00으로 설정한 후 [OK]를 클릭합니다.

04 [Layer]-[New]-[Soild]를 클릭합니다. [Soild Name] : Gradient 01, [Width] : 1920px, [Height] : 1080px으로 설정합니다.

05 타이틀 텍스트의 재질 표현을 위해 그라데이션 효과를 추가합니다. [Effect & Presets]-[Generate]-[Gradient Ramp]를 클릭하고 Gradient 01 레이어로 드래그하여 적용합니다. [Start Color] : 251FCC, [End Color] : 9854F5로 설정한 후 [OK]를 클릭합니다.

06 이어서 [Start of Ramp] : 960.0, 0.0, [End of Ramp] : 960.0,580.0, [Ramp Shape] : Linear Ramp로 설정합니다. 신형의 투톤 그라데이션이 배경에 적용되는 것을 확인할 수 있습니다.

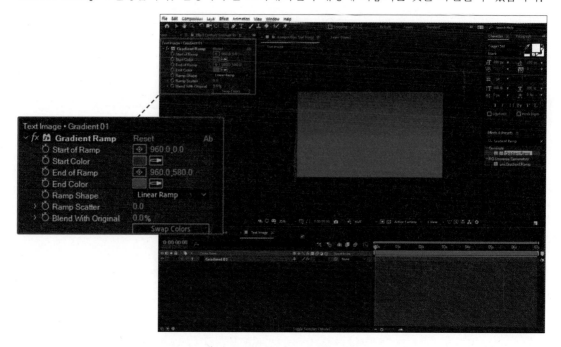

07 타이틀 텍스트에 재질 표현을 더하기 위해 다른 컬러의 그라데이션 효과를 추가합니다. Gradient 01 솔리드 레이어를 복제한 뒤 [Start Color] : B72DE2, [End Color] : F785DC로 설정한 후 [OK]를 클릭합니다.

08 이어서 [Start of Ramp] : 960.0, 689.0, [End of Ramp] : 960.0,1080.0, [Ramp Shape] : Linear Ramp로 설정합니다.

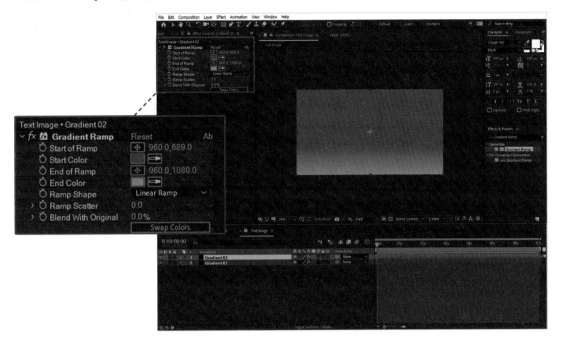

09 Gradient 01과 합성하기 위해 마스크 기능을 추가합니다. Gradient 02 솔리드 레이어를 우클릭하여 [Mask] – [New Mask]를 선택합니다. 전체 영역이 지정된 마스크 영역을 더블클릭해 아래 이미지처럼 절반 사이즈로 변경합니다.

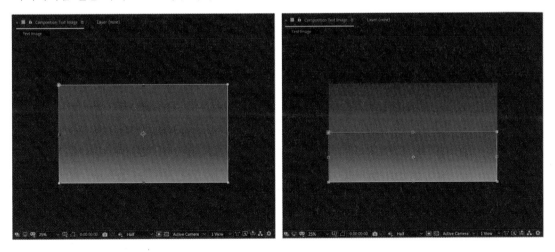

10 이어서 다른 컬러의 그라데이션 효과를 추가합니다. [Layer]-[New]-[Solid]를 클릭하고 [Name] : Black Top, [Color] : 000000으로 설정한 후 [OK]를 클릭합니다.

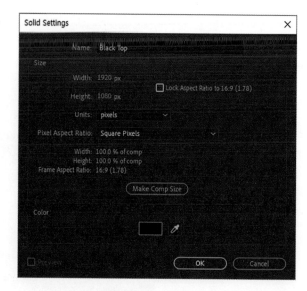

11 다시 마스크 기능을 추가합니다. Black Top 솔리드 레이어를 우클릭하여 [Mask]-[New Mask]를 선택합니다. 전체 영역이 지정된 마스크 영역을 아래 이미지처럼 변경합니다.

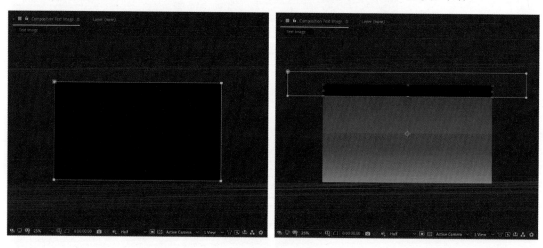

12 Black Top 솔리드 레이어를 선택하고 [Masks]-[Mask 1]-[Mask Feather] : 250.0, 250.0 pixels로 설정하여 마스크 영역을 부드럽게 적용합니다.

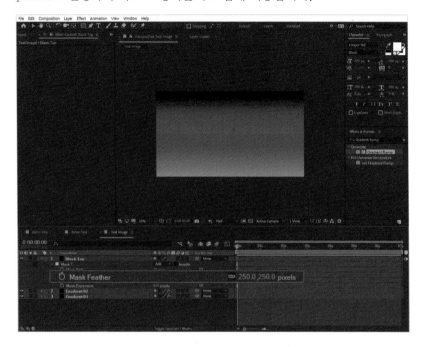

13 [Layer]-[New]-[Solid]를 클릭하고 [Name] : White Bottom, [Color] : FFFFFF로 설정한 후 [OK]를 클릭합니다.

14 재질 표현을 위한 마스크 기능을 추가합니다. White Bottom 솔리드 레이어를 우클릭하여 [Mask] [New Mask]를 선택합니다. 전체 영역이 지정된 마스크 영역을 아래 이미지처럼 변경합니다.

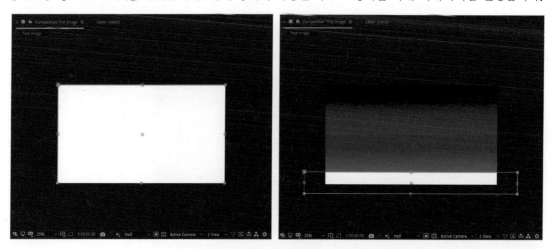

15 White Bottom 솔리드 레이어를 선택하고 [Masks]-[Mask 1]-[Mask Feather] : 250.0, 250.0 pixels로 설정하여 마스크 영역을 부드럽게 적용합니다.

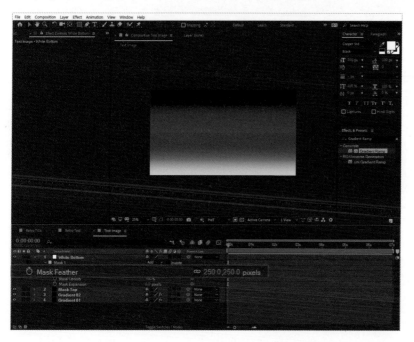

16 [Layer]-[New]-[Soild]를 선택합니다. [Soild Name] : Purple Shape, [Width] : 1920px, [Height] : 1080px, [Color] : 1A003D으로 설정한 후 [OK]를 클릭합니다.

17 마스크 영역을 이용하여 모양을 만들어줍니다. Purple Shape 솔리드 레이어를 클릭한 상태로 상단 Pen Tool을 선택하고 아래 이미지처럼 마스크 패스 형태를 만듭니다.

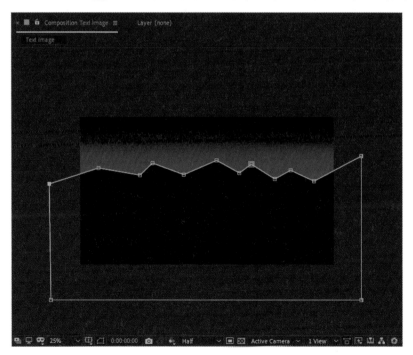

18 Purple Shape 솔리드 레이어를 우클릭하여 [Mask] - [New Mask]를 선택해 2번째 마스크 영역을 만듭니다. 전체 영역이 지정된 마스크 영역을 아래 이미지처럼 변경합니다. 이어서 [Mask 2] 우측의 [Add]를 [Subtract]로 변경합니다.

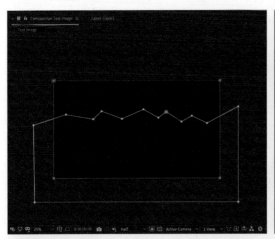
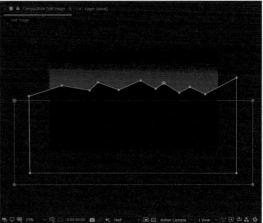

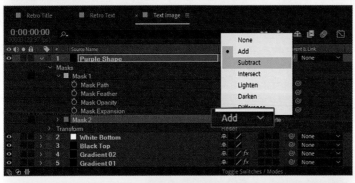

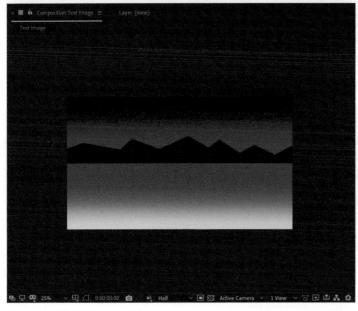

만들어봅시다

01 Step 2에서 만든 텍스트 재질 효과를 텍스트에 적용해봅시다. 프로젝트 패널에서 Text Image 컴포지션을 선택한 뒤 Retro Text 컴포지션의 Retro Text 레이어 하단으로 드래그합니다.

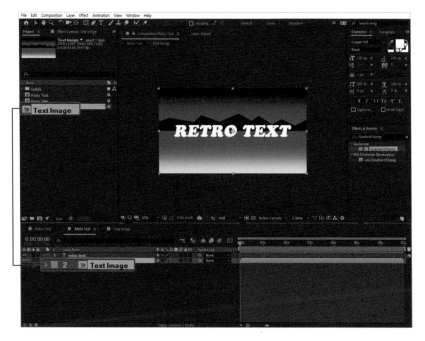

02 Retro Text 레이어 크기에 맞춰 Text Iamge 컴포지션의 크기와 위치를 조정합니다. Text Image 컴포지션 레이어를 선택하고 [Tranform]-[Position] : 960.0, 525.0, [Scale] : 80.0, 20.0%로 설정합니다. 이어서 Text Image 컴포지션 우 측의 [Track Matte] : Alpha Matte "retro text"를 선택합니다.

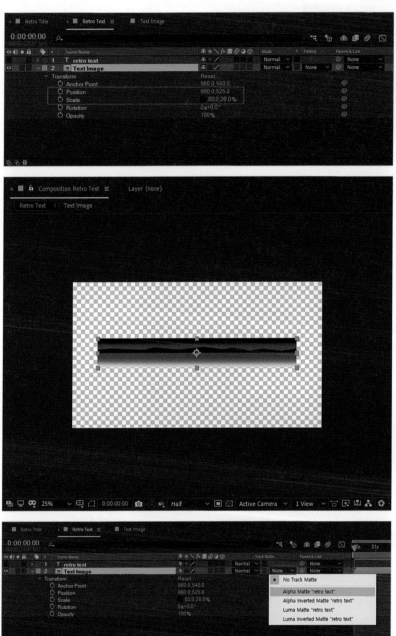

03 Retro Text 컴포지션 패널에 우클릭하여 [New] – [Adjustment Layer]로 조정 레이어를 만듭니다. [Effects & Presets] – [Distort] – [Transform]을 Adjustment Layer 레이어에 드래그한 뒤 [Skew] : –10.0으로 설정합니다. 이는 기울기 설정입니다.

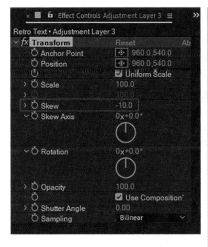

04 Retro Title 컴포지션으로 이동하고 Retro Text 컴포지션을 Retro Title 타임라인 최상단에 위치시킵니다. 이어서 Retro Text 컴포지션 레이어를 우클릭하여 [Pre-compose]로 그룹화합니다. [New composition name] : Retro Text Echo, 'Move all attributes into the new composition'을 설정하고 [OK]를 클릭합니다.

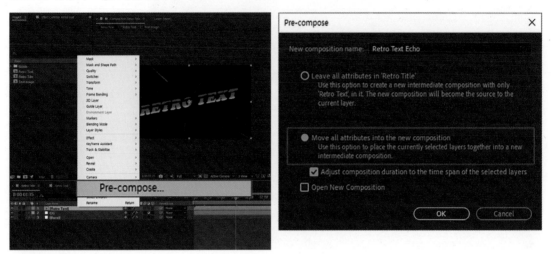

05 Retro Text Echo를 더블클릭하여 컴포지션으로 돌입하고 Retro Text 레이어 우측의 3D Layer 를 클릭하여 Z 축을 활성화합니다.

06 회전하는 줌인 애니메이션을 적용합니다. Retro Text Echo 타임라인 패널의 0;00;00;00 구간으로 이동합니다. Retro Text 컴포지션을 선택하고 [Transform] - [Position] : 960.0, 540.0, -2667.0, [Z Rotation] : 0*-180.0으로 설정하고 두 개 설정 모두 키프레임을 클릭합니다. 이어서 0;00;02;00 구간으로 이동한 뒤 [Position] : 960.0, 540.0, 0.0, [Z Rotation] : 0*+0.0으로 설정합니다. 0을 눌러 재생해보세요.

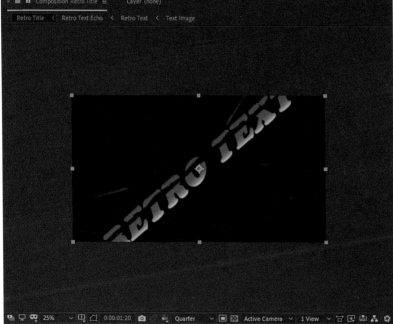

만들어봅시다

01 Retro Title 컴포지션으로 이동해 애니메이션에 잔상 효과를 추가합니다. [Effects & Presets]-[Time]-[Echo]를 클릭하여 Retro Text Echo 컴포지션 레이어에 드래그하여 적용합니다. [Echo]-[Number Of Echoes] : 50, [Starting Intensity] : 0.50으로 설정합니다.

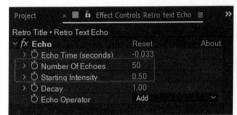

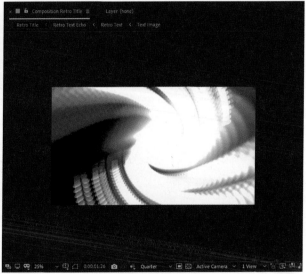

02 적용한 잔상 효과가 Retro Text Echo 컴포지션의 줌인 애니메이션이 완료되면 사라지도록 추가 설정을 합니다. Retro Title 타임라인 패널에서 0;00;00;00 구간으로 이동한 뒤 Retro Text Echo 컴포지션을 선택하고 [Effects] - [Echo] - [Number Of Echoes]의 키프레임을 클릭합니다. 이어서 0;00;02;00 구간으로 이동한 뒤 [Number Of Echoes] : 1.0으로 설정합니다.

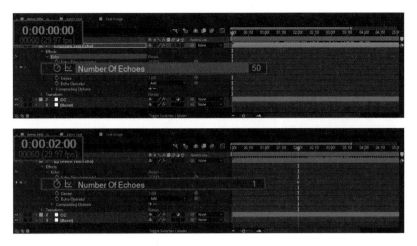

03 텍스트에 윤곽 효과를 추가합니다. [Effects & Presets] - [Perspective] - [Bevel Alpha]를 Retro Text Echo 컴포지션 레이어에 드래그하여 적용합니다. [Bevel Alpha] - [Edge Thickness] : 5.00, [Light Angle] : 0*+0.0, [Light Intensity] : 0.80으로 입력합니다. 텍스트에 하얀 윤곽이 추가된 것을 확인할 수 있습니다.

04 추가로 텍스트에 글로우 효과를 적용합니다. [Effects & Presets]-[Stylize]-[Glow]를 Retro Text Echo 컴포지션 레이어에 드래그하여 적용합니다. [Glow]-[Glow Threshold] : 80.0%, [Glow Radius] : 30.0으로 입력합니다.

05 빛이 지나가는 애니메이션을 위한 효과를 추가해봅시다. [Effects & Presets]-[Generate]-[CC Light Sweep]를 Retro Text Echo 컴포지션 레이어에 드래그하여 적용합니다. [CC Light Sweep]-[Edge Intensity] : 200.0, [Edge Thickness] : 2.00으로 입력합니다.

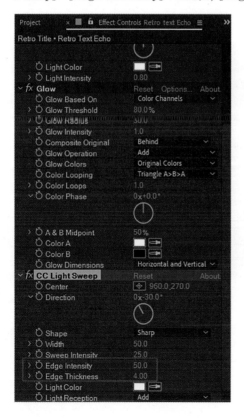

06 앞에서 만든 CC Light Sweep 효과로 애니메이션을 만듭니다. Retro Title 타임라인 패널에서 0;00;01;15 구간으로 이동한 뒤 Retro Text Echo 컴포지션을 선택하고 [Effects]-[CC Light Sweep]-[Center] : -400.0, 270.0, 키프레임을 클릭합니다. 이어서 0;00;04;00 구간으로 이동하여 [Center] : 1800.0, 270.0으로 설정합니다. 해당 키프레임 구간에 맞춰 텍스트에 빛 효과가 지나가는 것을 확인할 수 있습니다.

07 서브 텍스트를 입력합니다. Retro Title 컴포지션 타임라인 패널에 우클릭하여 [New]-[Text]를 선택합니다. [Character] 탭에서 폰트는 Marydale-Black, 폰트 크기는 100px, 색상은 F4647C로 설정하고 'Animation'을 입력합니다.

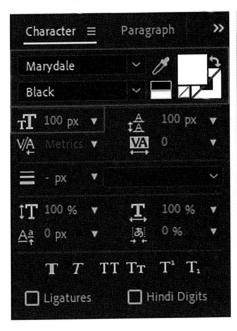

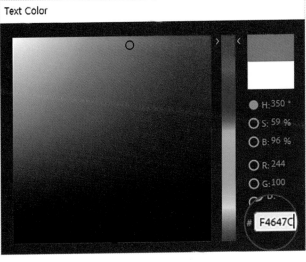

08 [Effects & Presets] – [Distort] – [Transform]를 Animation 텍스트 레이어에 드래그하여 적용합니다. [Transform] – [Skew] : −10.0으로 입력하여 기울기를 적용합니다.

09 메인 텍스트에 적용한 효과를 서브 텍스트에도 동일하게 적용해봅시다. Retro Text Echo 컴포지션에서 Ctrl을 누른 채로 Bevel Alpha과 Glow 효과를 클릭한 뒤 Ctrl+C로 복사합니다. 이어서 Animation 텍스트 레이어를 선택한 뒤에 Ctrl+V로 붙여넣습니다.

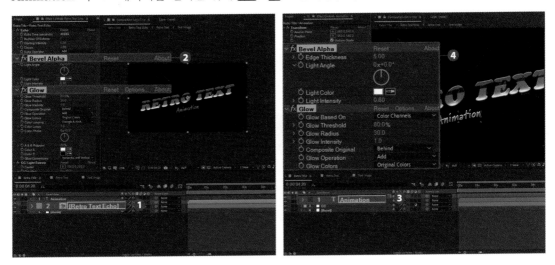

10 서브 텍스트에 애니메이션을 적용합니다. [Effects & Presets]-[Transition]-[Linear Wipe]를 Animation 텍스트 레이어에 드래그하여 적용한뒤 0;00;02;05 구간으로 이동합니다. [Linear Wipe]-[Transition Completion] : 60%로 설정하고 키프레임을 클릭합니다. 이어서 0;00;04;05 구간으로 이동한 뒤 [Transition Completion] : 0%로 설정합니다. 서브 텍스트가 우측에서부터 나타납니다.

11 추가로 빛이 번지는 효과를 추가합니다. [Effects & Presets]-[Generate]-[CC Light Rays]를 Animation 텍스트 레이어에 드래그하여 적용한 뒤 0;00;02;05 구간으로 이동합니다. [CC Light Rays]-[Intensity] : 120.0, [Center] : 760.0, 707.0, [Radius] : 30.0, [Warp Softness] : 30.0으로 설정하고 Center에만 키프레임을 클릭합니다. 이어서 0;00;02;25 구간으로 이동한 뒤 [Center] : 1170.0, 707.0으로 설정합니다.

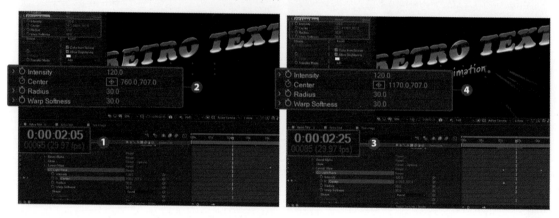

12 예전 영상의 느낌을 내기 위한 푸티지를 불러옵니다. 프로젝트 패널에 우클릭하여 [Import]-[File]을 선택하고 소스로 제공되는 VHS Noise.mp4 파일을 선택한 뒤 하단의 [Import As]를 Footage로 변경한 다음 [OK]를 클릭합니다.

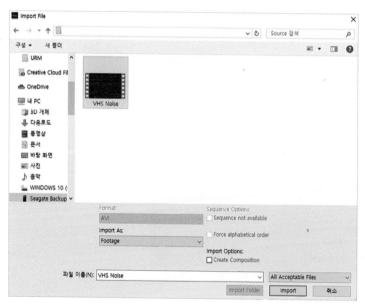

13 임포트한 푸티지를 Retro Title 컴포지션 타임라인 패널 최상단으로 드래그하여 이동합니다. [VHS Noise.mp4]-[Transform]-[Scale] : 156.0, 156.0%, [Opacity] : 70%로 입력하고 레이어 우측의 [Blending Mode]를 [Add]로 설정합니다. 노이즈 효과가 적용된 것을 확인할 수 있습니다.

05 엘레멘트 3D를 이용한 3D 타이틀 씬 제작 부록 확인

Lesson Element 3D로 배경 요소, 3D 텍스트, 맵핑 및 합성하며 입체적인 공간감을 가진 3D 타이틀 씬을 연출할 수 있습니다.

Step 1 3D 도형 생성 및 설정하기

만들어봅시다

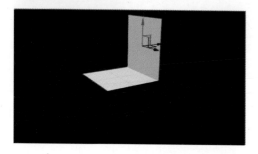

01 [Composition]-[New Composition] 을 선택합니다. [Composition Name] : ESD Scene, [Width] : 1920px, [Height] : 1080px, [Duration] : 0;00;07;00으로 설정한 후 [OK]를 클릭하여 컴포지션을 만 듭니다.

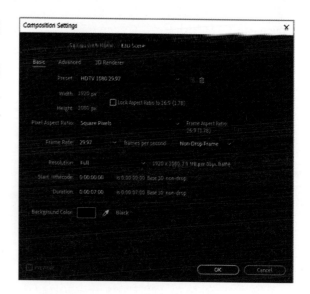

02 [Layer]-[New]-[Soild]를 선택합
니다. [Soild Name] : E3D, [Width] :
1920px, [Height] : 1080px, [Color] :
000000으로 설정한 후 [OK]를 클릭합니
다.

03 생성한 E3D 솔리드 레이어에 입체 표현을 위한 Element 3D 플러그인을 추가합니다. [Effect
& Preset]-[Video Copilot]-[Element]를 E3D 솔리드 레이어로 드래그하여 적용합니다. 이어서
[Element]-[Scene Interface]-[Scene Setup] 버튼을 클릭하여 셋업창을 불러옵니다.

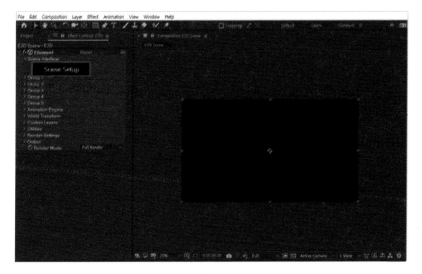

04 메뉴 상단의 [Create] 메뉴를 클릭하고 Plane을 선택합니다. [Preview]에 해당 모양이 나타나며 [Scene] 메뉴에도 Plane model이 생성됩니다.

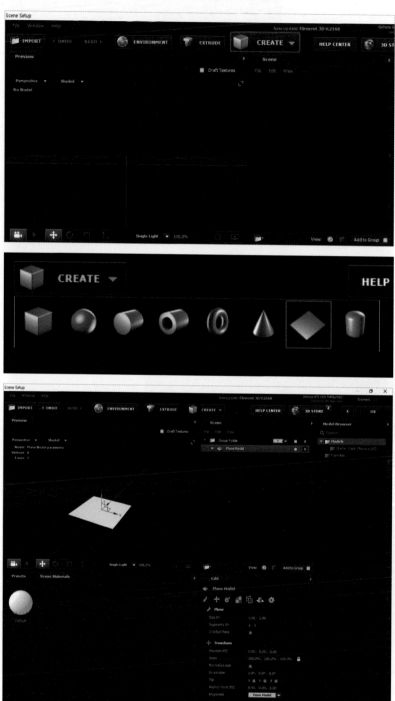

05 이어서 [Edit] – [Plane Model] – [Transform] – [Scale] : 300.0%, 300.0%, 300.0%로 설정합니다.

06 [Scene]에서 Plane Model을 우클릭하여 [Duplicate Model]로 복제합니다. 위에 위치한 첫 번째 모델을 선택하고 [Edit] – [Plane Model] – [Transform] – [Position XYZ] : 0.00, 1.50, 1.50, [Orientation] : −90.0, 0.0, 0.0으로 설정하여 ㄴ 형태로 만듭니다.

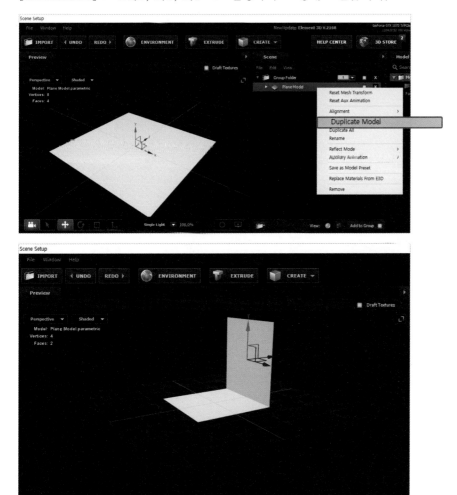

만들어봅시다

01 두 번째 모델의 재질인 Default를 선택하고 [Edit] – [Textures] – [Diffuse] : None Set을 클릭합니다. 나타난 [Texture Channel] 탭에서 임포트할 재질을 결정하는 [Load Texture]를 클릭하여 소스로 제공되는 metal_grunge_green_diffuse 파일을 선택하고 [열기]를 누릅니다.

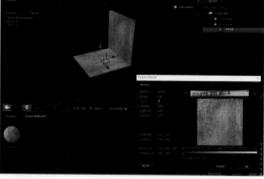

02 이어서 두 번째 모델의 Default 재질을 선택하고 [Edit] - [Basic Settings] - [Diffuse Color] : 000000으로 변경합니다.

03 이어서 [Edit] - [Textures] - [Glossiness] : None Set을 클릭합니다. 나타난 [Texture Channel] 탭에서 [Load Texture]를 클릭합니다. 소스로 제공되는 metal_grunge_green_specular 파일을 선택하고 [열기] 버튼을 클릭합니다.

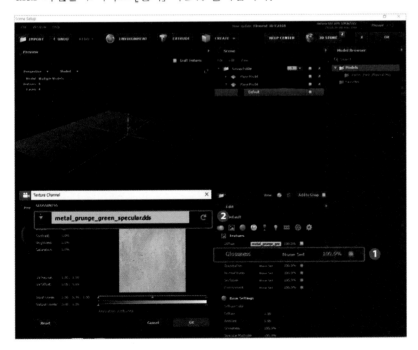

04 이어서 [Edit] – [Textures] – [Normal Bump] : None Set을 클릭하여 이번에는 스스로 제공되는 metal_grunge_green_normal 파일을 임포트합니다.

05 새로운 재질 속성을 만들기 위해 좌측 하단의 [Scene Materials]에 우클릭하여 [New Material]을 선택합니다. 생성한 Default 재질을 첫 번째 모델 레이어에 드래그하여 적용합니다.

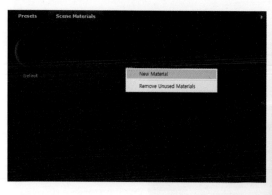
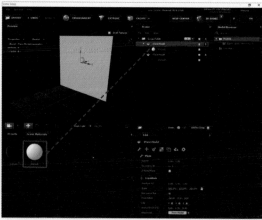

06 방금 추가한 재질인 Default를 선택하고 [Edit]-[Textures]-[Diffuse] : None Set을 클릭합니다. 나타난 [Texture Channel] 탭에서 [Load Texture]를 클릭합니다. 소스로 제공되는 met-al_brushed_dinged_diffuse 파일을 선택하고 [열기] 버튼을 클릭합니다. 이어서 [Edit]-[Basic Settings]-[Diffuse Color] : 000000으로 색상을 변경합니다.

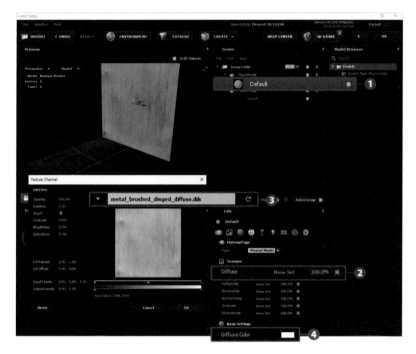

07 [Edit]-[Textures]-[Glossiness] : None Set을 클릭합니다. 나타난 [Texture Channel] 탭에서 [Load Texture]를 클릭합니다. 소스로 제공되는 metal_brushed_dinged_specular 파일을 선택하고 [열기] 버튼을 클릭합니다.

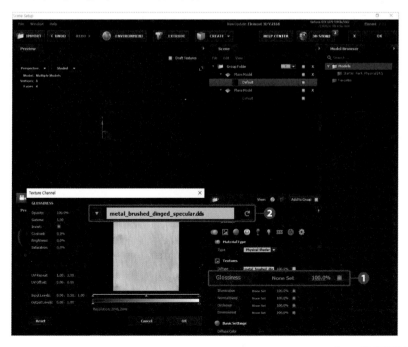

08 이어서 [Edit] – [Textures] – [Normal Bump] : None Set을 클릭합니다. 나타난 [Texture Channel] 탭에서 [Load Texture]를 클릭합니다. 소스로 제공되는 metal_brushed_dinged_normal 파일을 선택하고 [열기] 버튼을 클릭합니다.

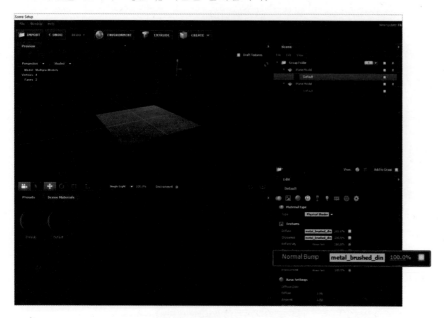

09 X 축에 해당하는 두 번째 모델의 크기를 변경합니다. [Edit] – [Plane Model] – [Transform] – [Position XYZ] : 0.00, 0.00, –3.50, [Scale] : 1000.0%, 300.0%, 1000.0%.

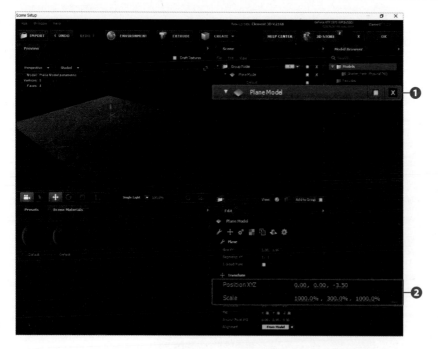

10 Y 축에 해당하는 첫 번째 모델의 크기도 변경합니다. [Edit] – [Plane Model] – [Transform] – [Position XYZ] : 0.00, 5.00, 1.50, [Scale] : 1000.0%, 300.0%, 1000.0%.

01 앞에서 제작한 Plane Model의 배치를 위해 카메라를 추가합니다. 타임라인 패널에 우클릭하여 [New]-[Camera]를 선택합니다. [Type] : Two-Node Camera, [Name] : Camera 1, [Preset] : 50mm, [Enable Depth of Field]을 체크하고 [OK]를 클릭합니다.

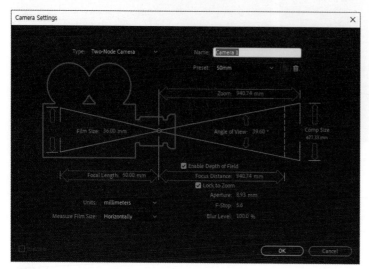

Tip

Enable Depth of Field가 활성화되지 않으시나요?

❶ Composition Settings(Ctrl+K)를 불러옵니다. [3D Renderer]-[Renderer] : Classic 3D로 설정한 후 다시 시도해보세요.

02 생성한 Camera 1을 선택하고 세부 설정을 변경합니다. [Transform]-[Point of Interest] : 950.0, 250.0, 0.0, [Position] : 950.0, 300.0, -3000.0으로 설정합니다. 마치 벽과 바닥처럼 위치한 것을 확인할 수 있습니다.

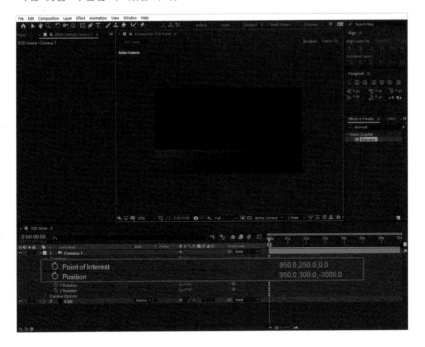

03 이번에는 하나의 텍스트 레이어에 모든 글자를 입력합니다. 타임라인 패널에 우클릭하여 [New]-[Text]를 선택한 뒤 [Character] 탭에서 폰트는 Gotham Black-Regular, 폰트 크기는 300px, ⅤＡ는 -40, ㅏＡ는 98px로 설정하고 '3D SPACE'를 입력합니다. 이어서 [Alt]+[Enter↵]로 간격을 조정한 후 폰트 크기만 445로 변경하고 'SCENE'을 입력합니다.

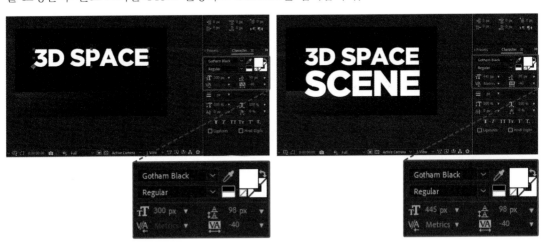

04 E3D 솔리드 레이어를 선택하고 [Element]-[Custom Layer]-[Custom Text and Masks]-[Path Layer 1] : 3D SPACE SCENE 텍스트 레이어를 지정합니다. 이어서 [Scene Setup]을 클릭하여 셋업 창을 불러온 뒤 [Extrude] 버튼을 클릭합니다. [Scene] 메뉴에 [Path 1 Layer]으로 지정한 Extrusion model 레이어가 생성된 것을 확인할 수 있습니다.

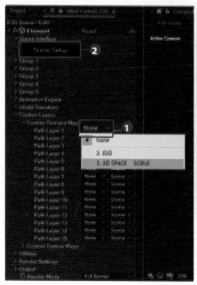

05 이어서 Extrusion Model을 우클릭하여 [Rename] : Text Before로 변경한 뒤 [Text Before]-[Transform]-[Position XYZ] : 0.00, 1.20, −2.00으로 설정하여 텍스트 레이어가 드러나도록 위치를 조정합니다.

06 첫 번째 검정색 Default를 선택하고 [Scene]-[Text Before]에 드래그하여 적용한 뒤 [Scene Setup]-[OK]를 클릭하여 설정 창을 종료합니다. 3D SPACE SCENE 텍스트 레이어에 검정색이 적용된 것을 확인할 수 있습니다.

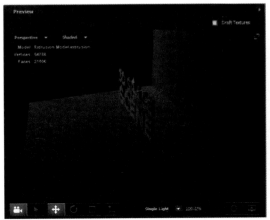 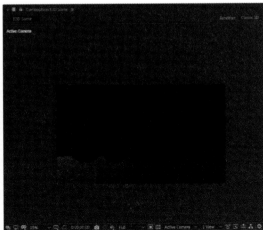

07 라이딩 효과를 적용해봅시다. E3D 솔리드 레이어를 선택하고 [Element]-[Render Settings]-[Lighting]-[Add Lighting] : Spot으로 설정하고 [Rotation]-[X Rotation] : 0*+100.0, [Y Rotation] : 0*+150.0, [Z Rotation] : 0*+45.0으로 입력합니다.

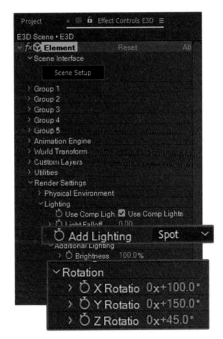

08 조금 더 현실적인 표현을 위해 바닥면과 텍스트 사이에 그림자 음영 효과를 추가합니다. E3D 솔리드 레이어를 선택하고 [Element] – [Render Settings] – [Ambient Occlusion] – [Enable AO] : ON, [SSAO] – [SSAO Intensity] : 20.0, [SSAO Samples] : 64, [SSAO Radius] : 20.0, [SSAO Gamma] : 10.0 으로 설정합니다. 텍스트와 바닥 사이에 음영 효과가 적용된 것을 확인할 수 있습니다.

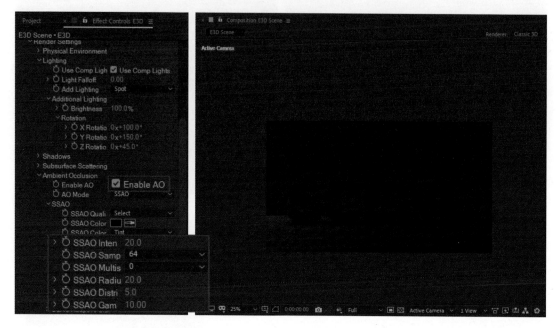

만들어봅시다

01 [Composition] – [New Composition]
을 선택합니다. [Composition Name]
: Texture Map, [Width] : 1920px,
[Height] : 1080px, [Duration] :
0;00;07;00으로 설정한 후 [OK]를 클릭하
여 컴포지션을 만듭니다.

02 [Layer] – [New] – [Soild]를 선택합니
다. [Soild Name] : Gradient, [Width] :
1920px, [Height] : 1080px로 설정한 후
[OK]를 클릭합니다.

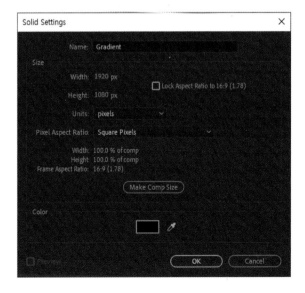

03 Gradient 솔리드 레이어에 텍스처 맵 표현을 위한 그라데이션 효과를 추가합니다. [Effect & Presets]-[Generate]-[4-Color Gradient]를 Gradient 솔리드 레이어에 드래그하여 적용합니다.

04 [4-Color Gradient]-[Positions & Colors]-[Color 1] : C2000F, [Color 2] : FD3D13, [Color 3] : 0058FF, [Color 4] : 3500C8로 설정한 후 [OK]를 클릭합니다.

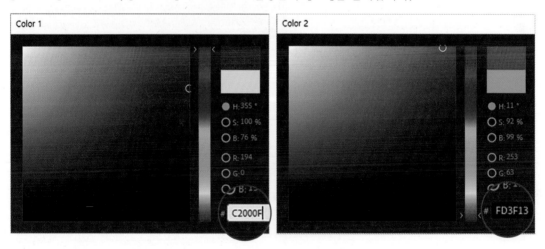

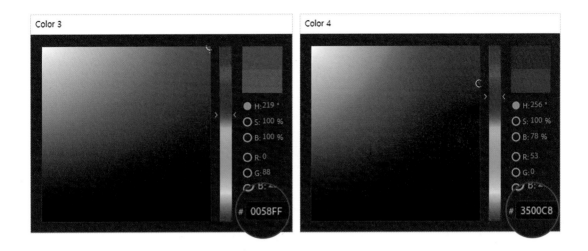

05 [4-Color Gradient]-[Positions & Colors]-[Point 1] : 480.0, 230.0, [Point 2] : 1728.0, -50.0, [Point 3] : 500.0, 1080.0, [Point 4] : 1728.0, 640.0으로 설정합니다. 다양한 그라데이션이 적용된 것을 확인할 수 있습니다.

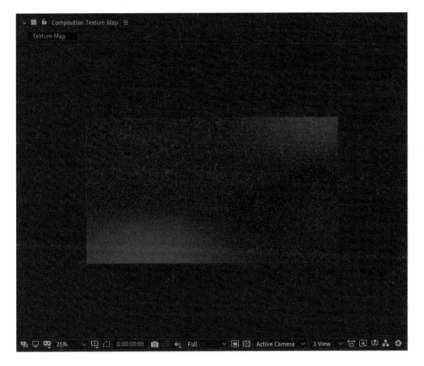

06 추가적인 효과 적용을 위해 Texture Map 컴포지션 타임라인 패널에 우클릭히어 [New]-[Adjustment Layer]를 생성한 뒤 [Effect & Presets]-[Distort]-[Turbulent Displace]를 Adjustment Layer에 드래그하여 적용합니다. [Amount] : 50.0, [Size] : 100.0으로 설정합니다.

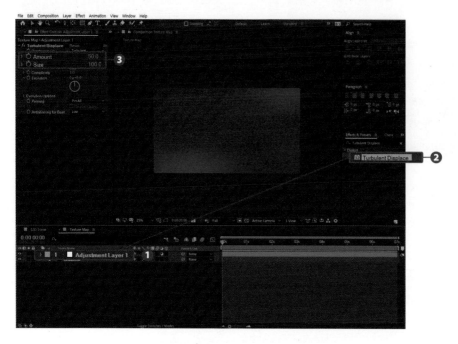

07 레이어에 애니메이션을 추가합니다. [Alt]를 누른 채로 [Turbulent Displace]-[Evolution]의 스톱워치 버튼을 좌클릭하여 활성화되는 칸에 표현식 'time*250'을 입력합니다. 임의적으로 움직이는 애니메이션을 확인할 수 있습니다.

08 프로젝트 패널에서 Texture Map 컴포지션을 E3D Scene 컴포지션 최하단으로 드래그하여 이동시킨 뒤 ◉ 표시를 해제하여 보이지 않게 합니다. [E3D] - [Element] - [Custom Layer] - [Custom Texture Maps] - [Layer 1] : Texture Map으로 지정합니다.

09 이어서 [Scene Setup]을 클릭하고 Scene의 Text Before를 우클릭하여 [Duplicate Model]로 복제합니다. 첫 번째 Text Before를 우클릭하고 [Rename] : Text After로 변경합니다. Text Before 우측의 MUTE TOGGLE를 클릭해 이어질 작업에서 Text After 모델만 보이도록 만듭니다.

10 하단 [Scene Materials]에 우클릭하여 [New Material]로 새로운 재질 속성을 만듭니다. 생성된 마지막의 Default 재질 속성을 선택하고 [Scene]의 Text After 레이어에 드래그하여 적용합니다.

11 [Scene]-[Text After]-[Default]를 선택하고 [Edit]-[Textures]-[Diffuse] : None Set 을 클릭합니다. 나타난 [Texture Channel] 탭에서 [Load Texture] 좌측 화살표 아이콘을 클릭 하여 Custom Layer 목록을 활성화하고 Custom Layer 1 [Texture Map]을 선택합니다. 제작한 Texture Map이 적용됩니다.

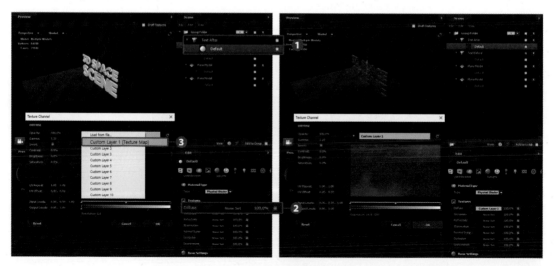

12 [Scene] 공백에 우클릭하여 [New Group Folder]을 두 번 진행해 Text After와 Text Before가 속할 그룹 폴더를 만들고 각각에 배치시킵니다. Text Before가 속한 그룹 폴더는 2번, Text After가 속한 그룹 폴더는 3번으로 지정한 뒤 [OK]를 눌러 E3D Scene 컴포지션으로 돌아갑니다.

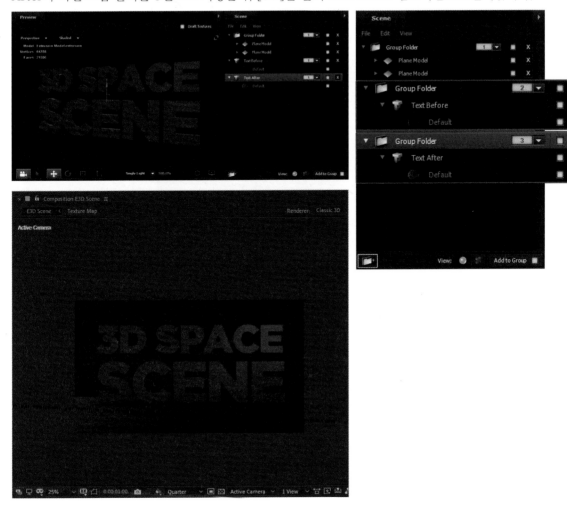

13 Multi Object 기능을 활용해 텍스트가 개별적으로 깜박이며 움직이는 애니메이션을 만들어 봅시다. 기능을 적용할 Group 2와 Group 3의 [2. Enable]를 활성화합니다. 이어서 [Group 2] [Particle Look] [Multi Object]의 [Enable Multi Object]도 활성화합니다. Group 3도 같은 방법으로 Multi Object 기능을 활성화합니다.

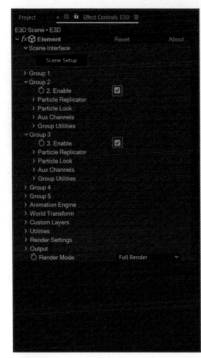 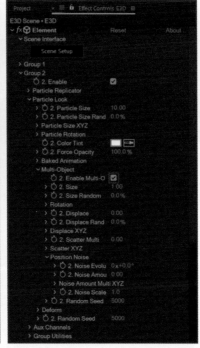

Tip

Multi Object 기능을 활용해 텍스트 분리하기

Multi Object란 하나의 오브젝트가 여러 조각으로 이루어진 것을 말합니다. 이 옵션은 그룹 내의 Particle Look에 있으며 Element 3D으로 제작한 텍스트나 오브제 등을 다수의 조각으로 인식하게 합니다. 이 기능을 활성화하면 여러 요소로 이루어진 오브젝트로 분리하여 다중 느낌의 배치와 애니메이션에 용이합니다.

만들어봅시다

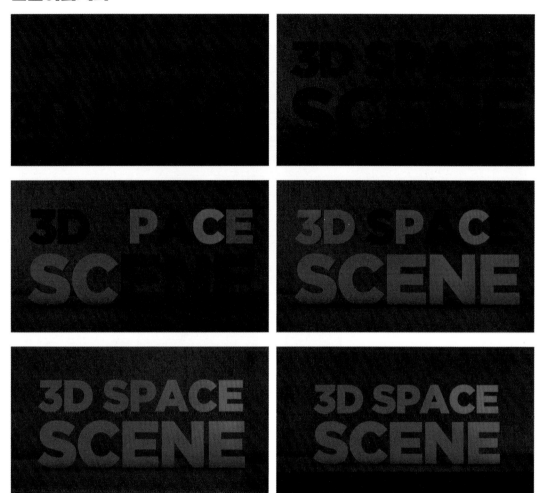

01 제작한 재질 효과 Texture Map을 이용해 3D 텍스트 애니메이션을 만들어봅시다. [E3D]-[Element]-[Animation Engine]-[Enable] : 체크, [Group Selection]-[Start Group] : Group 2(Text After), [Finish Group] : Group 3(Text Before)로 지정합니다. 이어서 [Animation Type] : Shape Order, [Animation] : 45.0%, [Smoothness] : 0.0%, [Randomness] : 50.0%, [Shape Order Offset] : 400으로 설정합니다.

02 3D 텍스트에 깜박이며 색이 변하는 플리커 효과를 추가합니다. E3D Scene 타임라인 패널의 0;00;02;10 구간으로 이동하여 [Element]-[Animation Engine]-[Animation] : 100.0%, [Shape Order Offset] : 90으로 설정하고 각각의 키프레임을 클릭합니다. 이어서 0;00;04;00 구간으로 이동하여 [Animation] : 0.0%, [Shape Order Offset] : 300으로 설정합니다. 값을 적용한 키프레임을 모두 선택하고 우클릭한 뒤 [Keyframe Assistant]-[Easy Ease]를 선택합니다.

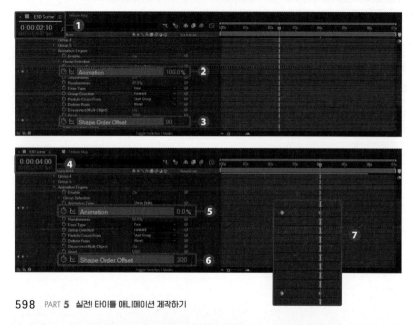

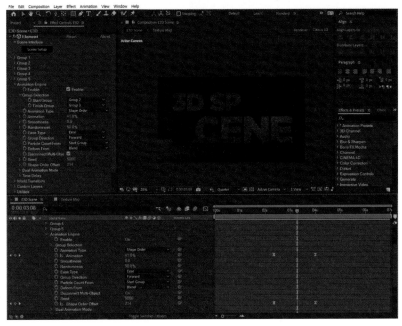

03 E3D Scene 전체에 진행될 애니메이션을 만듭니다. [E3D]-[Element]-[World Transform]-[Create World Transform] : Create 버튼을 클릭합니다. E3D Scene 컴포지션에 World Transform Null 레이어가 생성됩니다. 0;00;00;00 구간으로 이동하여 [World Transform Null]-[Transform]-[Position] : 3840.0, 2160.0, -3200.0을 입력하고 키프레임을 클릭합니다. 이어서 0;00;02;00 구간으로 이동하여 [Position] : 3840.0, 2160.0, 0.0을 입력합니다.

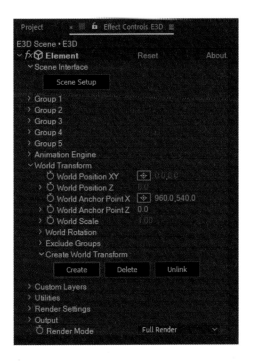

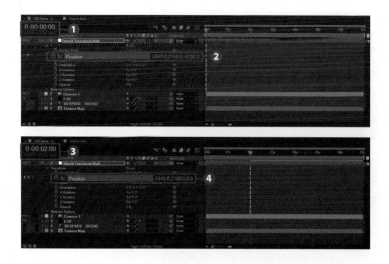

04 [World Transform Null]-[Position] 키프레임을 모두 선택하고 Graph Editor▣를 클릭합니다. 나타난 일자 형태의 그래프를 조정합니다. 그래프의 시작 부분과 끝 부분의 점을 개별적으로 전체 선택하여 해당 이미지와 같이 앞부분의 속도가 급격히 높아지도록 드래그합니다.

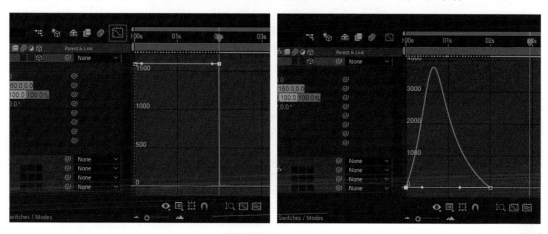

05 E3D Scene 컴포지션 타임라인 패널에 우클릭하여 [New]-[Null Object]를 생성하고 Null 1 레이어에 3D Layer▣를 체크하여 활성화합니다. 기존의 World Transform Null 레이어 움직임에 따라가도록 World Transform Null 레이어 우측 Parent pick whip▣을 Null 3에 드래그합니다.

06 World Transform Null 레이어를 우클릭하여 [Rename] : Zoom으로 변경합니다. Null 3 레이어의 이름도 'Dolly'로 변경합니다.

07 E3D Scene 타임라인 패널의 0;00;01;00 구간으로 이동하여 [Dolly] – [Transform] – [Position] : 960.0, 540.0, -700.0을 입력하고 키프레임을 클릭합니다. 이어서 0;00;06;29 구간으로 이동하여 [Position] : 960.0, 540.0, 0.0을 입력합니다. 줌인 애니메이션 이후 서서히 Z 축으로 빠지는 애니메이션을 확인할 수 있습니다.

08 E3D 솔리드 레이어를 선택한 뒤 [Element Setup] 버튼을 클릭해 설정 창을 불러옵니다. [Scene]의 Plane Model 레이어를 클릭하고 [Edit]-[Reflect Mode]-[Mode] : Mirror Surface 로 변경 후 [OK]를 누릅니다. 다른 Plane Model 레이어에도 적용합니다. '3D SPACE SCENE' 텍스트에 적용된 색감이 바닥 면에도 동일하게 비칩니다.

09 '3D SPACE SCENE' 텍스트가 바닥에서부터 등장하는 애니메이션을 만들어봅시다. [Element Setup] 버튼으로 설정 창으로 이동하여 Text Before 레이어가 속한 Group Folder 3번 레이어를 클릭한 뒤 [Edit]-[Auxiliary Animation]-[Aux Channel] : Channel 1로 변경합니다. [OK]를 클릭해 컴포지션으로 돌아갑니다.

10 E3D Scene 타임라인 패널의 0;00;01;00 구간으로 이동하여 [Element]-[Group 3]-[Aux Channels]-[Channel 1]-[Position]-[3. CH!. Position Y] : 2.20을 입력하고 키프레임을 클릭합니다. 이어서 0;00;02;20 구간으로 이동하여 [3. CH!. Position Y] : 0.00을 입력합니다.

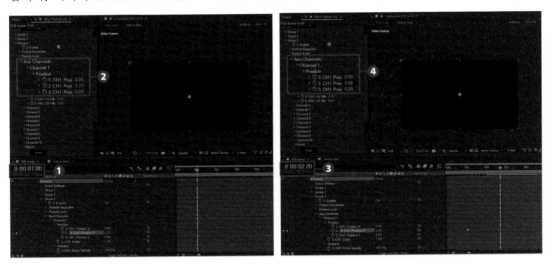

11 [Element]-[Group 3]-[Aux Channels]-[Channel 1]-[Position]-[3. CH!. Position Y] 키프레임을 모두 선택하고 Graph Editor를 클릭한 뒤 일자 형태의 그래프를 조정합니다. 그래프의 시작 부분과 끝 부분의 점을 개별적으로 선택하여 아래 이미지처럼 앞부분의 속도가 급격히 높아지도록 드래그합니다.

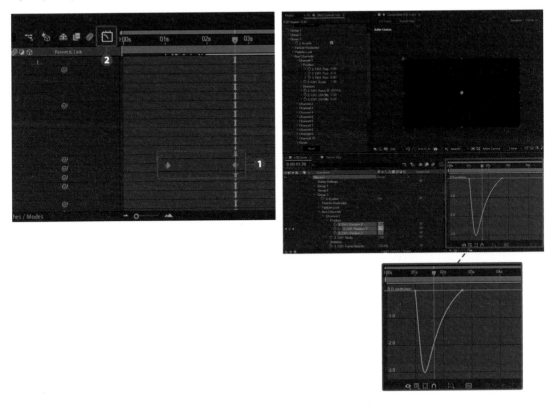

12 3D Scene이 더 밝게 보이도록 빛 효과를 추가합니다. E3D Scene 컴포지션 타임라인 패널에 우클릭하여 [New]–[Light]를 만들고 [Light Settings]–[Settings]–[Light Type] : Ambient, [Intensity] : 80%로 설정하고 [OK]를 클릭합니다.

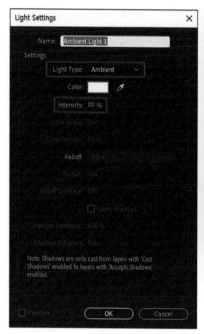 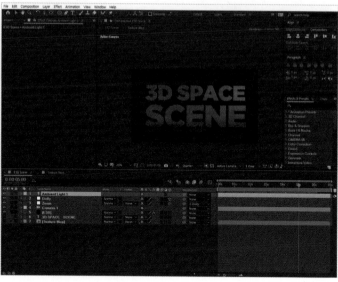

13 Element 라이팅 효과가 회전하는 애니메이션을 추가합니다. E3D Scene 타임라인 패널의 0;00;01;00 구간으로 이동하여 [Element]–[Render Settings]–[Lighting]–[Additional Lighting]–[Rotation]–[Y Rotation Lighting] : 0*+150.0으로 입력하고 키프레임을 클릭합니다. 이이시 0;00;06;29 구간으로 이동하여 [Y Rotation Lighting] : 1*+0.0을 입력합니다.

14 첫 부분에 블랙 디졸브 효과를 추가합
니다. [Layer] – [New] – [Soild]를 선택합
니다. [Soild Name] : Dissolve, [Width]
: 1920px, [Height] : 1080px, [Color] :
000000으로 설정한 후 [OK]를 클릭합니다.

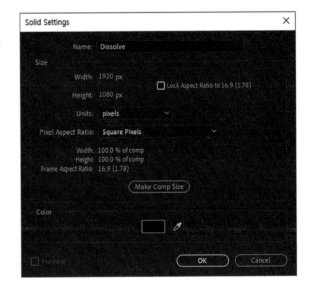

15 E3D Scene 타임라인 패널의 0;00;00;10 구간으로 이동하어 [Dissolve 솔리드 레이어] - [Transfom] - [Opacity] : 100%로 입력하고 키프레임을 클릭합니다. 이어서 0;00;01;20 구간으로 이동하여 [Opacity] : 0%로 입력합니다. 완성된 애니메이션을 키보드 우측 숫자 키의 0을 눌러 재생 해보세요.

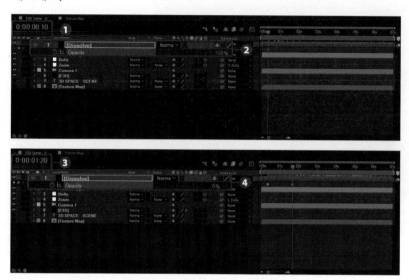

모션그래픽 실무테크닉 WITH 애프터이펙트

1판 1쇄 발행 2022년 1월 5일
1판 2쇄 발행 2023년 3월 23일

저　　자 | 김현중
발 행 인 | 김길수
발 행 처 | ㈜영진닷컴
주　　소 | ㈜08507 서울 금천구 가산디지털1로 128
　　　　　 STX–V타워 4층 401호
등　　록 | 2007. 4. 27. 제16-4189호

©2022. ㈜영진닷컴

ISBN | 978-89-314-6581-5

YoungJin.com **Y.**
영진닷컴

영진닷컴
프로그래밍 도서

영진닷컴에서 출간된 프로그래밍 분야의 다양한 도서들을 소개합니다.
파이썬, 인공지능, 알고리즘, 안드로이드 앱 제작, 개발 관련 도서 등 초보자를 위한 입문서부터
활용도 높은 고급서까지 독자 여러분께 도움이 될만한 다양한 분야, 난이도의 도서들이 있습니다.

플러터
프로젝트

시모네 알레산드리아 저
520쪽 | 30,000원

Node.js
디자인 패턴 바이블

Mario Casciaro,
Luciano Mammino 저 | 668쪽
32,000원

나쁜 프로그래밍
습관

칼 비쳐 저 | 256쪽
18,000원

다재다능
코틀린 프로그래밍

벤컷 수브라마니암 저/
우민식 역 | 488쪽
30,000원

유니티를 이용한
VR앱 개발

코노 노부히로, 마츠시마 히로키,
오오시마 타케나오 저 | 452쪽
32,000원

유니티를 몰라도 만들 수 있는
유니티 2D 게임 제작

Martin Erwig 저 | 336쪽
18,000원

돈 되는
안드로이드
앱 만들기

조상철 저 | 512쪽 | 29,000원

친절한 R with
스포츠 데이터

황규인 저 | 416쪽
26,000원

게임으로 배우는
파이썬

다나카 겐이치로 저 | 288쪽
17,000원

바닥부터 배우는
강화 학습

노승은 저 | 304쪽
22,000원

도커 실전 가이드

사쿠라이 요이치로,
무라사키 다이스케 저
352쪽 | 24,000원

단숨에 배우는
타입스크립트

야코프 페인, 안톤 모이세예프 저/
이수진 역 | 536쪽 | 32,000원